G.ALBERT
OLIO D'OLIVA E DI SE
41A
BIÈRE du CH'TI
BIÈRE de GARDE du NORD

Martina Meuth Bernd Neuner-Duttenhofer

Venetien und Friaul

Küche, Land und Leute

Büchergilde Gutenberg

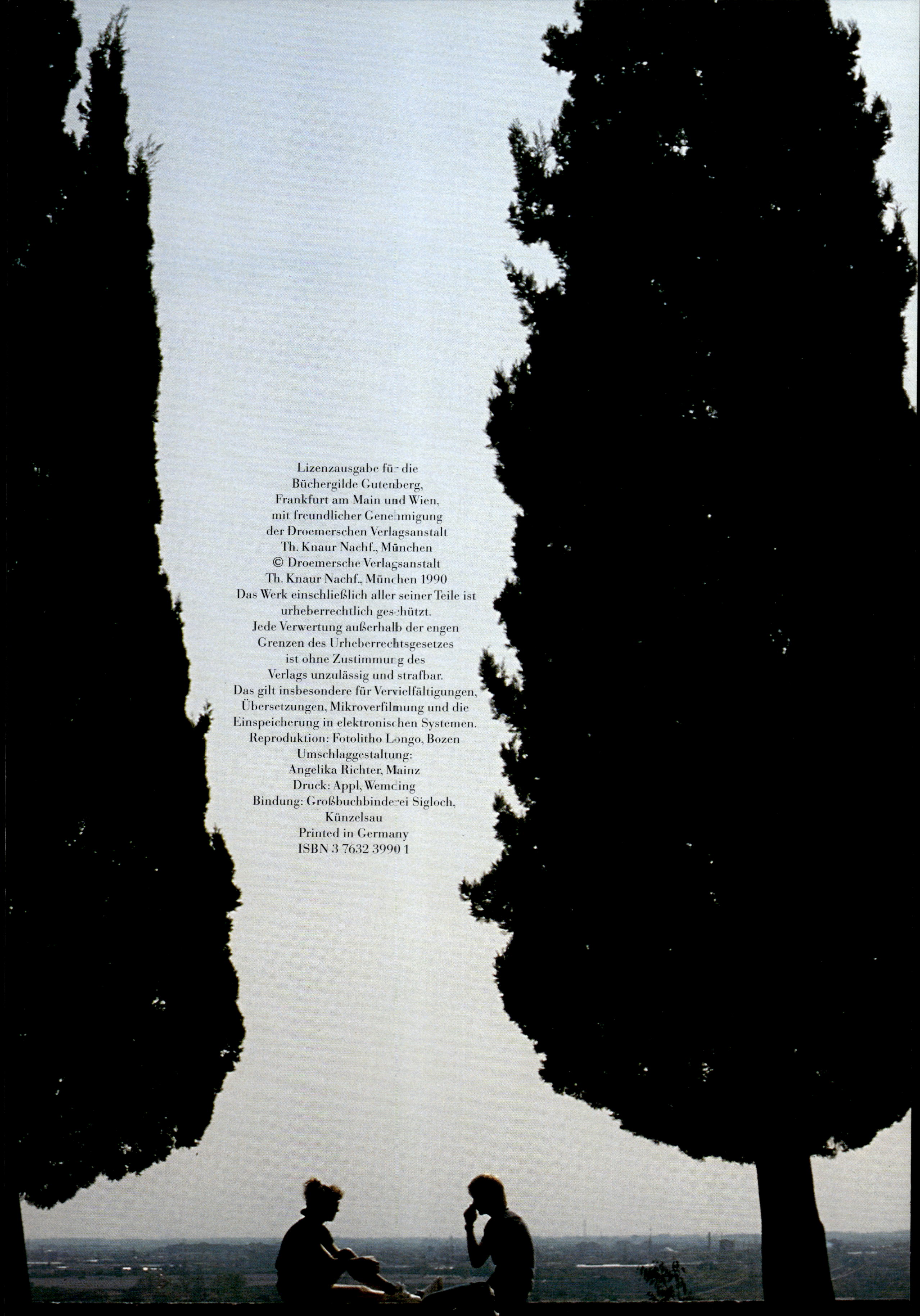

Lizenzausgabe für die
Büchergilde Gutenberg,
Frankfurt am Main und Wien,
mit freundlicher Genehmigung
der Droemerschen Verlagsanstalt
Th. Knaur Nachf., München

Reproduktion: Fotolitho Longo, Bozen
Umschlaggestaltung:
Angelika Richter, Mainz
Druck: Appl, Wemding
Bindung: Großbuchbinderei Sigloch,
Künzelsau
Printed in Germany
ISBN 3 7632 3990 1

Inhalt

Essen und Trinken! Martina Meuth und Bernd Neuner-Duttenhofer halten beides für eine ganz selbstverständliche Grundlage jeder Kultur; und so entwickelten sie diese Buchreihe der »Kulinarischen Landschaften«, die die jeweiligen Regionen in eher reportagehafter Weise zeigt. Viele Reisen nach Venetien und ins Friaul waren nötig, und zwar jeweils zu den verschiedenen Jahreszeiten, um den kulinarischen Reichtum dieser

Region im Nordosten des geliebten Italien kennenzulernen. »Küche, Land und Leute« wurden von beiden gemeinsam in enger Zusammenarbeit aufgezeichnet und beschrieben und von Martina Meuth photographiert. Das Ehepaar lebt im Schwarzwald, schreibt neben Büchern auch für diverse Zeitschriften über kulinarische und gastronomische Themen und macht Fernsehsendungen – natürlich über gutes Essen und Trinken!

Vorwort

»In welche Landschaft führt Euer nächstes Buch?« Drei Jahre lang haben wir diese Frage, denn so lange dauert es von den ersten Reisevorbereitungen bis das Buch fertig ist, beantwortet mit: »Venetien«.
»Venedig! Wie schööön!« riefen die meisten voller Begeisterung – oft ein akustisches, nicht selten aber auch ein geographisches Mißverständnis: Venedig ist zwar die Hauptstadt der Region *Venetien*, wie man zum italienischen *Veneto* auf deutsch sagt, aber es verbinden sich mit diesem Begriff keine so eindeutigen Vorstellungen, wie etwa mit »Toskana«, »Burgund« oder »Andalusien«. Das Gehirn ist rasch bereit, *Venetien* mit *Venedig* zu assoziieren, produziert unverzüglich Bilder von Canal Grande, Rialto, Gondeln und San Marco. Dann erst kommen Palladios Villen und Vicenza, die Weine von Soave und Piave, vielleicht Padua, Abano Terme und die Colli Euganei, Verona, der Gardasee, die Dolomiten und Cortina d'Ampezzo.
»Ja, all das ist Venetien!«
Häufig spricht man von den »drei Venetien«, womit Friaul-Julisch Venetien und das Trentino eingeschlossen werden. Wir haben lange überlegt, ob wir alle drei bereisen sollen – und haben

schließlich das Trentino ausgeklammert: Die Alpen hätten ein Übergewicht bekommen, das klassische Venetien wäre zwangsläufig zu kurz gekommen. Andererseits fanden wir, auf Friaul-Julisch Venetien, das bei uns längst nicht so bekannt ist, wie es das verdient, nicht verzichten zu können. Wir haben es nicht bereut!
Venedig und Venetien, zwei Welten also! Geschichtsträchtig beide, aber in dynamischer Entwicklung das Festland, die *terra ferma*, seit Jahrhunderten in Schönheit sterbend die Lagunenstadt. Und dennoch – es verbindet sie der Geist des Löwen von San Marco, der in den Städten und Dörfern an zentralem Platz über das Geschehen wacht. Mit ihm scheint unauflösbar eine gewisse Einstellung zum Leben verbunden, die friedfertig und versöhnlich ist, den Ausgleich eher sucht als den Streit.
Venezianische Lebensart – das ist Eleganz und Diplomatie, nicht Kraft und Kampf. Damit hatten die Städte der *terra ferma* ja im Mittelalter und der Renaissance genug zu tun gehabt: erst die Besetzung durch Hunnen und Germanen; danach Karl der Große, dann die Deutschen Kaiser und ihre Statthalter; die blutigen Machtkämpfe zwischen den italienischen Tyrannenfamilien, schließlich die kaum weniger brutalen Auseinandersetzungen unter den Städten selbst. Am Ende waren es alle müde, unterstellten sich Venedig, der Serenissima, und übten sich in deren Lebensart.
Venedig hatte seine eigene, einzigartige Geschichte. Sie begann nicht mit sinnlosem Widerstand, sondern mit klugem und geschicktem Ausweichen, als die auf dem Festland bedrohten Einwohner sich auf die schwer zugänglichen Laguneninseln zurückzogen. Seither war Venedig nicht mehr abhängig gewesen von der Macht und dem Willen anderer. Die Hafenstadt und Seemacht war immer mit anderen, fremden Völkern und Kulturen in Berührung gekommen, war angewiesen auf Einwanderer und Söldner: Es entstand die typisch venezianische Mischung aus Weltläufigkeit und hochfahrendem Stolz. Im Laufe des Niedergangs der Macht und nach der Unterwerfung durch Napoleon veränderte der sich jedoch, besänftigte sich zu eher uneitler Selbstsicherheit, gepaart mit Freundlichkeit gegenüber Fremden, ungekünstelten Umgangsformen und ausgeprägter, jedoch nie maßloser Lebensfreude.
Freilich findet man diese Eigenschaften auch in Venetien eher dort, wo der Tourismus noch nicht die Oberhand gewonnen hat. Am seltensten natürlich in Venedig selbst, wo man den

Fremden lieber ausnimmt wie eine Weihnachtsgans ...
Venedig, Venetien und Friaul: Zentren abendländischer Kultur. Ziel der Bildungsreisenden seit Jahrhunderten. Kein Künstler dieser Welt, der nicht in Venedig war! Goethe: »Über Venedig ist alles gesagt und gedruckt ...«
Die Kultur der Tafel? Von Veronese und vielen anderen sinnlich ins Bild gesetzt. Auch alltägliche Eßkultur kann man kaum irgendwo besser erlernen als in Venetien und Friaul! Die Tafel ist dort reich gedeckt!
Allerdings war das nicht immer so, im Gegenteil – früher herrschte in weiten Teilen bittere Armut. Daraus resultiert die Wertschätzung der Venezianer und Friulaner für die einfachen, nur scheinbar selbstverständlichen Dinge. Eine Polenta beispielsweise ist an sich nichts kulinarisch Wertvolles, aber sie macht viel Arbeit, wenn sie schmecken soll. Es genügt nicht, eine elektrisch beheizte Maschine eine Stunde rühren zu lassen – zwar entsteht Polenta, aber eine langweilige, ohne den charakteristischen Rauch- und Feuergeschmack, der die echte, traditionelle Polenta auszeichnet. Und wenn man bei einem Winzer oder Bauern zu Gast ist, bekommt man kaum gekaufte Salami, sondern eine selbstgemachte. Von einem nach überlieferter Art sorgfältig gemästeten Schwein, zum richtigen Zeitpunkt geschlachtet, das Fleisch und Fett wie früher üblich mit dem Messer exakt gewürfelt, und nicht durch den Wolf gemanscht, im Keller unter der Decke im Luftzug gereift, und nicht in klimatisierten Räumen. Den Unterschied schmeckt man sofort!
Dazu gehört, daß man Essen nicht nur als Nahrungsaufnahme betrachtet, sondern als ein kulturelles Vergnügen. Beneidenswert, wie die Italiener von Kindesbeinen an in alltäglicher Auseinandersetzung geradezu spielerisch lernen, was Qualität ist. Egal, ob sie reich oder arm aufwachsen.
Ein gutes Auskommen hatten die Leute einst nur in den Städten, die Handel trieben und wo das Handwerk blühte. Der Fleiß der Bevölkerung, ihr Geschick und eine schon früh einsetzende Spezialisierung auf bestimmte Handwerke, hat zu einer Wirtschaftsstruktur geführt, die den Städten auch heute noch eine solide Grundlage bietet, wenn auch vielerlei neue Gewerbe, Wirtschaftszweige und Industrien dazugekommen sind. Aus Bauern wurden spezialisierte Fabrikarbeiter.
In Friaul, einst das Armenhaus Norditaliens, löste das Erdbeben von 1976 einen beispiellosen Boom aus – es kostete zwar über tausend Menschen das Leben, zerstörte Städte und Dörfer,

doch hatte der Schock eine heilsame Wirkung. Die Hilfsgelder wurden Basis einer wirtschaftlichen Blüte.

In weiten Teilen der Region hat die früher übliche Produktion landwirtschaftlicher Grundgüter keine Bedeutung mehr. Was sich lohnt, sind nach hohen Qualitätsnormen erzeugte Spezial- und Luxusprodukte, die inzwischen weltweit etabliert sind und gutes Geld bringen. Welche Möglichkeiten bieten dafür die fruchtbaren Schwemmländer der Flüsse! Venetien und Friaul gleichen streckenweise unglaublich reichen Gemüse- und Obstgärten. Aber auch sonst hat es die Natur nicht schlecht gemeint: Die besten Weißweine Italiens in den Moränenhügeln vor den Alpen, wunderbare Rotweine aus den kargen und steinigen Aufschüttungen der Alpenflüsse; Fisch aus Lagunen, Adria und Alpenseen; Reis und Mais in der Poebene; Kastanien, Buchweizen und Kartoffeln in den Bergen; vorzügliche Schweine, die zu den besten Schinken der Welt verarbeitet werden; Kühe auf den Almen, aus deren Milch man köstlichen Käse bereitet; Kaninchen und Hühner allenthalben; das Olivenöl vom Gardasee; und schließlich der Reichtum der Gebirgswälder an Pilzen, die hier so wichtige Zutaten sind.

Aber all das wäre gar nichts, verstünden hier die Frauen nicht zu kochen! Zu Hause wie in den Trattorien und Osterien geben sie den Ton an – mit dem Wissen und der Erfahrung von Generationen: Die *mammas* ändern ihre Küche nicht nach der Mode und verbinden keine Philosophie mit ihren »Creationen«, wie viele der eitlen Männer hinter den Herden hochgejubelter Restaurants. *Nouvelle Cuisine, Fast-* und *Slow-Food* wurden nicht von Frauen entwickelt …

Das Reservoir traditioneller Küche in Oberitalien ist enorm: Aus allen Himmelsrichtungen kamen Menschen und mit ihnen Rezepte und Eßgewohnheiten ins Land. Germanische Vorliebe für Fleisch und Würste, und römische Begeisterung für Salate und Gemüse. Slowenische, kroatische und dalmatinische Elemente an der Küste; Griechisches, Byzantinisches und Arabisches in Venedig. Überall, nach der

Zugehörigkeit zu Österreich im 19. Jahrhundert, k.u.k. Einflüsse.
Geschichte bleibt nur lebendig, wenn man zu ihr steht, Traditionen können sich nur halten, wenn man sie lebt. Die allgegenwärtigen Kunstwerke, der Reichtum Venetiens und Friauls an wunderschönen Städten, Plätzen, Kirchen, Palästen, Villen, Bildern, Fresken und Statuen ist natürlich ein guter Nährboden für stilsicheres Empfinden, Wertschätzung des Schönen. In diesem Umfeld läßt sich auch die Kultur der Tafel pflegen.
Merkwürdig scheint uns Nordländern, die wir zu ganzheitlichen Betrachtungen neigen, die Nachlässigkeit der Italiener gegenüber der Natur, die Ungeheuerlichkeiten, die sie außerhalb der Stadtkerne angelegt haben: scheußliche, gesichtslose Trabantenstädte und Siedlungen, brutale Industrieanlagen, Fabriken, Gewerbebetriebe, Handelszentren ... Es gibt – oder gab zumindest – keine Bebauungspläne, keine Bauordnungen. So sind weite Teile des Landes auf ewig verschandelt. Venetien und Friaul sind nur noch an wenigen Orten die schöne Kulturlandschaft, die wir in Italien so gerne suchen und in anderen Teilen des Landes leicht finden. Nein, in Venetien reist man nicht einfach durch eine schöne Gegend, sondern meist durch häßliche Gefilde und Vorstädte von einem schönen Ort zum anderen.
Genau so hat natürlich die kulinarischgastronomische Landschaft gelitten. Die Welt ist auch auf diesem Gebiet keineswegs heil. Aber es gibt sie zwischen McDonald und Pizzeria weiterhin: die Küche der Wahrheit!
Auf sie sind alle Venezianer und Friulaner stolz – sie haben uns zu viel, sehr viel mehr Plätzen geführt, als wir in diesem Buch beschreiben konnten. Das hat uns unsere Arbeit einerseits leichtgemacht, andererseits die Qual der Wahl beschert – wir hoffen, es war die richtige! Und sagen allen, die uns geholfen und mitgemacht haben, unseren Dank mit dem traditionellen venezianischen Gruß, den heute jeder kennt, von dem aber kaum einer die Bedeutung weiß – *schiavo suo*, was so viel heißt wie »Ihr Sklave«: *»Ciao!«*

FRÜHLING

Blühende Wiesen, Stille am See, buntes
Fische, Muscheln, pralle Kirschen,

Marktgetümmel.
das erste Gemüse und ein Spargelfest

Ursprünglich: Bauernwirtschaft

Spumante zum Aperitif

Obst und Gemüse

Venezianische Villen

Abendruhe über dem Gardasee

Farbenfroh: Gemüse vom Grill

Erquickend: Wasser und Brot

Knackiger Spargel: alla Bassanese

Das Hochplateau der »Sieben Gemeinden«

Von stattlichen Zweitausendern, den Ausläufern der Dolomiten, im Rücken beschützt, breitet sich im Norden Venetiens eine weitläufige Hochebene aus, der *Altopiano dei Sette Comuni*. Die Zufahrtsstraßen schrauben sich in engen Serpentinen zum tausend Meter hoch gelegenen Plateau empor und führen dabei durch ganz verschiedene Klimazonen: Wenn in der Ebene die Bäume bereits mit roten Kirschen lokken, stehen sie hoch oben gerade erst in weißem Blütenkleid. Im Tal wachsen Wein, Oliven, Pfirsichbäume, den steilen Hängen sind mühevoll schmale Terrassen für den Ackerbau abgetrotzt, ganz oben erstrecken sich die Weideflächen für das Milchvieh, dem die Region heute einen großen Teil ihres Einkommens verdankt. Sie sind durchzogen von endlosen grauen Zaunlinien, die sich beim Näherkommen als senkrecht gestellte, aneinandergereihte Steinplatten entpuppen.

Besiedelt wurde die Region im 12. Jahrhundert von Bayern, die die bewaldete Gegend rodeten, urbar machten und als Holzfachleute den Venezianern bald unentbehrlich wurden: auf ihren Balken gründet mancher venezianischer Palast. Die »Sieben Gemeinden« waren stolze, wohlhabende, freie Kommunen, mit eigenen Gesetzen und Selbstverantwortung sowie einer eigenen Sprache, der *Cimbra*, wie die Italiener sagen. Eine Sprache, die sich aus dem Bayrischen entwickelt hat, tatsächlich mehr deutsch als italienisch klingt, aber heute kaum mehr einer spricht. Das einzig *Cimbrische*, das sich erhalten hat, ist der geschätzte *Cimbro-Likör*, ein kräuterwürziges, herbsüßes Gebräu der *Antica Destilleria Artigiana Dall'Olio* in Asiago, die eine ganze Reihe Liköre aus heimischen Kräutern produziert.

Im ersten Weltkrieg war der *altopiano* wie der gesamte südliche Saum der Alpen Schauplatz schrecklicher Schlachten. Der von Mussolini in Form eines Triumphbogens erbaute *Ossario* (nächste Seite) ist Gedenkstätte für 60 000 gefallene Soldaten.

Heute ist der Fremdenverkehr wichtigste Einnahmequelle, winters, aber auch im Sommer. Es sind aber eher die Einheimischen, die mittags in der schlichten Locanda *»Aurora«* sitzen, wo die gesamte Familie Franquilli mit herzhaften, bodenständigen Gerichten, in großzügig bemessenen Portionen für ihre Gäste sorgt.

Asiago, Hauptort des Hochplateaus

Mühevoll: die Arbeit der Bergbauern

Spezialität: Likör aus wildem Kümmel

Asiago-Käse, gewürzt mit Olivenöl

Die Locanda Aurora *in Asiago ist ein richtiger Familienbetrieb: Mutter Maria Aurora (links) und Tochter Tamara servieren den Gästen, was Vater Enzo (Mitte) Gutes, Bodenständiges kocht*

1

FETTUCCINE CON ASPARAGI

BANDNUDELN MIT SPARGEL

Für vier bis sechs Personen:
1 kleine Zwiebel, 2 EL Butter,
je eine halbe rote und gelbe Paprikaschote, 200 g grüner Spargel, Salz,
⅛ l süße Sahne, 250 g Bandnudeln

Feingehackte Zwiebel in heißer Butter weich dünsten. Die entkernten Paprikaschoten in schmale Streifen schneiden und zufügen. Schließlich den in Salzwasser blanchierten, in Stücke geschnittenen Spargel untermischen. Die Sahne angießen, alles aufkochen und nochmals abschmecken. Zum Schluß die nur knapp gargekochten Nudeln zufügen. Alles nochmals miteinander auf sanftem Feuer mischen und auf heißen Tellern servieren.

2

PASTICCIATO ALLA ZINGARA

ZIGEUNERNUDELN

Für vier bis sechs Personen:
1 Zwiebel, 2 Knoblauchzehen,
2 EL Olivenöl, 200 g Hackfleisch,
1 kleine Dose Tomaten,
1 EL Tomatenmark, 1 kleine
gelbe oder rote Paprikaschote,
1 Bund Petersilie, Salz, Pfeffer,
4 EL süße Sahne, 250 g Rigatoni

Gehackte Zwiebel und Knoblauch im heißen Öl andünsten. Hackfleisch zufügen und braten, bis es krümelig geworden ist. Tomaten mitsamt dem Saft aus der Dose und das Tomatenmark unterrühren. Ebenso die winzig gewürfelte Paprikaschote und die feingehackte Petersilie. Salzen, pfeffern und leise eine halbe Stunde köcheln. Dabei immer wieder rühren, wenn nötig, einen Schuß Wasser, Wein oder Brühe angießen. Zum Schluß sollte die Sauce aromatisch duften und dick eingekocht sein. Die Sahne und die inzwischen in Salzwasser knapp gargekochten Nudeln untermischen und noch einige Minuten köcheln.

3

4

3

ROGNONCINI TRIFOLATI

GEDÜNSTETE KALBSNIERCHEN

Für vier Personen:
2 frische Kalbsnieren, 2 EL Öl, Salz, Pfeffer, 2 EL Butter, 1 weiße Zwiebel, 2–4 Knoblauchzehen, ¼ l Rotwein

Die Nieren sorgfältig häuten, jegliches Fett entfernen, auch die inneren, weißen Harnstränge herausschneiden. Die Nieren in dünne Scheibchen schneiden. Portionsweise, damit die Hitze nicht nachläßt, im rauchend heißen Öl rasch anbraten, dabei salzen und pfeffern. Herausheben und warm stellen. Im verbliebenen Fett die Butter erhitzen, darin die feingehackte Zwiebel und Knoblauchzehen andünsten. Mit Wein ablöschen, rasch um gut die Hälfte einkochen, bevor die Nieren mitsamt dem inzwischen ausgetretenen Saft hinzugefügt werden. Einige Minuten sanft köcheln, mit Salz und Pfeffer abschmecken und schließlich servieren. Dazu passen gegrillte Polentaschnitten.

4

FILETTO STRACCIATO ALLE ERBE

»ZERRISSENES« KRÄUTERFILET

Die Spezialität des Hauses, deretwegen die Gäste immer wieder und von weither kommen: in hauchdünne Scheiben geschnittenes Rinderfilet, das mit vielen Wildkräutern vermischt in die Form eines Steaks gepreßt und schließlich gedünstet wird. Die Kräuter dafür sammelt die Familie in den Bergen – ihre Zusammensetzung ist strenggehütetes Geheimnis. Man muß sie bei uns ohnehin durch heimische Kräuter ersetzen.

Für vier Personen:
600 g sorgfältig pariertes Rinderfilet (also ohne Haut und Sehnen), schwarzer Pfeffer aus der Mühle, 1 gehäufter TL Speisestärke, Salz, 2 Handvoll gemischte Kräuter (Salbei, Rosmarin, Thymian, Petersilie, Sauerampfer, Brennesseln, Gänseblümchen, Löwenzahn etc.), 4 EL Butter, 1 EL Öl, ⅛ l Rotwein, ⅛ l Kalbsfond oder Bratenjus

Das Fleisch quer zur Faser in dünne Scheiben schneiden, mit Pfeffer und Stärke überpudern, sparsam salzen und vorsichtig mischen.

Die Kräuter von den Stielen zupfen, für eine Sekunde in kochendes Salzwasser werfen, anschließend eiskalt abschrecken, kräftig ausdrücken, so daß sie fast vollkommen trocken sind. Wieder locker auseinanderzupfen und unter das Fleisch mischen.

Fleisch in vier gleich große Portionen teilen, jede zum Steak formen, dabei darauf achten, daß sie von einem Teil der Kräuterblätter wie von einem Kräutermantel umhüllt sind. In einem Topf oder in einer tiefen Pfanne einen Eßlöffel Butter und das Öl erhitzen. Die Steaks darin rasch auf allen Seiten anbraten. Sie sollen dabei nicht bräunen, sondern mehr durch die Hitze ihre Form behalten. Wein und Fond angießen. Auf sanftem Feuer ohne Deckel etwa 15 bis 20 Minuten schmoren, dabei von allen Seiten vorsichtig salzen und kräftig pfeffern.

Die »zerrissenen« Steaks auf einer vorgewärmten Platte anrichten, den Schmorsud mit der restlichen, eiskalten Butter aufmixen und darübergießen. Dazu schmeckt Polenta, cremiges Kartoffelpüree oder einfach Brot.

Am Gardasee: Zauber des Mittelmeeres am Rande der Alpen

Im Nordosten grenzt Venetien an den Gardasee, dessen nördlicher Zipfel ins Trentino ragt und dessen westliches Ufer lombardisch ist. Vom Brenner ist das Ostufer am leichtesten zu erreichen: Der Gardasee wurde zu Deutschlands südlichstem Haus-See, vor allem der Bayern und Münchner. In den fünfziger und sechziger Jahren begann ein regelrechter Boom, und heute scheinen *Malcesine, Torri del Benaco, Garda, Bardolino, Lazise* und *Peschiera* im Sommer und Herbst fest in deutscher Hand. Im Winter herrscht weitgehend Ruhe, im Frühjahr kommen die Italiener selbst, vor allem nimmerendende Reisegruppen von Rentnern.

Leider ist der deutsche Massentourismus den Orten nicht gut bekommen, billige Ferienhotels und Pensionen dominieren das Ostufer, anders als im Süden und Westen. Die Gastronomie hat sich auf dem untersten Niveau eingependelt, und man kann schon zufrieden sein, wenn der Fisch nicht verkohlt, die Pizza selbstgemacht und die Nudeln nicht verpappt sind. Die wenigen Ausnahmen leiden unter den überall in gleicher Weise in geschmacklos-schamloser Hemmungslosigkeit kaum bekleideter Freizeit-Menschen.

Einziger Anlaß zur Freude mögen da die bunten Segel der Windsurfer sein: Die regelmäßigen Winde am Gardasee, vormittags von Norden her der Sòver, nachmittags von Süden die Ora, haben den See, vor allem den Norden, zu einem Mekka der Surfer gemacht.

Trotz aller Winde liegt fast immer ein zarter Dunstschleier über dem See, den im Norden die Alpen fjordartig einfassen und der sich im Süden weit und breit in das Amphitheater der weinträchtigen Moränenhügel in Richtung Poebene dehnt. Ein erstaunlich mildes Klima herrscht hier, das sonst erst in der Toskana zu finden ist: Die Alpen schützen gegen rauhe Nordwinde, das Wasser des Sees wirkt als Wärmespeicher. Hier gedeihen Zypressen, sogar Palmen und Oliven – die Ostküste nennt sich daher *Riviera degli ulivi*; mehr über Oliven und ihr Öl auf den Seiten 188 bis 191.

Schon in Frühzeiten war der See besiedelt, Pfahlbauten zeugen davon. Die Römer errichteten bedeutende Kastelle, später die Skaliger ihre Burgen und schließlich die Venezianer.

Geschichtsträchtig und stimmungsvoll die Orte: *Garda* mit seiner alleeartigen Uferpromenade, das malerische, gut erhaltene *Lazise* und das fischreiche, später noch von Napoleon und den Österreichern weiter befestigte *Peschiera*. *Bardolino* ist bekannt für seinen leichten, zartbitteren Rosé und Rotwein, und die *Punta San Vigilio* erinnert bei Sonnenuntergang an Arnold Böcklins »Toteninsel«.

Bei Sonnenaufgang wird aufgebrochen

Fischer Romano kontrolliert die Reusen

Es gibt nur noch wenige Berufsfischer

Idylle am Gardasee: Punta San Vigilio

Man kann das ganze östliche Seeufer abfahren: einen schöneren Platz als die *Punta San Vigilio* wird man nicht finden. Das Gästehaus der Grafen Guarenti di Brenzone, die im Renaissanceschloß auf der Spitze der Landzunge von *San Vigilio* leben, ist schon seit hundert Jahren ein kleines, verschwiegenes Landhotel. Es bietet acht angenehme Zimmer, zu stolzem Preis. Otto Hahn hat hier, so kündet auf lateinisch eine Marmortafel an der Hauswand, 1933 mit Edith Junghans die glücklichsten Monate seines Lebens verbracht. Ebenfalls lateinisch ist der Wahlspruch des Hauses, der Geschirr, Handtücher, Bademäntel und Aschenbecher ziert, »en somnii explanatio«, zu deutsch etwa: »Fürwahr, die Erfüllung eines Traums!«

Traumhaft ist die Lage in der Tat. Abends beim Aperitif in der Loggia des Restaurants, wenn man dem Farbenspiel der Sonne zuschaut, die langsam hinter den Bergen über dem See verschwindet und dabei alles in rosa Schimmer hüllt: Kein Laut ist dann zu hören, nur Wellen, die träge gegen die Hauswand plätschern. Das Wasser ist so klar, daß man die Fische darin flitzen sieht, ein Entenpärchen turtelt – es ist, als ob die Zeit stillstünde und der alte Geheime Rath Goethe gleich um die Ecke blickt. Tagsüber muß man die Idylle leider teilen. Die kleine Bar am dazugehörigen Hafen kann über Mangel an Kundschaft nicht klagen. Man kommt gern hierher, auch mit dem Boot, ißt und trinkt, genießt die Sonne und macht dabei natürlich freudig Lärm.

Ehrensache, daß sich der Küchenchef im Restaurant vor allem auf Fische aus dem See versteht. Frischer können sie kaum sein: Hausfischer Romano Malfer bietet seine tägliche Beute natürlich ihm als erstem an.

Christina und Erich Weber aus Südtirol führen das Haus schon seit vierzehn Jahren

Viel ist es nicht: Barsche und Renken

Aulette, Weißfischchen, werden . . .

. . . mit Mehl bestäubt und in Öl fritiert

1

RISOTTO ALLA TINCA

RISOTTO MIT SCHLEIE

Schleien findet man häufig im Gardasee. Ihr relativ fettes, unempfindliches Fleisch nimmt auch ein längeres Kochen nicht übel, deshalb ist es ideal im Risotto. Gewürzt wird mit ein bißchen Zimt; das klingt ungewöhnlich, paßt aber vortrefflich.

Für vier Personen:
1 mittelgroße Schleie (ca. 400 g),
1 Bund Suppengrün, 1 Glas Weißwein,
1 l Wasser, 1 EL Pfefferkörner,
1 Zwiebel, 2 Knoblauchzehen,
2 EL Olivenöl,
250 g italienischer Rundkornreis,
Salz, Pfeffer, 1 Bund Petersilie,
2 EL Butter,
2 EL frisch geriebener Parmesan

Zuerst die Brühe ansetzen: Dafür den Fisch filieren, Haut wegwerfen, Gräten und Kopf mit geputztem Suppengrün in einen Topf füllen. Mit Wein und Wasser bedecken, Pfefferkörner zufügen und aufkochen. Etwa eine halbe Stunde sanft köcheln, schließlich durch ein Sieb filtern.
Das Fischfilet in Streifen schneiden und kalt stellen.
Für den Risotto Zwiebel und Knoblauch feinhacken und im heißen Öl weich dünsten. Den Reis hinzuschütten und sorgsam untermischen. Nach und nach die heiße Fischbrühe angießen, dabei immer wieder rühren. Erst nach etwa zehn Minuten die Fischstücke zufügen. Mit Salz und Pfeffer abschmecken. Reichlich feingehackte Petersilie unterrühren.
Der Risotto ist fertig, wenn die Körner weich sind, aber noch Biß haben. Zum Schluß Butter und Käse unterrühren. Noch einmal einige Minuten ziehen lassen, bevor serviert wird.

Eine limonaia, *ein Zitronenhaus, gehörte früher zu jedem herrschaftlichen Anwesen am Gardasee. Diese wird tatsächlich auch heute noch trotz allen Aufwands genutzt: Im Winter wird die Frontseite verglast, das Dach (weil es bequemer und billiger ist) mit Plastikfolie abgedeckt. Die stattlichen, uralten Zitronenbäume danken die Fürsorge und tragen bildschöne, große Früchte. Der* limonaia *gegenüber ist ein kleines Gästezimmer versteckt. So romantisch, daß man gern auf den Seeblick verzichtet*

2

LAVARELLO ALLA GRIGLIA

RENKE VOM GRILL

Die einfachsten Zubereitungsarten sind oft die besten. Und diese Grillmethode hat ihren ganz eigenen Reiz.

Pro Person:
1 schöne frische Renke, Salz,
Pfeffer, Olivenöl

Die vom Fischhändler bereits ausgenommene Renke aufklappen, so daß die Innenseite flach nach außen liegt. Salzen, pfeffern, mit Olivenöl einpinseln. Mit der Bauchseite auf eingeölten Grillstäben über Holzkohlenglut grillen. Auf dem Teller mit Petersilie bestreuen und mit Öl beträufeln.

3

FRAGOLINE DI BOSCO CON CREMA DI MASCARPONE

WALDERDBEEREN MIT MASCARPONECREME

Für vier Personen:
400 g Walderdbeeren,
1–2 EL Puderzucker
Mascarponecreme:
2 Eigelb, 2 EL Zucker,
250 g Mascarpone

Die Erdbeeren auf Tellern oder in Dessertschälchen verteilen und mit Puderzucker bestäuben.
Für die Creme die Eigelb mit dem Handrührer dick und schaumig schlagen, dabei den Zucker hinzurieseln lassen. Den Mascarpone zufügen und unterschlagen. Über die Walderdbeeren verteilen.

4

SAN VIGILINI

SANDGEBÄCK

Die mürben Plätzchen schmecken zum Nachtisch, zum Espresso oder auch zu einem Gläschen Dessertwein nach dem Essen. Das Gebäck bleibt in einer gut schließenden Blechdose ein bis zwei Wochen frisch, vorausgesetzt, man kann ihm so lange widerstehen …

Für ca. 80 Stück:
50 g Rosinen, 2–3 EL Grappa,
400 g Mehl, 200 g Butter,
150 g Zucker, 2 Eier,
1 gestrichener TL Backpulver,
abgeriebene Schale einer Zitrone,
Puderzucker zum Bestäuben

Die Rosinen mit Grappa übergießen und ziehen lassen.
Für den Teig Mehl, Butter in Flöckchen, Zucker, Eier und Backpulver rasch zu einem weichen Mürbteig kneten. Die abgetropften Rosinen einarbeiten. Mit Folie zugedeckt eine halbe Stunde kalt stellen.
Dann kleine Häufchen abstechen, mit angefeuchteten Händen zu walnußgroßen Kugeln formen, nebeneinander auf ein mit Backpapier belegtes Blech setzen. Bei 180 Grad etwa 15 Minuten backen.
Nach dem Abkühlen mit Puderzucker bestäuben.

1

2

3

4

Am Monte Baldo, hoch über dem Gardasee:

Mit sanft gerundeten Kuppen, umkränzt von gleißenden Schneefeldern, beherrscht der Monte Baldo majestätisch das Ostufer des Gardasees. Von Malcesine aus kann man sich von der Bergbahn auf einen Gipfel tragen lassen. Viel schöner: Im Süden auf engen Sträßchen die teils schroffen, teils lieblichen Flanken bis auf gut tausend Meter hinauffahren. Vor allem im Frühling und Frühsommer, wenn die einzigartige Flora erblüht. Man ist dann ziemlich allein hier oben, kann beschaulich wandern, botanisieren und picknicken. Es ist höchstens möglich, daß der Müßiggang ein schlechtes Gewissen macht, wenn man sieht, wie sich die Menschen abplagen, um der Natur eine Überlebensration abzuringen. Die Höfe sind klein und ärmlich. Die Männer arbeiten deshalb im Tal, und die Gastronomie am Seeufer zieht die erwachsen werdenden Töchter an, die dann unten heiraten

Arme Bergbauern und üppige Blumenpracht

und nicht mehr zurückkehren. Nur wenige Frauen halten die Stellung, kümmern sich um Kinder, Hof und Hühner, ein Gärtchen, ein paar Schafe, Ziegen und Kühe. Es ist abzusehen, daß es nicht mehr lange so weitergehen wird. Dann werden alle Höfe, wie jetzt schon einige, zu Wochenendhäusern: mit kurzgeschorenem Rasen rundum, ohne Tiere und ohne Narzissen. Und viele Dinge des Bauernlebens werden in Vergessenheit geraten – zum Beispiel, wie man nach dem Frühjahrsputz die Matratzen mit neuer, frisch gekämmter Schafwolle aufpolstert.

Bunte Blumen auf allen Wiesen, mal ganz gemeine, mal höchst seltene Exemplare – alle in ungewohnter Fülle und strotzender Üppigkeit: Lungenkraut, Berghahnenfuß, Graslilien, Frühlingsenzian, Waldrebe, stengelloser Enzian, Knabenkraut und ganze Wiesen voller weißer Narzissen. Und an den Hängen zum Gardasee duftender, weithin leuchtender Goldregen

Unter prächtigen Linden: Poststation am Mühlenbach

Solche Flüsse sieht man in Italien selten: satt dahinströmend, geradezu behäbig. Der Mincio bildet den Abfluß des Gardasees, ist sozusagen sein Überlauf. Das erklärt, warum er nie um Wasser ringen muß, auch im Sommer nie zum Rinnsal austrocknet; ein idealer Mühlenfluß also, auf dessen stete Kraft man sich verlassen kann. Die Fahrt vom See hierher führt durch ein weites grünes Tal. Mohngetupfte Wiesen, gesäumt vom linden Grün der Trauerweiden, sanfte Hügel, Pappeln, hier ein verfallendes Gehöft, an dem lilaprunkend und den Zerfall gnädig verhüllend eine üppige Glyzinie rankt. Bei Valeggio-sul-Mincio stürzt der Fluß über ein breites Wehr. Linkerhand sieht man eine zerfallene Skaligerruine; daß sie ursprünglich einmal der Schwesterburg in Verona ähnlich war, läßt sich kaum mehr entdecken. Von der bedrohlich bröckelnden, immer noch wehrhaften Visconti-Brücke aus, die einst wie eine Festung das ganze Tal sperrte, bietet *Borghetto* einen hübschen Anblick: Die am Ufer hingeduckten, alten Häuschen wirken wie vergessen. Aber: unter den gewaltigen Linden, die entlang dem rechten Ufer ein grünes, schattenspendendes Dach bilden, sind Tische einladend gedeckt. Ein Troubadour, wie dem Bilderbuch entsprungen, singt schmachtende italienische Weisen und zupft dazu seine mit flatternden, bunten Bändern geschmückte Gitarre. Die *Antica Locanda Mincio* ist, kein Wunder in dieser strategisch günstigen Lage, uralte Poststation. Seit Anfang dieses Jahrhunderts geführt von der Familie Bertaiola. Gabriele, nunmehr in der dritten Generation *padrone*, liebt seinen Heimatort und prophezeit ihm noch große Zukunft. Eines der langsam zerfallenden Häuser hat er gekauft und will es zu einem romantischen Landgasthof ausbauen. Wenn er es ebenso behutsam renoviert, wie er sein Elternhaus erhalten hat, wo das Buffet mächtig, geradezu trutzig den Eingangsraum beherrscht und die Fresken an der Wand im Speisesaal keineswegs den Anspruch erheben, künstlerisch hochwertvoll zu sein – dann kann man sich auf das neue Pendant getrost freuen: Denn alles ist geprägt von viel Sinn und Gespür für das Echte, Ursprüngliche und Wahre. Und genauso schmeckt's hier auch, man kocht eben noch wie *la mamma*: hausfraulich, einfach und gut!

Gabriele Bertaiola vor seiner Locanda

Schlachtengemälde schmücken den Saal

Bei gutem Wetter sitzt man lieber draußen

1
BRUSCHETTA

GERÖSTETES KNOBLAUCHBROT

Gibt es etwas Besseres als so ein würziger Happen, der zusammen mit einem Glas Wein ungefragt dem neu angekommenen Gast hingestellt wird, um schon mal den ärgsten Hunger zu besänftigen und den Magen für den Wein vorzubereiten?

Pro Person:
1–2 Weißbrotscheiben,
1–2 Knoblauchzehen,
1 TL gehackte Petersilie,
2 EL Olivenöl, Salz

Das Brot grillen oder toasten. Die Knoblauchzehen durch die Presse drücken, mit Petersilie und Öl mischen und auf die heißen Brotscheiben streichen. Nach Belieben salzen.

2
TORTELLINI AL BURRO

TEIGTÄSCHCHEN MIT BUTTER

Für vier bis sechs Personen:
Teig:
ca. 250 g Mehl, 2 Eier, ½ TL Salz
Füllung:
1 Zwiebel, 1 Knoblauchzehe,
2 EL Butter, 300 g Kalbfleisch, Salz,
Pfeffer, gemahlene Muskatblüte,
½ TL Anis, 1 Bund Petersilie,
1 Glas Weißwein,
2 EL Semmelbrösel, 1 Ei

Aus Mehl, Eiern und Salz einen geschmeidigen Teig kneten. In Folie gehüllt eine halbe Stunde ruhen lassen. Für die Füllung die gehackte Zwiebel und Knoblauchzehe in der Butter andünsten, das in Würfel geschnittene Fleisch zufügen, salzen, pfeffern, mit Muskatblüte und Anis würzen, die von den Blättern befreiten Petersilienstengel zufügen und mit Wein angießen. Auf mildem Feuer eine Stunde sanft köcheln. Auskühlen lassen, durch den Fleischwolf drehen, dabei die Petersilienblätter ebenfalls durchlaufen lassen. Mit Semmelbröseln und Eigelb mischen, gut abschmecken.
Den Nudelteig zwischen den glatten Walzen der Nudelmaschine zu hauchdünnen Bändern von ca. 10 cm Breite ausrollen. In regelmäßigen Abständen jeweils einen Teelöffel Füllung setzen, die Teigfläche rundum mit Eiweiß einpinseln. Quadrate so ausschneiden, daß die Füllung jeweils auf einer Ecke sitzt. Die gegenüberliegende Ecke darüberschlagen, gut festdrücken und das so entstandene Dreieck zur Breitseite hin zusammendrücken, damit *Tortellini* entstehen. Etwas trocknen lassen.
In reichlich Salzwasser zwei bis drei Minuten köcheln, in tiefen Tellern anrichten und mit geschmolzener Butter übergießen. Nach Belieben schwarzen Pfeffer darübermahlen.

1

2

3

ANGUILLA ALLA GRIGLIA

GEGRILLTER AAL

Ein so fetter Fisch wie der Aal verträgt es prächtig, über scharfer Glut gegrillt zu werden. Dabei tropft überschüssiges Fett heraus und sorgt für saftiges Fleisch. Die Haut wird kroß und knusprig und auf diese Weise zur Delikatesse.

Für vier Personen:
1 mittelgroßer Aal (knapp 1 kg),
Pfeffer, grobes Salz

Den Aal bereits vom Händler ausnehmen und in fingerlange Stücke schneiden, jedoch nicht häuten lassen.
Über Holzkohlenglut auf dem eingeölten Rost rundum grillen, bis alles knusprig wirkt. Gleich zu Beginn pfeffern, erst später salzen.
Mit Zitronenachteln servieren.

4

STINCO DI MAIALE AL FORNO

SCHWEINSHAXE AUS DEM OFEN

Es handelt sich hier um die Vorderhaxen vom Schwein, die bei uns leider stets so kurz abgesägt werden, daß der Knochen nicht über die Fleischschicht hinausragt. In Italien wirkt der *Stinco* wie ein Stück Fleisch am Stiel und sieht so hinreißend aus, wie er köstlich schmeckt.

Für vier Personen:
4 Vorderhaxen vom Schwein, Salz
Pfeffer, einige Rosmarinzweige,
3 EL Olivenöl, 1 Zwiebel,
2 Knoblauchzehen, 1 Möhre,
2 Selleriestengel, 50 g luftgetrockneter Schweinebauch oder Speck,
ca. 1/8 l Weißwein,
1/4 l Fleisch- oder Gemüsebrühe

Die Haxen mit Salz und Pfeffer einreiben, zusammen mit den Rosmarinzweigen in eine passende Bratenform betten und mit Öl übergießen. Im 250 Grad heißen Ofen etwa eine halbe Stunde anbraten.
Inzwischen Zwiebel, Knoblauch, Möhre, Sellerie und Speck fein würfeln.
Rund um die Haxen in die Bratenreine streuen. Die Temperatur nunmehr auf 175 Grad herunterschalten, die Haxen eine weitere halbe Stunde braten, bevor mit dem Wein und der Brühe abgelöscht wird. Das Fleisch jetzt eine weitere Stunde sanft schmoren.
Das Schmorgemüse mit dem Schmorsud mixen, falls nötig dabei mit einem guten Schuß Brühe oder Wasser verdünnen. Alles durch ein feines Sieb streichen und abschmecken.
Außerdem passen dazu: Gebratene Kartoffelwürfel, gedünsteter Spinat und *peperonata*, ein würziges Schmorgemüse aus verschiedenfarbigem Paprika, mit reichlich Knoblauch, das übrigens warm und kalt gut schmeckt.

3

4

Adria: Vom umtriebigen Hafen zum

Es ist heute kaum vorstellbar, daß das etwas verschlafene Landstädtchen namens Adria, etwa 30 Kilometer vom Meer entfernt, zwischen dem 6. und 3. Jahrhundert vor Christus der wichtigste Hafen an jenem Meer war, dem es seinen Namen gab, dem *Adriatischen*. Griechische und orientalische Waren für Oberitalien und Germanien wurden hier umgeschlagen. Das griechische *Adrias*, wie Venedig in einer Lagune gelegen und ebenfalls auf Pfählen errichtet, erlebte unter den Römern eine neue Blütezeit, ehe der Hafen durch die Anschwemmungen von Etsch und Po verlandete.
Ein neuer, bescheidener Aufschwung kam erst, als die Umgebung durch gewaltige Anstrengungen im letzten Jahrhundert trockengelegt wurde – Wichtigstes Zentrum und Provinzhauptstadt des enorm fruchtbaren, aber von Überschwemmungen immer wieder betroffenen Gebietes wurde jedoch das erst im Mittelalter gegründete Rovigo, heute moderner Industrie- und Handelsort und größter Agrarmarkt Venetiens. Aber es herrscht auch hier, wie in den anderen Städtchen Lendinara und Adria, eine gewisse venezianische Trägheit. Kein Wunder, denn die Venezianer schätzten die Gegend als Sommerfrische, wie einige schöne Villen und Paläste, vor allem Palladios *Villa Badoer* in *Fratta Polesine*, bezeugen.
In der weiten, von Etsch und Po eingegrenzten, durch Alleen gegliederten, engmaschig von Kanälen durchzogenen Ebene werden Wein, Gemüse und Salat, Blumen und vor allem Zuckerrüben und Mais angebaut. Die Bauern kommen am Freitag nach Adria – dann ist dort großer Markt, und man kann alles kaufen, was das Herz begehrt: Knöpfe und Schuhe, Unterwäsche, schicke Blusen und Arbeitskleidung, Hausrat und Lebensmittel. Und Zeit für ein Schwätzchen ist auch ...

In der topfebenen Polesine *wechseln sich Hausgärten und einzelne Rebzeilen mit endlosen Mais- und Zuckerrübenäckern ab. Die Reben werden an Pappeln und Weiden oder Maulbeerbäumen gezogen, deren Blätter der fast ausgestorbenen Seidenraupenzucht dienen: weil sie mit ihren Wurzeln im Schwemmboden fester gründen, als Pfähle oder Betonpfosten. Es gibt viele Vögel, ab und zu sogar Fasane*

leise dämmernden Landstädtchen

Villen, Parks und Besen-wirtschaft

Dort, wo der Fluß *Astico* aus den Alpen tritt, zu Füßen des gewaltig aufsteigenden *Altopiano d'Asiago*, liegen hingebettet an die Bergflanken verwunschene Dörfer und prachtvolle Villen. Wie verzaubert und doch bewohnt, die heitere *Villa Piovene* von *Palladio*, am Ende eines den Hang hinaufsteigenden Gartens mit reichen Skulpturen, alten Rosen, Treppen und plätschernden Brunnen. Dahinter ein lauschig-schattiger englischer Park mit grandioser Lindenallee, Zypressen und einer kühlen Grotte; als ob es

der Stille hier zu viel wäre, heulen im Tal wie riesige Hornissen grelle Motocross-Maschinen. Ein wenig unterhalb das erste aller Landhäuser Palladios, die strenge *Villa Godi Valmarana Malinverni*, die man besichtigen kann – teils schöne, teils ungelenk restaurierte Fresken. Daneben die »Taverna al Torchio Antico«, ein etwas touristisch angehauchtes Restaurant im alten Kelterhaus.

Dagegen malerisch und bescheiden die Besenwirtschaft zwischen den beiden Villen. Hier schenkt Bauer Paolo Turra seinen eigenen, nach alten Regeln ausgebauten Wein aus, seine Frau Graziella kocht auf Vorbestellung *bigoli col torchio*, dicke Spaghetti mit einer als Familiengeheimnis gehüteten würzigen Sauce. Wie überhaupt hier alles so wie früher gemacht wird – das Motto der Turras lautet: »il sapore antico della semplicità!« Das Schwierigste, was man sich denken kann: solide Qualität – mit dem unverfälschten, überlieferten Geschmack der einfachen Dinge...

In der Besenwirtschaft von Paolo und Graziella Turra, die ihren eigenen Wein (gelben, perlenden Weißen und einen herrlich süffigen, leichten Roten), Polenta, Sopressa (die fette, weiche, würzige Salami Venetiens), sauer eingelegte Gemüse und Käse (jungen und gereiften Asiago) anbieten, sitzen die alten Bauern und trinken ihr Schöppchen, klatschen, politisieren, schimpfen und spielen Karten; unergründlich die Regeln des Spiels, Briscola genannt – vier Spieler und sieben Zuschauer, die mit ihren hämischen Kommentaren nicht hinter dem Berg halten. Dazwischen junge Burschen, die im Radio in voller Lautstärke ein Radrennen hören: niemand stört's! Ausländische Besucher gibt's kaum

Marostica: Schach und Kirschen

Natürlich, wie könnte es in Venetien anders sein, bewacht der geflügelte Löwe der *»Serenissima«* das beschauliche Leben des Städtchens Marostica. Und selbstverständlich tut er das majestätisch und gelassen, von einer Säule herab, mitten auf einem weiten, von hübschen Stadthäusern mit Arkaden gesäumten Platz. Dem steinernen Tier hat man mächtige Flügel und einen stattlichen Schwanz aus Bronze angemessen, nicht gerade hochkünstlerisch, aber durchaus originell. Die Stadt, umzogen von wehrhaften Mau-

ern, wird beherrscht von der gewaltigen mittelalterlichen Burg, zu der sich zinnengekrönte Mauern den Berg hinaufschwingen und für ein einzigartiges Bild sorgen.

Im Juni allerdings ist etwas los im Städtchen, wenn nämlich die Kirschen reif sind, für die Marostica weithin berühmt ist: Dann wird das Kirschfest gefeiert! Man sieht auf dem Platz nur noch knackige Kirschen essende und kernespuckende Menschen. Die Straßen sind übersät mit lauter Kirschkernen, auch das überdimensionale Schachbrett, auf dem alle zwei Jahre im September eine Partie mit lebenden Figuren in historischen Kostümen ausgetragen wird. Eine Erinnerung an ein friedliches Duell, das um 1500 zwei Bewerber um die Hand der Tochter des Burgherrn austrugen. Der Markuslöwe scheint dann lächelnd auf das Spektakel hinunterzublicken und die Inschrift im geöffneten Buch, auf das er seine Pranke stützt, kündet die Wahrheit besonders sinnvoll: *Pax Tibi Marce Evangelista Meus!*

Bassano: Grappa & Spargel

Jedes Schulkind Italiens kennt das Wahrzeichen von Bassano, einer ebenso geschäftigen wie gemütlichen Stadt, die sich stolz über die an dieser Stelle machtvoll aus den Alpen herausströmende *Brenta* erhebt: eine überdachte Holzbrücke. Siebenmal bereits wurde sie im Laufe der Jahrhunderte zerstört und immer wieder aufgebaut; zuletzt mit Hilfe der Gebirgsjäger, den *Alpini*, weshalb die Brücke denn auch *Ponte degli Alpini* heißt. Die heutige Konstruktion soll übrigens auf Pläne Palladios zurückgehen – ein kraftvoller, gleichzeitig klassisch karger und eleganter Bau.

Bassano del Grappa nennt sich die Stadt zu Füßen des alpinen Gebirgsstocks, seit im ersten Weltkrieg der zwischen Österreichern und Italienern umkämpfte *Monte Grappa* zu einem Symbol des Sieges wurde: Die *Alpini* gewannen hier eine der verlustreichsten und wichtigsten Schlachten.

Bekannt ist Bassano allerdings auch für die *Grappa*, den Tresterschnaps, der in den letzten Jahrzehnten eine beispiellose Gemeinde von Liebhabern gewann. Der Name des Destillats hat freilich nichts mit dem Berg zu tun, sondern leitet sich ab von den *grappe*, den Stielen des *grappo(lo)*, der Traube. Die Tresterbrände dieser Gegend sind besonders weinig und kräftig, oft mit Kräutern, vor allem *ruta*, der Weinraute, aromatisiert. Sie werden gebrannt aus den nur schwach ausgepreßten Trauben des steil ansteigenden Hinterlandes, wo die Reben an Maulbeer- oder Weißdornbäumen gezogen werden. Die Rebzeilen stehen allein oder weit auseinander, so daß die einzelnen Weinstöcke viel Boden zur Verfügung haben, stark wachsen und mächtigen Ertrag liefern – man kann bis zu 120 Trauben pro Stock zählen! Für den Wein nimmt man nur den besten Saft, die noch saftigen Weißweintrauben läßt man dagegen rasch vergären und brennt sie schnell. Auch die bereits vergorenen Rotweintrauben preßt man nur sanft, so daß genügend Wein zum Brennen in den Schalen verbleibt.

Der Stadtkern, geprägt von Renaissance und üppig-heiterem Barock, lädt zum Flanieren ein – Laubengänge schützen vor Regen und brennender Sonne. Man findet hier Keramik, vom Touristenkitsch bis zu kostbaren Einzelstücken in hervorragender Ausführung, kunsthandwerkliches Schmiedeeisen und die berühmt-berüchtigten, meist mehr, manchmal weniger sorgfältig gearbeiteten Stilmöbel.

In den letzten Jahren ist der Tourismus und damit die Gastronomie immer bedeutender geworden. Spezialitäten sind Forellen und Wild, vor allem aber der Spargel von Bassano, der im sandig-lockeren Schwemmland der Brenta angebaut wird: Natürlich der traditionelle Grünspargel, bekannter aber ist der weiße, der für Italien hier »erfunden« wurde und sich mit seinem Zeichen für kontrollierten Ursprung als Spitzenqualität ausweist. Man kann ihn in den hiesigen Restaurants natürlich auf alle nur erdenkliche Art bekommen – aber auf die angestammte Art, *alla Bassanese*, schmeckt er am besten!

1

ASPARAGI ALLA BASSANESE

SPARGEL MIT EIERSAUCE

Wichtig für diese umwerfend köstliche Spargelsauce ist der Garzustand der Eier: Ihr Eigelb sollte zwar cremig, auf keinen Fall aber noch flüssig oder gar bereits zu fest geworden sein.

Für zwei Personen:
ca. 1 kg Spargel (nach Belieben weißer und grüner Spargel gemischt), Salz, 4 Eier, Pfeffer, 2–3 EL Olivenöl, 1–2 EL Weißweinessig

Den Spargel sorgfältig schälen, in Salzwasser knapp gar kochen und gut abtropfen lassen.

Inzwischen die Eier in etwa acht Minuten auf den »Punkt« kochen, abschrecken, pellen, in einer Schüssel mit einer Gabel in kleine Stückchen zerteilen, dabei Salz, Pfeffer, Öl und zum Schluß Essig zufügen.

Diese Sauce neben dem Spargel anrichten und sofort servieren.

Die Alpini, *die Gebirgsjägertruppen, genießen in Italien besonderen Ruf. Denn in den für das Nationalbewußtsein so entscheidenden Schlachten des ersten Weltkrieges gegen die Österreicher errangen sie wichtige Siege: Ein Männerbund, der keine Schwierigkeiten zwischen den Generationen kennt. Ihr Zusammenhalt ist legendär, ihnen anzugehören von erheblichem Sozialprestige. Aktive und Reservisten treffen sich häufig zu Feiern, werden in ihren malerischen Uniformen mit der Feder am Hut von der Bevölkerung freudig begrüßt und können sich fast alles erlauben. In den von heftigen Naturereignissen immer wieder betroffenen Alpenregionen leisten sie obendrein nur zu oft unschätzbare Hilfsdienste*

1

Zwischen Brentakanal und Brentafluß: ein fruchtbares Gemüseparadies

Sobald man von Venedig Richtung Süden die scheußlichen Industrieanlagen von Mestre hinter sich gelassen hat, breiten sich neben der Straße endlose Gemüsefelder aus. Hier beginnt übrigens der Brentakanal, auch stolz Brenta-Riviera genannt, mit den berühmten, prächtigen Sommervillen venezianischer Adelfamilien; gleich die erste eine der bekanntesten, die *Malcontenta*, von Palladio für den Dogen Foscari erbaut (Photo Seite 74/75).

Das Land entlang der Lagune ist für Gemüseanbau wie geschaffen: topfeben und dank seiner sandigen, lockeren, mineralstoffreichen, tiefgründigen Böden überaus fruchtbar. Wie mit dem Lineal gezogene Reihen von Salatpflanzen in den unterschiedlichsten Farben, leuchtend grün der Kopfsalat, braunrot und hellgrün *Lollo rosso* und *bianco*, dunkelrote bis weiß-rosa marmorierte Radicchioköpfe, bläulichgrün und strotzend stark reife Zwiebelschlotten und schließlich die kniehohen Erdwälle für den weißen Spargel. Das Dorf Giare ist berühmt für seinen Spargel, der in der mineralsalzigen Erde hier ein besonders würziges Aroma entwickelt, gemüsiger, kräftiger, weniger süß, als man das sonst gewohnt ist, eher bitter schmeckt.

Jedes Jahr am zweiten Wochenende im Mai feiert man in Giare zu Ehren des Spargels ein gewaltiges Fest. Zuerst geht es darum: Wer hat die besten Spargel? Sie sind zu Bündeln von jeweils einem Kilo geschnürt und alle schön wie gemalt. Aber die fachkundigen Mitstreiter entdecken gravierende Unterschiede. Da werden beispielsweise gerade die ebenmäßigsten und weißesten Stangen weniger gut bewertet, weil sie statt mit dem traditionellen Riemen aus Weidenrute mit Plastikbast gebunden sind.

Natürlich wird erbittert gestritten, lautstark argumentiert, Front gemacht und sich schließlich wieder vertragen. Spätestens, wenn alle im großen Zelt an weiß gedeckten Tischen sitzen und die ersten Weinflaschen kreisen. In der Zwischenzeit haben die Frauen für das leibliche Wohl gesorgt. Körbeweise haben sie Spargel geschält, in gewaltigen Töpfen Sughi für die Spaghetti gekocht, Risotto angesetzt, zwischendurch sich immer wieder mit einem Gläschen Wein gestärkt, und sämtliche wichtigen Ereignisse der letzten Woche durchgesprochen –

Fortsetzung Seite 42

Weißer Spargel ist in Italien ungewöhnlich, sein Anbau erfordert größere Mühe, als der übliche grüne. Weiß bleiben die Stangen, solange sie keinen Lichtkontakt haben. Den vermeidet man hier, indem man die Erdwälle, in denen der Spargel wächst, mit schwarzer Plastikfolie zudeckt. So bleiben die Spargelspitzen selbst dann noch unschuldig weiß, wenn sie bereits zentimeterhoch aus der Erde schauen. Es genügt also, einmal pro Tag zu stechen. Während man bei uns meist ohne Folienschutz arbeitet (empfindsame Gaumen lehnen übrigens den Geschmack von Folienspargel ab!) und deshalb an warmen Tagen mehrmals am Tag kontrollieren muß, ob die Spargelspitzen sich anschicken, die Erdoberfläche zu durchstoßen. Vorteil der Folie: Das empfindliche Gemüse wird unter der wärmenden Decke früher reif. Und: Weil darunter das Unkraut verkümmert, erspart sie eine Menge Jätarbeit

1

SPAGHETTI CON ASPARAGI

SPAGHETTI MIT SPARGELSAUCE

Für vier Personen:
500 g grüner Spargel, Salz,
½ l Wasser, 1 Zwiebel,
1 Bund Petersilie, 2 EL Öl,
½ Dose geschälte Tomaten,
Pfeffer, 2 EL Butter,
250 g Spaghetti, geriebener Käse

Den Spargel schälen, in Stücke schneiden, in Salzwasser blanchieren. Etwa die Hälfte des Kochwassers für die Sauce reservieren.
Zwiebel und Petersilie feingehackt in heißem Öl andünsten. Die Tomaten durch eine Gemüsemühle passieren und mit dem Spargelsud zufügen. Leise eine halbe Stunde köcheln, dabei salzen und pfeffern. Für die letzten zehn Minuten den Spargel zufügen. Zum Schluß die Butter einrühren.
Die Spaghetti mit Biß gar kochen, abgießen, in tiefen Tellern anrichten und jeweils einen großzügigen Klecks Spargelsauce in die Mitte setzen. Mit geriebenem Käse servieren.

1

2

RISOTTO DI ASPARAGI

SPARGELRISOTTO

Für vier Personen:
500 g grüner Spargel, Salz,
ca. 1 l Wasser, 1 große Zwiebel,
1 Bund Petersilie, 2 EL Olivenöl,
250 g Reis, 50 g Butter,
50 g geriebener Käse

Den Spargel schälen in Stücke schneiden und im Salzwasser etwa fünf Minuten blanchieren. Die Spargelspitzen mit einer Schaumkelle herausheben und beiseite stellen.
Die restlichen Spargelstücke, feingehackte Zwiebel und Petersilie im heißen Öl andünsten, den Reis zufügen und gründlich untermischen, bis er glänzt. Nach und nach das Spargelwasser angießen, dabei soll der Reis ständig leise köcheln. Kurz bevor er den richtigen Biß hat, nach etwa 20 Minuten, die Spargelspitzen zufügen. Weitere fünf Minuten unter Rühren köcheln. Erst dann Butter und geriebenen Käse unterrühren. Den Risotto neben dem Feuer unbedingt noch weitere fünf Minuten ruhen lassen.

2

ein Dorffest, wie es sich gehört. Und kommt zufällig einmal ein Fremder vorbei, dann kann es ihm ohne weiteres passieren, daß man ihn zum Juror kürt und um ein Urteil in der schwierigen Frage bittet, wer diesmal Spargelkönig wird.
Etwa zur selben Zeit, Anfang Mai, sind auch die ersten, milden, weißen Gemüsezwiebeln reif. Im Spätsommer wurde gesät, im Herbst hatte man die kleinen Pflänzchen ins freie Feld gesetzt. Hochkant gestellte Schilfmatten schützten vor den kalten Winterwinden. Frost schadet ihnen im übrigen längst nicht so sehr wie der ständige Wind vom Meer, der alles austrocknet. Jetzt wird geerntet, da muß die ganze Familie anpacken. Für Automation sind die Familienbetriebe natürlich zu klein. Aber: Der Gemüseanbau hat der gesamten Region ein gutes Auskommen gebracht. Es wird auch ins Ausland vermarktet, über den Großmarkt in Chioggia vor allem nach Süddeutschland, ein Teil wandert in die Konservenindustrie.
Immer wichtiger wird außerdem der Anbau von Blumen, im Freien, unter Folie oder Glas. Und so sagt man hier mit einem Augenzwinkern, aber durchaus nicht ohne Stolz: Die Blumen der *Brenta-Riviera* können sich mit denen von der ligurischen Riviera ohne weiteres messen.

Die Möhren wurden im Herbst gesät, den Winter über mit Kuhmist zugedeckt vor Frost geschützt und können jetzt, Anfang Mai, geerntet werden. Und dann: gründlich unter fließendem Wasser abbürsten und einfach abbeißen – so schmecken junge Möhren nun mal am allerbesten!

1

CIPOLLE AL FORNO

ZWIEBELN AUS DEM OFEN

Eine herrliche Beilage, ein köstliches Abendessen, auch prima fürs Buffet geeignet, wenn viele Gäste zu bewirten sind.

Für vier bis sechs Personen:
10 gleich große weiße Zwiebeln, Salz, Pfeffer, 3–4 EL Olivenöl, ca. ¼ l Brühe, Salbeiblätter

Die ungeschälten Zwiebeln oben kreuzweise einschneiden, nebeneinander in eine feuerfeste Form setzen, salzen, pfeffern und mit Olivenöl begießen. Im 250 Grad heißen Ofen zunächst eine halbe Stunde anbraten. Die Brühe angießen und bei nunmehr 175 Grad weitere zwei Stunden sanft schmoren, bis die Zwiebeln schmelzend zart sind. Erst zum Schluß die Salbeiblätter dazwischen streuen.

2

INSALATA DI CIPOLLA E RUCOLA

ZWIEBELSALAT MIT RAUKE

Für vier Personen:
150 g Raukeblätter,
2–3 weiße Zwiebeln (je nach Größe),
2–3 junge Möhren,
Marinade:
Salz, Pfeffer, 1 EL Balsamico-Essig,
1 EL Weißweinessig, 3 EL Olivenöl

Die Rauke mehrmals waschen und gründlich abtropfen lassen. Einige Blättchen in feine Streifen schneiden, mit den in Halbringe gehobelten Zwiebeln und den in Streifen geraspelten Möhren mischen. Die Zutaten für die Marinade verrühren. Die restlichen Raukeblätter nur sparsam darin wenden und als Kranz auf vier Tellern anordnen. Zwiebel und Möhren im verbliebenen Rest wenden und in der Mitte anrichten.

1

2

Das Mündungsdelta des Po: Unter dem

Seit die Venezianer Anfang des 17. Jahrhunderts die Pomündung nach Süden verlegten, weil der Fluß die Lagune zu verlanden begann und den Hafen Venedigs lahmzulegen drohte, schiebt sich das Mündungsdelta immer weiter ins Adriatische Meer hinaus – 70 bis 80 Meter kommen jährlich hinzu! Die Anschwemmungen, die wie in Holland gepoldert werden, kommen zunächst, so paradox es klingen mag, den Fischern zugute. In den flachen, durch gewaltige Deiche vom Meer abgetrennten Gewässern werden nämlich Fische aller Art gezogen, neben Aalen auch Karpfen, Störe, Forellen, Hechte und Zander. Und auch in den *Valli* genannten Entwässerungskanälen gibt es reichlich Fische, die mit einer besonders raffinierten und wenig Arbeit mit sich bringenden Methode gefangen werden: Man senkt große, rechteckige Netze an kranähnlichen Auslegern ins Wasser, hängt Köder darüber und wartet ein Weilchen oder über Nacht. Dann wird das Netz schnell nach oben gezogen – und wenn der Fischer Glück hat, wiegt es schwer. Vor allem die in Venedig und im gesamten Pogebiet so beliebten Aale werden so gefischt.

Wenn sich dann mit der Zeit in den Poldern, die mühsam mit Kanälen versehen, entwässert und ausgepumpt werden, Binsengruppen und Weideland zu bilden beginnen, kommen die Tiere: Schwärme von Mücken, in die sich die Schwalben mit wilden Kurven und Loopings stürzen. In den Kanälen hüpfen Unmengen von Fröschen, die ein monotones Konzert quaken und schnarren. In der Luft trällern Hunderte von Lerchen, auf den Dämmen zirpen die Grillen, und es wimmelt nur so von Wasservögeln – Möwen, Strandläufern, Austernfischern, Seeschwalben und vor allem verschiedenen Entenarten. Daß die gerne gejagt werden, hat nicht erst Hemingway in seinem Roman »Über den Fluß und in die Wälder« passioniert beschrieben. Schon die edlen, reichen und mächtigen Familien Venedigs frönten dieser Leidenschaft! Sie bauten sich in dem sumpfigen Gebiet auf kleinen Inseln ihre Jagdhäuser, die noch heute nach ihnen heißen: Ca' Giustinian, Ca'Bador, Ca'Venier, Ca' Tiepolo und andere mehr. Gleichzeitig dokumentieren sie, daß es eben diese Familien waren, die sich darum kümmerten, das Land urbar zu machen.

Meeresspiegel, halb Land, halb Wasser

Man muß im Frühling hierher fahren, wenn die Gräser und Binsen niedrig sind und vor allem das Rohr geschnitten ist, das hier für ganz Italien zu den allgegenwärtigen Matten verarbeitet wird: Nur dann kann man weit blikken. Alles verschwimmt in Pastellfarben, gleichzeitig leuchtend und in fröhlich-melancholischer Milde überstrahlt von dem sanften Licht, das in der Luft zu Hause zu sein scheint.

Das ganze Podelta ist zum Meer hin Strand. Bereits südlich von Chioggia beginnt eine lange Reihe von Camping-Plätzen. Exclusiver und sehr gepflegt die Privatinsel *Albarella*, wo man Golf und Tennis spielen, Surfen, Segeln und Bogenschießen kann. Die bis zu vier Meter unter der Meeresoberfläche gelegenen Felder werden

Fortsetzung Seite 47

intensiv bewirtschaftet. Der früher übliche Reis ist selten geworden, weil die auf dem guten Boden hohen Erträge von Mais und Zuckerrüben dank EG-Subvention mehr einbringen.
In den weiten Lagunen und vor allem in der geschützten Bucht im Süden des Hauptarms des Po, in der *Sacca degli Scardovari*, haben die Fischer beziehungsweise Züchter von Mies- und Venusmuscheln ihr Revier. Nur hölzerne Pfähle ragen aus dem Wasser, wo die Zuchtgitter im Wasser hängen – daß die Bedingungen günstig sind, sieht man an den Uferbefestigungen: Sie sind schwarz von Miesmuscheln! Die Fischer haben sich in einer Cooperative, *Consorzio delle Pescatori del Polesine*, zusammengeschlossen die täglich 500 Zentner *vongole veraci*, große, wohlschmeckende Venusmuscheln, und ebensoviel *cozze*, köstliche Miesmuscheln vermarktet.

ZUPPA DI PEOCI E PEVERASSE

ZWEIERLEI MUSCHELN IM SUD

Die schwarzen Miesmuscheln mit leuchtendgelbem Fleisch sind auch hierzulande leicht zu haben. Schwieriger wird es mit den kleinen *peverasse* oder *telline*, wie man sie auch nennt, kleinen glatten Muscheln, deren helle Schalen mit dunkelbraunen Linien gezeichnet sind, ganz ähnlich wie Venusmuscheln oder *vongole veraci*.

Für vier Personen:
500 g Miesmuscheln,
500 g Venusmuscheln oder ähnliche,
3 Knoblauchzehen, 4 El Olivenöl,
2–3 kleine rote Chilischoten,
¼ l trockener Weißwein,
Salz, Pfeffer

Die Muscheln gründlich abbürsten, dabei von den Miesmuscheln möglichst den Bart entfernen, die Muscheln schließlich in mehrmals gewechseltem Wasser sich vollständig entsanden lassen. Verschlossene Muscheln herauslesen und wegwerfen; sie könnten verdorben sein.
Inzwischen die Knoblauchzehen hakken, im Öl andünsten, dabei die Chilies zufügen, die das Öl parfümieren sollen. Die Muscheln zugeben. Mit Wein ablöschen. Salzen und pfeffern. Fünf Minuten zugedeckt dünsten, dabei immer wieder am Topf rütteln, damit alle Muscheln irgendwann einmal Kontakt zum heißen Topfboden haben und Platz bekommen, sich zu öffnen. Noch geschlossene Muscheln aussortieren und wegwerfen – auch sie könnten nicht in Ordnung sein.
Mit krumigem Weißbrot als Vorspeise servieren.

1

Venedigs kleine Schwester: Chioggia

Das Fischerstädtchen am südlichen Ende der Lagune wirkt verschlafen und touristisch zugleich. Entlang des Hauptkanals findet man die mit abenteuerlichem Kitsch überquellende Souvenirbude für die Touristen unmittelbar neben der simplen Fischerkneipe, in der an einfachen, mit schäbigem Wachstuch gedeckten Holztischen die Einheimischen bei ihrer *ombra* sitzen. So nennt man hier die vielen Gläschen Wein, die die Fischer gerne miteinander trinken, bevor sie nach Hause zum Essen gehen. Ursprünglich galt die *ombra* als Schankmaß und entsprach einem Achtel; heute nennt man so die gesamte Weinmenge, die man mit Fremden oder Freunden in der Bar, am Tresen lehnend, zu sich nimmt. Dazu ißt man am liebsten *cicchetti*, kleine Häppchen und Leckerbissen, die dafür sorgen, daß der Alkohol nicht allzu schnell zu Kopf steigt.

Die Häuser entlang der Kanäle bröckeln ebenso pittoresk wie bedrohlich vor sich hin. Man hat den Eindruck, daß seit damals, als Goldoni Chioggia als Vorbild für seine Komödie »Händel in Chiozza« nahm, bis heute nicht viel für den Erhalt des Städtchens getan wurde. Angeblich sollte für Chioggia wie für Venedig ein Sanierungsplan entwickelt werden, aber, wie es so ist mit großen Projekten: Ziemlich bald stellte man fest, es fehlt dafür das Geld. Wie überhaupt das kleine Chioggia seit jeher im Schatten des mächtigen Venedig stand. Obwohl es immer wieder der großen Schwester in schwierigsten Situationen zu Hilfe kam, zum Beispiel den Genuesern heftigen Widerstand bot und dafür gebrandschatzt und ausgeplündert wurde, haben es die stolzen Venezianer den *Chioggiotti* keineswegs gedankt, sondern eher geringschätzig auf sie herabgeblickt.

Rechts des Hauptkanals, der die Längsachse des Städtchens bildet, ist allmorgendlich der Gemüsemarkt mit seinem bunten Treiben. Katzen raufen um rare Leckerbissen. Flatternde Wäsche überspannt dekorativ schmale Seitengäßchen. Verlockender Duft hinter einer Toreinfahrt; die Hausfrau grillt den Mittagsfisch lieber vor der Tür als in der Küche. Brücken schwingen sich in jenem genau bemessenen Bogen über den Kanal, der den Fischerbooten gerade noch die Durchfahrt erlaubt. Wie weit der Steuermann sich ducken muß, hat er im Blut, er braucht gar nicht mehr hinzusehen.

Laut und aggressiv geht es auf dem Fischmarkt zu. Es wird gerufen, gefeilscht, um Kunden gewetteifert. Hier gibt es das vielfältigste und beste Fischangebot der ganzen Gegend. Trotzdem sind die Restaurants und Trattorien am Ort leider nicht unbedingt Fischliebhabers Mekka.

Im Frühjahr sind Artischocken aus San Erasmo, Venedigs Garteninsel, die die Region mit frischem Gemüse versorgt, besonders begehrt. Man kennt drei Qualitäten: castraura *(siehe oben) ist die erste Knospe, die die Pflanze bildet; man schneidet sie sehr jung, kaum babyfaustgroß. Es ist die feinste und zarteste Sorte, die man am liebsten roh verspeist, mit etwas Salz und Olivenöl. Die zweite Knospe ist der sogenannte* bottolo*, erst die dritte der* carciofo*.*
Diese bieten die Marktfrauen geschält an, in Zitronenwasser aufbewahrt, damit sie hell bleiben

1

VONGOLE VERACI

GEDÜNSTETE VENUSMUSCHELN

Vongole verace sind eine vor allem in Venetien beliebte Sorte von Venusmuscheln. Sie werden in der Pomündung gezüchtet (siehe auch Seite 44 bis 47).

Für vier Personen:
1 Zwiebel, 3–4 Knoblauchzehen, 4 EL Olivenöl, 1 Bund Petersilie, ca. ¼ l Weißwein, Saft einer Zitrone, 500 g Venusmuscheln

Den feingehackten Knoblauch im heißen Öl andünsten, die ebenfalls feingehackte Petersilie sowie die gewaschenen Muscheln zufügen. Mit Wein und Zitronensaft ablöschen. Zugedeckt etwa 5 Minuten köcheln, dabei immer wieder am Topf rütteln.
Muscheln, die jetzt nicht geöffnet sind, wegwerfen, die anderen in tiefen Tellern oder mit Spaghetti servieren.

2

GALLINELLA DI MARE ALLA GRIGLIA

KNURRHAHN VOM GRILL

Meerhähnchen lautet der italienische Name dieses Fischs, man nennt ihn auch *lucerna*. Bei uns ist er gar nicht so selten in Fischgeschäften aufzutreiben. Er sieht mit seiner hübschen roten Haut appetitlich aus und schmeckt köstlich.

Pro Person:
1 mittelgroßer Knurrhahn (ca. 400 g), Salz, Pfeffer, Olivenöl, Petersilie

Den Fisch vom Händler aufschneiden und ausnehmen lassen. Zu Hause waschen, mit Salz, Pfeffer und Olivenöl einreiben. Mit der Innenseite auf die geölten Grillstäbe legen und knusprig grillen. Auf dem Teller mit Olivenöl beträufeln und großzügig mit gehackter Petersilie bestreuen.

3

SPAGHETTI ALLE VONGOLE

SPAGHETTI MIT VENUSMUSCHELN

Für vier Personen:
1 Zwiebel, 6 Knoblauchzehen, 5 EL Olivenöl, 1 kg frische Tomaten (oder 1 kleine Dose pelati), Salz, Pfeffer, einige Basilikumstengel, 1 Bund Petersilie, 250 g ausgelöste Venusmuscheln (aus dem Glas), Zitronensaft, 500 g Spaghetti

Die feingehackte Zwiebel und Knoblauchzehen im heißen Olivenöl andünsten. Einen großzügigen Eßlöffel davon abnehmen und beiseite stellen. Die Tomaten grob zerschneiden und in den Topf füllen, alles salzen, pfeffern, Basilikum und die Petersilienstiele (Blätter abzupfen) als Bündel zufügen. Ohne Deckel auf mildem Feuer sanft etwa eine Stunde köcheln. Dann die Petersilienstengel herausfischen. Die Tomaten durch die Gemüsemühle passieren oder im Mixer zerkleinern.
Die Venusmuscheln mit den beiseitegestellten Zwiebeln in einem kleinen Topf erhitzen. Reichlich feingehackte Petersilienblätter zufügen, mit Salz, Pfeffer und Zitronensaft würzen.
Die Spaghetti bißfest kochen, in vier tiefen Tellern verteilen, jeweils einen dicken Klecks Tomatensauce in die Mitte setzen und schließlich mit den Venusmuscheln krönen.

1
2
3

Asolo: Die Stadt der hundert Horizonte

Es kommt nicht häufig vor, daß die Hymnen der Fremdenverkehrslyriker von der Wirklichkeit noch übertroffen werden. Asolo ist ein solcher Fall: Das mittelalterliche Städtchen thront auf einem Hügel in der Landschaft südöstlich des Monte Grappa, wo die mit Wäldern, Gärten und Weinreben überzogenen Erhebungen wie grünsamtene Kegel so perfekt eingebettet sind, daß das Wort lieblich noch untertrieben wirkt. Die »hundert Horizonte«, die sich in der dunstigen Ferne verlieren, staffeln sich so malerisch, daß der Dichter Giosuè Carducci, in seiner toskanischen Heimat in dieser Hinsicht durchaus verwöhnt, dem kleinen Städtchen dieses in seinen Augen größte aller Komplimente geradezu widmen mußte.

Die bevorzugte Lage, die im drückenden venezianischen Sommer Kühle und Erquickung bot, machte das nur 50 Kilometer entfernte Asolo schon zu Römerzeiten beliebt.

Berühmt wurde der Ort im 15. Jahrhundert durch eine Frau: Die Venezianerin Catarina Cornaro, durch Heirat Königin von Zypern geworden, verlor nach dem Mord an ihrem Mann ihr Königreich an Venedig und bekam dafür gnädigerweise Asolo als Ersatz zugeteilt. Sie installierte in ihrem Schloß einen Hof, der allen Künstlern ihrer Zeit offen stand, ihr Ruf als Mäzenin reichte weit.

Heute ist im Schloß, dessen Turm die Silhouette der Altstadt prägt, das Theater untergebracht, Eleonora Duse, Asolos zweiter Königin, gewidmet, die zeit ihres Lebens das Städtchen liebte und hier lebte, sich den Wunsch, hier ein Haus zu besitzen, aber nie erfüllen konnte. Auf ihrem Grab liegen stets frische Blumen ...

Jedes zweite Wochenende im Monat ist Asolo ein einziger Trödelmarkt. Autos haben dann keinen Zutritt, müssen vor der Stadtmauer parken. Wem dieser Trubel zuviel wird, der unternimmt vielleicht einen Ausflug zur Kunst: ganz in der Nähe, bei Masèr, ist die *Villa Barbaro* zu besichtigen, von vielen als die schönste Palladios empfunden. Mit den berühmten Fresken Paolo Cagliaris, besser bekannt als *Veronese*, und seines Bruders Benedetto, die die Säle schmücken, gilt sie als das ideale, das perfekte Landhaus – ein Gesamtkunstwerk.

die vielbesungene »Perle des Veneto«

Der geniale Hotelier Giuseppe Cipriani, der die venezianische Gastronomieszene so nachhaltig beeinflußte (siehe auch Seite 234), hatte in den sechziger Jahren aus einem venezianischen Landhaus in Asolo, ein kleines, exclusives Hotel gemacht. Inzwischen Glied der Ciga-Kette, aber noch von Leuten geführt, die den alten Geist weitertragen, ist die Villa Cipriani *auch heute eine Oase der Gastlichkeit. Traumhaft inmitten der Asolaner Berge gelegen, mit entzückendem Garten, sogar einem üppigen Gemüsegarten auf den Terrassen unterhalb des Hauses, wo Kräuter und Salat fürs Restaurant gezogen werden, einem hinreißenden Blick in die hügelige Landschaft. Gegenüber die merkwürdige, geradezu unheimliche* Villa Contarini degli Armeni *(großes Bild), die eigentlich gar keine ist: ein einziger kühler Raum befindet sich hinter der Fassade, den man nur durch einen Gang durch den Berg erreicht, die eigentliche Villa liegt jenseits des Hügels*

1

OSSOCOLLO E PROSCIUTTO CON MELONE

ZWEIERLEI SCHINKEN MIT MELONE

Ossocollo ist ein Schinken, der aus dem Schweinenacken hergestellt wird, und, weil zart mit Fettadern durchzogen, besonders saftig ist. Die Kombination mit Melone ist zur klassischen Vorspeise geworden. Wichtig ist: die Melone muß reif sein und betörend duften, der Schinken von allerbester Qualität – die man übrigens am leichtesten am leider hohen Preis erkennt.

Pro Person:
je ca. 30 g Ossocollo und roher Schinken in hauchdünnen Scheiben, 1–2 Schnitze Honigmelone

Auf einem Vorspeisenteller hübsch anrichten und unverzüglich servieren.

Hotel-Direktor Giuseppe Kamenar und Küchenchef Mario Piana

2

RISI E BISI

REIS MIT ERBSEN

Der klassischste aller venezianischen Risotti. Und richtig zubereitet einfach unwiderstehlich gut. Man braucht Markerbsen dazu, die fester sind und eine längere Kochzeit brauchen als die zarten Gemüseerbsen. Tiefkühlerbsen dürfen erst am Schluß der Garzeit hinzugefügt werden. Auf keinen Fall sind Erbsen aus der Dose geeignet!

Für vier Personen:
100 g luftgetrockneter Bauchspeck,
75 g Butter, 1 Zwiebel,
1 Bund glattblättrige Petersilie,
200 g ausgepalte Markerbsen,
300 g italienischer Rundkornreis,
ca. 1 l Gemüse- oder Fleischbrühe,
ca. 75 g frisch geriebener Käse

Den Speck zunächst in dünne Scheiben, dann in feine Würfel schneiden. Mit zwei Eßlöffeln Butter in einem Topf sanft auslassen. Die feingehackte Zwiebel zufügen und andünsten. Die ebenfalls feingehackte Petersilie, die Erbsen und den Reis unterrühren. So lange dünsten, bis der Reis glasig wirkt. Erst jetzt nach und nach die heiße Brühe angießen; den Reis stets immer nur eben knapp bedecken, dabei auf mildem Feuer sanft rühren, und wenn die Flüssigkeit aufgenommen ist, nachgießen. Etwa 15 bis 20 Minuten leise köcheln. Den frisch geriebenen Käse und die restliche Butter einarbeiten. Einige Minuten neben dem Feuer quellen lassen. Abschmecken und, wenn nötig, mit einem weiteren Schuß Brühe zur gewünschten, etwas breiigen Konsistenz auffüllen.

3

COTOLETTE DI AGNELLO E VERDURE ALLA GRIGLIA

LAMMKOTELETTS MIT GEGRILLTEM GEMÜSE

Für vier Personen:
8 Lammkoteletts, Olivenöl, Pfeffer,
1 dicker Zucchino, Salz,
1 Möhre, 1 gekochte Kartoffel,
1 Aubergine, je 1 gelbe
und rote Paprikaschote

Die Lammkoteletts mit Öl einpinseln, pfeffern und marinieren, bis die Gemüse fast fertig sind:
Sie zunächst längs in dünne Scheiben schneiden (Gurkenhobel), mit Öl einpinseln und auf ebenfalls geölten Grillstäben über Holzkohlenglut grillen. Dabei salzen und pfeffern und immer mal wieder mit Öl einpinseln, falls die Grillstreifen zu dunkel zu werden drohen.
Gegen Ende der Garzeit auch die Lammkoteletts grillen. Erst zum Schluß sie auch salzen.

1

2

3

Der leidenschaftliche Grappa-Sammler Ennio Scarbosse, hier stolz eine Pinza *präsentierend, ein Hefegebäck aus Maismehl mit Rosinen, Spezialität der Region, bietet in seinem Feinkostladen der* Salumeria Bacchin *in der Via Browning mehr als 200 verschiedene dieser Tresterbrände an. Überhaupt ist das Delikatessengeschäft eine Fundgrube für Feinschmecker: Hier gibt es zum Beispiel alles, was für ein gepflegtes Picknick nötig ist. Die dänische Töpferin Annelise Seidenfaden lebt und arbeitet schon mehr als 22 Jahre in Asolo. Ihre formschönen, schlichten Geschirre, die sie nach dem Bemalen in flüssige Glasur taucht, bevor sie ein zweites Mal gebrannt werden, verkauft sie gegenüber der* Bar Centrale

Es sind stets die Menschen, die einer Stadt Farbe geben: die Deutsche Vera Schulte-Bianca (Bild unten), beispielsweise. Sie ist Seele und Motor des allsommerlichen Musikfestivals ASOLO MUSICA. *Der Schriftsteller Manlio Brusantin (unten rechts) ist Asolaner mit ganzer Seele und steckt voller skurriler Geschichten über die Stadt. Er hält übrigens in der Hand keinen* Spritz, *das Nationalgetränk der Veneter (Bild Mitte) aus Weißwein, Campari, Limonenschale und Soda, sondern* Scarpetta, *einen Longdrink aus Punt e mes, Orangensaft und Soda. Nach Carlo Scarpa, dem berühmten Architekten, der das eindrucksvolle Mausoleum der Industriellenfamilie Brion entworfen hat (rechts), in dem er nunmehr ebenfalls begraben liegt*

Gasthaus in den Hügeln

Das sanft gewellte Land in den Endmoränen gleich hinter Asolo ist so eindringlich schön, daß es den Atem nimmt. Wie Spielzeugkegel von großer Hand hingeworfene Hügel, grün von Wäldern und Gärten, von Rebzeilen durchzogen; hie und da ein Bauernhaus; dazwischen immer wieder die von zerfledderten Blechhüten beschützten Heuhaufen für den Wintervorrat; fern grüßt eine elegante Villa; dazwischen, wie dunkle Ausrufezeichen hingesetzt, wenige, hochgewachsene Zypressen – eine Kulturlandschaft wie aus dem Bilderbuch.

Die schmale Straße schlängelt sich zwischen den Hügeln hindurch, das Schild mit dem Hinweis *Castelli di Monfumo* übersieht man leicht. Links geht's hinauf zur *Trattoria Dall'Armi*, einem winzigen Gasthof, der bereits seit vier Generationen von derselben Familie bewirtschaftet wird. »Alle sind über 90 geworden«, sagt Padrone Luciano ernst, »der Urgroßvater, der Großvater und der Vater.« Und er setzt hinzu: »Ich werd's wohl nicht mehr schaffen, das Leben ist so schnell geworden . . .« Dabei herrscht hier eine Beschaulichkeit, die glauben macht, die Zeit sei stehengeblieben. Von der überdachten Terrasse blickt man weit über das Hügelland, und am Straßenrand flattern über dem Geländer die Tischdecken zum Trocknen im Wind. Die Küche wird ausgefüllt von einem langen Kirschbaumtisch, der Mutter Anna als Arbeitsfläche dient, der ganzen Familie als Eßtisch und Tochter Maria als Schreibtisch, an dem sie ihre Schularbeiten macht.

Spezialität des Hauses sind *frittate*, saftige, dicke Omeletts, die merkwürdigerweise *rognosa* heißen, auf deutsch *räudig*, was wenig appetitlich klingt. Das soll indessen niemanden schrecken, zumal selbst die Familie nicht mehr weiß, woher der Name stammt. Dazu gibt's *Monfumé*, den prickelnden Wein, wie er seit eh und je gekeltert wird: aus den Trauben *Prosecco, Bianchetta und Rabiosa*, in Eichen- oder Kastanienfässern ausgebaut, und jung getrunken, solange er noch voller Kohlensäure ist.

Anna und Luciano Dall'Armi führen ihr Gasthaus in der 4. Generation

Tochter Maria mit dem Bild von Großpapa Pietro, der 90 Jahre wurde

Mittagessen auf der kleinen, von Glyzinien reich umrankten Terrasse

1

SGOMBRO CON CIPOLLA DOLCE

EINGELEGTE MAKRELEN MIT ROTEN ZWIEBELN

Die Makrelen kauft man fertig, wie Ölsardinen, in der Dose eingelegt. Die Zwiebelmarinade ist rasch zubereitet. Zusammen mit einem Stück Brot ist das eine wunderbare, schnelle Vorspeise oder auch ein kleiner Imbiß.

Für vier Personen:
1–2 Dosen in Olivenöl eingelegte Makrelen (ersatzweise Sardinen),
2–3 rote Zwiebeln,
grob geschroteter schwarzer Pfeffer,
2 EL Balsamico-Essig,
2 EL Zitronensaft, 3 EL Öl

Die Makrelen auf einer Vorspeisenplatte anrichten, die Zwiebeln darüberhobeln und mit Pfeffer würzen. Essig, Zitronensaft und Öl darüberträufeln. Etwas durchziehen lassen, bevor man auftischt.

2

FETTUCCINE COI PISELLI

BANDNUDELN MIT ERBSEN

Für vier Personen:
2 Schalotten, 1 Knoblauchzehe,
2 EL Butter, 1 Peperoncinischote,
300 g ausgepalte Erbsen, Salz,
ca. ⅛ l Kalbsfond, Petersilie,
Pfeffer aus der Mühle,
400 g schmale Bandnudeln

Schalotten und Knoblauch fein hacken und in der Butter andünsten. Die Peperoncinischote und die Erbsen zufügen. Leise etwa fünf Minuten dünsten, dabei salzen. Nach und nach den Kalbsfond zufügen. Weitere fünf Minuten köcheln, bis die Erbsen weich sind (Markerbsen brauchen eine Viertelstunde länger). Feingehackte Petersilie einrühren und mit Pfeffer scharf abschmecken.
Die Nudeln in reichlich Salzwasser gar kochen, sofort nach dem Abgießen mit den Erbsen mischen. Unverzüglich zu Tisch bringen.

3

FRITTATA ROGNOSA

OMELETT NACH ART DES HAUSES

Die Spezialität des Hauses, deretwegen man von weither kommt: ein umwerfend saftiges, herrliches Omelett.

Für zwei Personen:
1 Zwiebel, 50 g luftgetrocknete italienische Wurst in dünnen Scheiben, 2 EL Butter,
6 Eier, Salz, Pfeffer

Die Zwiebel und Wurstscheiben sehr fein würfeln. In einer nicht zu großen Pfanne in der heißen Butter andünsten. Die Eier salzen und pfeffern. Mit einem Schneebesen sehr gründlich aufschlagen, damit viel Luft eingearbeitet wird – das macht das Omelett locker. In die heiße Pfanne gießen, auf starkem Feuer unter kräftigem Schlagen stocken lassen. Jedoch vom Feuer ziehen, solange das Omelett noch saftig ist. Sofort zu Tisch bringen.

Der würzige Wein kommt frisch vom Faß in der Karaffe auf den Tisch

Voller natürlicher Kohlensäure, wird er in hohem Strahl eingeschenkt

Acht Tische haben auf der Terrasse Platz, der Blick ist herrlich

1

2

3

Von venezianischer Villenkultur

Seit man 1980 den 400. Todestag Palladios feierte, sind er und mit ihm die Villen des Veneto Mode geworden. Seither organisiert man Besichtigungstrips zum Thema, die »Villen der Brenta-Riviera« und die überall in der Region wurden Reiseziel. Aber: Wer zum Beispiel den Brentakanal in der Hoffnung entlangfährt, die prachtvollen Zeugnisse venezianischer Villenbaukunst wie auf einer Perlenschnur aufgereiht vorzufinden, wird herb enttäuscht. Der Kanal entbehrt an weiten Strecken der Idylle, es säumen ihn vorwiegend scheußliche Neubauten oder Industrieanlagen. Viele der stolzen Villen bröckeln durchaus nicht pittoresk, sondern trostlos in überwucherten, total verwilderten Gärten vor sich hin. Die Kunstgeschichtler sind verzweifelt, weil hier ein Stück Kultur unwiederbringlich verlorengeht. Jedoch fehlt allenthalben Geld, dem Zerfall Einhalt zu gebieten, ganz gleich, ob sich die Objekte in privater oder öffentlicher Hand befinden. Ein *Instituto regionale per le Ville Venete* gewährt zwar renovierungswilligen Eigentümern Zuschüsse. Indes nur dann, wenn ohnehin genügend Geld vorhanden ist …

Tausende von Landhäusern haben die Venezianer im Laufe der letzten 400 Jahre ihres Reiches errichtet und damit die legendäre *villeggiatura* begründet; übrigens ein Begriff, den man eher mit *Villenkultur* zu übersetzen hat, durchaus nicht mit *Sommerfrische*, wozu er später erst verkam.

Zunächst hatte die Entwicklung jedenfalls mit Sommerfrische nichts zu tun. Die Enge und Begrenztheit der Lagunenstadt, trieb die Reichen Venedigs auf die *terra ferma*, aufs Festland. Hier galt es zunächst, das sumpfige Brachland urbar zu machen, um eine ertragreiche Landwirtschaft zu ermöglichen. Der Aufwand dafür war enorm, so daß die Gründergeneration keinerlei Profit machen konnte. Zumal Venedigs Staatsbeamte kontrollierten, ob das Gemeinwohl berücksichtigt wurde, zum Beispiel Flüsse reguliert und eingedämmt, damit Ortschaften nicht mehr überflutet würden.

Ländlich-sittliche Lebensweise kam in Schwang, die Bewegung erfaßte sogar die Bürgerschicht. Architekten für die Landsitze, Ingenieure für den Dammbau, Autoren von Ratgeberbüchern,

und einem Landgasthof im Friaul

sogenannten Villenbüchern, die beschrieben, wie das Leben und Wohnen auf dem Lande zu bewältigen sei, erlebten eine unvorstellbare Nachfrage. Im raschen Boom lag bereits der Keim des Niedergangs: Schon im 17. Jahrhundert zeigte sich, daß die Landwirtschaft auf wenig solider Basis gründete. Offenbar hatte man die Aufgaben doch zu spielerisch genommen. Die Erträge reichten nicht für den aufwendigen Unterhalt, zumal die Ziergärten und barocken Parkanlagen immer luxuriöser wurden. Hinzu kam, wie die Geschichtsschreiber spitzmäulig vermerken, ein Niedergang der Moral. Der Prunk wurde bombastisch, der Lebenstil ausschweifend, die Vergnügungen pompös.

Das Ende kam, es war zugleich das Ende des stolzen venezianischen Reiches: Von Napoleon besiegt, mußte der Große Rat im Mai 1797 das Ende der Republik verkünden. Der Friedensvertrag zwischen den Siegermächten Frankreich und Österreich schlug Venedig, das östliche Veneto und Friaul den Habsburgern zu. Verhandlungsort war übrigens die Villa Manin (großes Bild), das Landhaus des letzten Dogen Lodovico Manin. Der *Friede von Campoformio* müßte also eigentlich *von Possariano* heißen, nach dem Ort in der Nähe von Codróipo, in dem die schloßartige Anlage liegt – heute friulanisches Gebiet. Napoleon, der während der Unterhandlungen hier residierte, soll über sie gelästert haben: »Für einen Grafen zu groß, für einen König zu klein.«

Nicht weit von hier, bei Gradiscutta, wäre der Landgasthof »Da Toni« sogar einen größeren Umweg wert. Im weitläufigen Garten fallen lebensgroße Tierskulpturen aus Bronze auf, von Giorgio Celiberti aus Udine, einem Freund des Hauses. Bei schönem Wetter sitzt man auf der Terrasse, in intimen wie großen Sälen läßt sich's gut feiern. Patron Aldo Morasutti (unten Mitte), ein leidenschaftlicher Weinliebhaber, ist, am Herd unterstützt von Ehefrau Lidia, stets auf der Suche nach den Wurzeln alter Rezepte und entwickelt daraus eine ganz eigene Version der friulanischen Küche. Daher sollte man ruhig auf die Speisekarte verzichten. Denn dann tischt Restaurantchef Salvador Luigino einen Gang nach dem anderen auf, lauter herrlich leichte, köstliche Gerichte …

1

SALAME CON POLENTA

SALAMI MIT POLENTA

Eine jener Vorspeisen, die man immer wieder in Venetien findet – jedesmal ein wenig anders. Bei *Toni* ist die Polenta weich, fast cremig, und warm. Also frisch aus dem Topf und nicht, wie zum Beispiel auf Seite 17, vom Grill. Trotzdem gilt das gleiche Grundrezept, eventuell fügt man ein wenig mehr Wasser hinzu. Die Salami dazu wird hauchdünn aufgeschnitten, wozu sie gut gekühlt sein muß.

2

FESA DI TACCHINO CON LA RUCOLA

TRUTHAHNNUSS MIT RAUKE

Das Nußstück aus der Truthahnkeule ist im ganzen sanft rosa und saftig gebraten und kalt hauchdünn aufgeschnitten. Angerichtet werden die Scheiben auf einem kleinen Salat aus Raukeblättern, die mit Balsamico-Essig und wenig Öl angemacht sind. Zum Schluß wird alles mit duftendem Steinpilz- oder Trüffelöl beträufelt.

3

PETTO D'ANITRA AFFUMICATO

GERÄUCHERTE ENTENBRUST

Die ausgelösten Bruststücke sind aufeinandergeschichtet (daher der helle Streifen in der Mitte), dann geräuchert und luftgetrocknet, wie ein Schinken. Man kauft sie fertig (Fattoria dell'Oca Bianca, Seite 158), schneidet sie hauchdünn auf und richtet sie mit Raukeblättern an, die mit Balsamico-Essig und Steinpilzöl gewürzt sind.

4

RIGATONI ALLE ERBE

RIGATONI MIT KRÄUTERN

Dicke, gerippte kurze Nudeln werden mit gekochten, auf gleiche Größe und Stärke zugeschnittenen Kartoffelstükken in einer würzigen Sauce gemischt, die aus verschiedenen, mit Zwiebeln und Knoblauch in Olivenöl gedünsteten Wildkräutern, wie Brennesseln und Löwenzahn, aber auch aus Gartengrün, wie Spinat, Basilikum, Melisse, Petersilie, Estragon, Kerbel und Zwiebellauch gemixt ist.

5

MINESTRA DI BASILICO

GEMÜSESUPPE MIT BASILIKUM

Eine cremige Suppe aus weichgekochten und durch die Gemüsemühle passierten grünen Gemüsen (Erbsen, Spinat, Mangold, Kartoffeln für die Bindung, auch Zwiebeln und Knoblauch) sowie Basilikum fürs Aroma, mit einer Einlage aus separat gegarten Zucchini- und Möhrenwürfeln. Ein Löffel Olivenöl, den man bei Tisch hineinrührt, gibt zum Schluß die Würze.

6

ANITRA ALLO SPIEDO

ENTE VOM SPIESS

Diese Ente ist buchstäblich im ganzen gebraten, sie sitzt wie lebendig auf der Platte, ist jedoch rundum knusprig braun. Die Haut herrlich kroß, das Fleisch butterzart – einfach perfekt. Im Haushaltsbackofen mit Sicherheit nicht nachzuahmen. *Tonis* Geheimnis: Er läßt die ganze Ente, am Drehspieß kunstvoll aufgesteckt, vor Holzkohlenglut garen. Wahrlich ein Grund, ihn zu besuchen!

7

FORMAGGIO FRESCO CARNICO

KARNISCHER FRISCHKÄSE

Ein cremiger, höchst würziger Kuhmilchkäse, der in Salzwasser reift (wie auf Seite 108 zu sehen) und in diesem jungen Zustand besonders gut zu einem Glas *Picolit* oder einem anderen süßen *Passito* (Dessertwein) paßt. Dazu wieder ein Klacks von *Toni's* unvergleichlich cremiger, frischgekochter Polenta – das klingt sehr simpel, ist aber rundum ein Gedicht!

8

CROSTATA DI FRUTTA

OBSTTORTE

Auf einem dicken Biskuitboden ruhen, in eine weiche Vanillecremeschicht gebettet, Pfirsichspalten und Erdbeerscheiben. Angerichtet ist das Tortenstück mit Erdbeersauce und einer mit Pistazienpüree leuchtend grün gefärbten Vanillesauce, die man durch Striche mit einem Stäbchen zu einem Ornament verbunden hat. Natürlich kann man für die Saucen auch andere Früchte nehmen.

Udine, das wirtschaftliche Zentrum Friauls: eine menschlich-freundliche Stadt

Ursprung Udines war eine vom mächtigen Aquileia zum Schutz gegen die Hunnen errichtete Burg – sie nutzte nichts, Aquileia wurde zerstört. Dann kamen die Langobarden und gründeten das Herzogtum Friaul. Händler und Handwerker siedelten sich unter der Burg in kleinen Gäßchen an. Udine wurde fränkisch, danach herrschten die Patriarchen von Aquileia. Einer von ihnen, Berthold von Andechs, gab Udine das Marktrecht, es durfte hinfort Messen abhalten. 1420 geriet Udine mit Friaul, dem Land zwischen Karnischen Alpen und Adria, unter Venedigs Herrschaft – keineswegs freiwillig, wie die anderen Gebiete der *terra ferma*, sondern erst nach blutigen Auseinandersetzungen. Aber die Venezianer begannen unverzüglich, um Udine zu besänftigen, der eroberten Stadt »den schönsten venezianischen Platz nach San Marco« zu bauen, das repräsentative Zentrum, heute *Piazza della Libertà*. Gleich drei Löwen bewachen den Platz zwischen der *Loggia del Lionello*, dem zierlichen, in weißem und rosa Marmor gestreiften ehemaligen Sitz des Stadtrates und der Wandelhalle, der *Loggia di San Giovanni*. Deren elegante Bögen werden von einem Uhrturm überragt, auf dessen Dach zwei bronzene Mohren die Glocke schlagen (großes Bild), ganz wie am Markusplatz auch. Die Friulaner haben aber mit strengem Eigensinn der Leichtigkeit des venezianischen Seins immer etwas entgegenzusetzen gehabt; so wurde der Platz mit zwei derben Muskelmännern, ausgestattet, *Herkules* und *Cacus*. Schließlich haben sich noch weitere Symbolfiguren eingefunden, Justitia und eine vom österreichischen Kaiser gestiftete Erinnerung an den Frieden von Campofórmi(d)o. Trotzdem wirkt der Platz unnahbar und etwas ungemütlich. Ganz anders dagegen die *Piazza Matteotti*, früher *Piazza delle Erbe*: Hier herrscht ein munteres Treiben, Obst-, Blumen- und Gemüsemarkt, auch die Fischhalle ist nicht weit. Einer der Gemüsehändler, *Antonio de Notarpietro*, malt in teils wilden, teils sanften Farben mit einer durchaus eigenwilligen, phantasievollen Naivität (Bild rechts). Udine und das Unsichtbare sind seine Themen. Seine jeweils neuesten Bilder hängen am Stand, mit etwas Glück kann man sie sogar kaufen.

Die von Arkaden gesäumten Straßen mit eleganten Läden laden zum Einkaufsbummel. Viel Jugend auf der Straße – Udine hat seit 1977 eine Universität. Die Menschen scheinen österreichischen Charme, italienische Fröhlichkeit und eine typisch friulanische, eigenwillige und doch verbindliche Feudalität mühelos miteinander verbinden zu können: Man fühlt sich wohl in dieser Stadt, in der überall Kanäle fließen, Bäume grünen, Glyzinien blühen und in deren Zentrum man nur mit dem Auto hineinfahren kann, wenn man einen Obulus entrichtet – trotzdem findet man keinen Parkplatz. Eine Stadt, in der es an jeder zweiten Straßenecke eine Bar, ein Café, eine Weinschenke oder eine Beiz gibt, wo man eine Kleinigkeit essen kann. Da stehen die Menschen dann an hohen Tischen auf der Straße oder in einem kleinen Hof, trinken und schwatzen, schnabulieren und erzählen, erfreuen sich an ihrer Phantasie, ihrer Einzigartigkeit, ihrem Leben …

In der Osteria »Alla Ghiacciaia« von …

… Luigi Tavian ißt die Jeunesse doré …

… und trinkt den besten Cafe der Stadt

Die freundliche Ordnung des Alltags, …

… Menschlichkeit und Gelassenheit, …

… der Markt und die Kunst von Giovanni

1

ERBE ROSSE

ROTES KRAUT

Ganz ähnlich wie unsere rote Bete, die Wurzelknollen sind jedoch viel heller, auch die Stiele zeigen ein helles Rot. Man ißt die Wurzeln als Salat, die Blätter als Gemüse. Sie schmecken ein bißchen wie Spinat und Mangold, manche sagen sogar, sie sind besser als die Wurzeln selbst.

Für vier Personen:
1 Bund junge rote Krautknollen (oder rote Bete), Salz
Für die Knollen:
2 rote Zwiebeln, 1 Bund Schnittlauch, 3 EL Weißweinessig, Salz, Pfeffer aus der Mühle, 4 EL Olivenöl
Für das Blattgemüse:
1 große Zwiebel, 3–4 Knoblauchzehen, 2–3 EL Olivenöl, Salz, Pfeffer

Die Wurzeln abschneiden, gründlich waschen und in wenig Wasser zugedeckt etwa 20 Minuten kochen, bis sie weich sind. Noch warm schälen, in dünne Scheiben schneiden und mit in Ringe gehobelten Zwiebeln, feingeschnittenem Schnittlauch und einer Marinade aus Essig, Salz, Pfeffer und Olivenöl anmachen.

Die Blätter waschen, ohne Stiele in reichlich Salzwasser blanchieren, anschließend eiskalt abschrecken. Mit feingehackter Zwiebel und Knoblauch in Olivenöl dünsten, dabei mit Salz und Pfeffer würzen. Schmeckt warm und kalt, als Beilage oder Vorspeise.

2

RISOTTO DI BRUSCANDOLI

RISOTTO MIT HOPFENSPROSSEN

Die spargellangen, stricknadeldünnen Sprossen der wilden Hopfenreben, die im Frühjahr gesammelt werden, schmecken überaus würzig. Man liebt sie vor allem im Risotto, der ihre zarte Bitterkeit besänftigt.

Für vier Personen:
1 Zwiebel, 2 Knoblauchzehen, 100 g Butter, 200 g Hopfensprossen, 300 g italienischer Rundkornreis, ca. 1 l kräftige Gemüsebrühe, Salz, 75 g frisch geriebener Käse, Pfeffer aus der Mühle

Zwiebel und Knoblauch fein hacken und in zwei Löffeln Butter weich dünsten, die gehackten Hopfensprossen zufügen und kurz mitdünsten, bevor der Reis in den Topf gerührt wird. Schließlich nach und nach die heiße Brühe angießen. Nach etwa 20 Minuten müßte der Risotto gar sein, schön cremig, aber noch mit Biß. Die restliche Butter und den Käse einrühren. Mit frischem Pfeffer schärfen.

Der Markt auf der Piazza Matteotti: welche Fülle von Kräutern und Salaten! In Drahtkörben lose aufgehäuft, damit sie nicht zerdrücken, in allen Schattierungen der Farbe Grün: fast gelblich, die Schnittsalate; kräftiger die Rauke; satt-grün die Blätter der Erbe rosse (links, neben den weißen Zwiebeln), fast bläulich

die spargelähnlichen Triebe des wilden Hopfens und (oben rechts) die jungen Spitzen des Scliupitt, jener nelkenähnlichen Wiesenblume, deren weißen Blüten wie Knallerbsen wirken. Die Uhr von San Giaccomo schwebt nachts, von innen beleuchtet, wie ein blauer Mond über dem Platz. Ihre Glocke schlägt eilig und hell die Stunde.

Mittagessen in der Laube: »Alla Vedova«

So ganz genau weiß niemand mehr, ob man Kaiser Franz Joseph ehren wollte, der hier einmal Station gemacht hatte, oder, ob der Gründer aus Österreich stammte – fest steht indes, daß um die Jahrhundertwende die beliebte Trattoria weit vor den Toren der Stadt, an der Straße zwischen Udine und Tavagnacco, noch gut deutsch »Zum Kaiser« hieß. Später, nach dem ersten Weltkrieg etwa, als man die österreichische Vergangenheit allmählich abgeschüttelt hatte, führte eine junge Witwe aus Percoto das Regiment in dem in ländlicher Idylle gelegenen Ausflugsrestaurant. Ihre friulanische Küche wurde weithin gerühmt. Man ging »zur Witwe«, in die *Trattoria alla Vedova*. So heißt das Gasthaus heute noch, obwohl inzwischen Enkel Gianni Zamarian und Ehefrau Ida, unterstützt von Tochter Sandra, die Gastgeber sind. Längst ist die Stadt mit ihren nicht sehr pittoresken Ausläufern herangerückt, was wenigstens den Vorteil hat, daß die Autobahnausfahrt Udine/Nord nicht weit ist. Man serviert weiterhin klassische friulanische Familienküche, solide, ehrlich, gut. Bei schönem Wetter in der lauschigen Terrassenlaube, umgrünt von wildem Wein, inmitten von Geranien, Hibiskus, Oleander und Zitronen. Sonst nimmt man in zwei gemütlichen Speisesälen Platz, deren Wände reichlich Kupfergerät schmückt, und wo stattliche Jagdtrophäen von der Leidenschaft des Hausherrn zeugen. Vor allem zwei vier Meter lange Schrotbüchsen erregen Aufmerksamkeit, sogenannte *spingarde*, mit denen man früher in der Lagune auf Entenjagd ging – »seit 20 Jahren ist das verboten, leider«, wie Vater Gianni seufzt.
In den beiden Sälen lodert an kühlen Tagen jeweils im Fogolar ein Feuer, natürlich wird das Fleisch stets über Holzkohlenglut gegrillt, wie sich das im Friaul gehört. Und die Weine, die man zusammen mit den Bauern aus der Umgebung auch glasweise an der Bar genießen kann, werden im eigenen Gut erzeugt.

Tochter Sandra (ganz links) und Mutter Ida (mit dem Spargelkorb) arbeiten im Service. Kellermeister Aldo Genero kümmert sich um das Weingut. Und Aurelio Todaro, gerade mit dem Entbeinen eines San-Daniele-Schinkens beschäftigt, ist der Küchenchef des Hauses

Der gemauerte Herd ist beileibe nicht nur Dekoration, sondern wird benutzt. Die gleichmäßige Hitze der Holzglut bekommt vor allem Schmorgerichten gut: durch sie verbinden sich die Aromen zu einem unvergleichlichen, auf andere Weise kaum je zu erzielenden Geschmack

1

GAMBERETTI E SEPPIOLINI AL LIMONE

GARNELEN UND TINTENFISCHE MIT ZITRONE

Für vier Personen:
250 g gekochte Garnelen,
300 g frische Tintenfische (Kalmare),
Salz, Pfeffer, Saft von 2 Zitronen,
4 EL Olivenöl, Petersilie

Die Garnelen kann man fertig gekocht kaufen. Die Tintenfische gründlich putzen (siehe auch Seite 93) und waschen. In schmale Streifen schneiden, mit Salzwasser bedeckt etwa fünf Minuten sanft ziehen lassen, dabei pfeffern und mit einem Löffel Zitronensaft würzen.
Garnelen und Tintenfische getrennt mit einer Marinade aus Salz, Pfeffer, Zitrone, Olivenöl und reichlich feingehackter Petersilie anmachen.

2

FETTUCCINE AI CARCIOFI

BANDNUDELN MIT ARTISCHOCKEN

Für vier Personen:
4–6 Artischocken (je nach Größe),
Zitronensaft, 1 Zwiebel,
2 Knoblauchzehen, 1 Möhre, 1 Bund
Petersilie, 3 EL Olivenöl,
ca. ¼ l kräftige Brühe oder Fond,
Salz, Pfeffer, 500 g Bandnudeln

Die Artischocken schälen, bis nur noch ihr Herz übrig bleibt. Dieses in Scheiben oder Achtel schneiden, sofort in Zitronensaft wenden, damit sie sich nicht braun färben.
Zwiebel, Knoblauch und Möhre winzig klein würfeln, im heißen Öl andünsten. Artischockenherzen und feingehackte Petersilie zufügen, nach und nach die Brühe angießen. Etwa zehn Minuten sanft köcheln, falls dabei zuviel Flüssigkeit verdampft, eßlöffelweise mit etwas Wasser auffüllen.
Die Nudeln in reichlich Salzwasser knapp weich kochen, abgießen und mit dem Gemüse auf mildem Feuer behutsam aber gründlich mischen. Sofort servieren.

3

BATTUTTINE AGLI ASPARAGI

HACKSTEAK MIT SPARGEL

Für vier Personen:
Steak:
400 g Kalbfleisch (aus der Schulter),
100 g grüner Speck,
½ altbackenes Brötchen, 1 Zwiebel,
3 EL Butter, Petersilie, 1 EL Öl,
1 Ei, Salz, Pfeffer, Muskat
Spargelsauce:
ca. 500 g grüner Spargel, 1 Zwiebel,
2 EL Butter, Salz, Zitronensaft,
Pfeffer, ⅛ l süße Sahne

Für die Steaks das Fleisch unbedingt von Hand in winzig kleine Würfel schneiden – dreht man es durch den Wolf wird eine langweilige Boulette draus. Den Speck hingegen ruhig im Mixer oder Fleischwolf sehr fein zerkleinern. Die Zwiebel fein hacken und in etwas Butter weich dünsten. Die Petersilie zum Schluß unterrühren. Abgekühlt mit dem Fleisch, Speck und Ei zu einem geschmeidigen Teig mischen. Mit Salz, Pfeffer und Muskat würzen. Klopse daraus formen, sie etwas flach drücken und in einem Gemisch aus Butter und Öl auf beiden Seiten schön knusprig braten.
Für die Sauce den Spargel schälen, die zarten Spitzen beiseite legen. Die Stangen klein schneiden und mit der fein gehackten Zwiebel in Butter andünsten. Mit Wasser bedecken, salzen. Zugedeckt eine halbe Stunde weich kochen. Schließlich im Mixer pürieren, die Sahne zufügen, mit Salz, Zitronensaft und Pfeffer würzen. Zum Schluß die in zentimeterlange Stücke geschnittenen Spargelspitzen in dieser Sauce etwa acht Minuten garziehen lassen.

1

2

3

4

4

CROSTATA DI RICOTTA

QUARKTORTE

Für eine Springform 24 cm ∅:
Teig:
200 g Mehl, 120 g Butter,
100 g Zucker, 1 Prise Salz,
1 Päckchen Vanillezucker,
1 Ei, 1 Eigelb,
Butter für die Form
Füllung:
100 g Rosinen, 4 EL Grappa,
4 Eier, 120 g Zucker,
1 Päckchen Vanillezucker,
abgeriebene Schale einer Zitrone,
750 g Ricotta oder Schichtkäse

Die Zutaten für den Teig mit der Hand oder Küchenmaschine rasch zu einem geschmeidigen Mürbteig kneten. In Folie gehüllt eine halbe Stunde kalt stellen. Schließlich zwei Drittel davon ausrollen, die eingefettete Springform damit ausschlagen. Den restlichen Teig erneut kalt stellen.

Für die Füllung die Rosinen in Grappa einweichen. Die Eigelb mit Zucker und Vanillezucker dick und cremig schlagen, erst, wenn der Zucker aufgelöst ist, Zitronenschale, den überschüssigen Grappa und Ricotta oder Quark unterrühren. Zum Schluß den steifgeschlagenen Eischnee sowie die abgetropften Rosinen unter die Creme ziehen. In die vorbereitete Form füllen. Aus dem restlichen Teig fingerdikke Würste rollen und als Gitter obenauf legen. Die Torte bei 200 Grad eine gute Stunde backen.

SOMMER

Ferien am Meer und in den Bergen: Fisch, Wein und Bauernspeck

Wiesen und Bergwelt im Cadore

Schäumend: Prosecco

Die ersten Steinpilze

Bildschön angerichtet: feines Dessert

Taufrisch: Fische und Meeresfrüchte

Typisch: Die Gondeln von Venedig

Selten: Feuerlilien am Monte Cesén

Serenissima und Touristenrummel

Die Serenissima: durchlauchtigste

»Von Venedig«, hat schon der gar nicht alte Goethe lapidar geschrieben, »ist alles gesagt und gedruckt, was man sagen kann...« Er hat dann doch noch einiges hinzugefügt, und viele andere noch viel mehr. Kein Schriftsteller, kein Dichter, der sich Venedig und seiner Ausstrahlung hätte entziehen können! Entschwundener Ruhm, vergangene Macht, gelebte Überfeinerung, Illusionen, Traum und Wirklichkeit... Thomas Mann, »Tod in Venedig«: Der Verfall Venedigs wird zum Sinnbild für das, was Gustav Aschenbach widerfährt, »die Zerstörung eines geformten, scheinbar endgültig gemeisterten Lebens«. Venedig, Symbol und Metapher zugleich, für jeden offen, »atmet Auferstehung und Verfall, Sturz und Erhebung, Glück und Zerstörung« (Kasimir Edschmid). Wasser und Licht, Marmor und Menschen; hier Gewimmel, Getümmel und lautes Geschrei, dort Stille, Versunken- und Verlassenheit; vornehme Eleganz unmittelbar neben Abfallhäufen, tausenderlei Essensdüfte mischen sich mit dem bestialischen Gestank der Fäkalien aus den Kanälen; architektonische Regel im Großen, wuchernde Formen im Detail; nordische Präzision paart sich mit südländischem Improvisationstalent, abendländische Ratio mit orientalischer Phantasie: Venedig, faszinierend in seiner allgegenwärtigen Ambivalenz.

Schon der Titel »Serenissima«, den sich die Stadt gegeben hat, was mit »Durchlaucht« zu übersetzen ist und damit auf würdige *Durch-* und *Erleuchtung* verweist, läßt ganz vital das lateinisch-italienische *sereno, heiter,* mitklingen – und ist damit vollkommener, weil ebenso ernster wie spielerischer, nicht genau zu definierender Ausdruck ihrer Einzigartigkeit.

Märchenhaft erscheint die Stadt zwischen Wasser und Himmel, ein un-

Trauer in lichter Heiterkeit

wirkliches Licht durchleuchtet die verwaschenen Farben der Paläste und Kirchen, die still und gelassen dem Verfall trotzen, während ihre Reflexe sich im ständig bewegten Spiegel der Lagune mit denen des Himmels vermählen. Auf der Flucht vor den einfallenden Langobarden hatten sich im 6. Jahrhundert einige Veneter vom Festland auf die Laguneninseln, nach Malamocco und Torcello, zurückgezogen. Erst 810 wurde das eigentliche Venedig am *Rivo alto*, dem hohen Ufer, gegründet – dort, wo sich heute die Ende des 16. Jahrhunderts erbaute *Rialto*brücke über den *Canal Grande* schwingt. Hinter der einzigartigen Brücke, deren eleganter Bogen durch die Arkaden der bleigedeckten Läden einprägsam überhöht wird, der zinnenbekrönte *Fondaco dei Tedeschi*, die Niederlassung der deutschen Händler, bereits im 12. Jahrhundert geschaffen. Diese Einrichtung, die es für andere Länder ebenso gab, dokumentiert die strenge Ordnung der Stadt und den Einfluß des Orients: *fondaco* leitet sich ab vom arabischen Wort *funduk* für Unterkunft.
Der Rialto ist die Drehscheibe des venezianischen Lebens: Von beiden Seiten des Canal Grande bewegen sich

die Menschenströme zu ihm, werden durch ihn gebündelt und fließen dann wieder auseinander. In seiner Nähe befinden sich die wichtigsten öffentlichen Dienste, der Blumen-, der Gemüse- und vor allem der aus der Lagune reich bestückte Fischmarkt.
Im Jahre 828, nachdem aus Alexandria die Markus-Reliquien »überführt«, also geraubt worden waren, errichtete die Serenissima ihre Basilika und verlegte ihren Sitz vom Rialto an den heutigen Ort, nach *San Marco*. Vom damaligen Dogenpalast ist nichts übrig, der heutige *Palazzo Ducale* stammt aus dem 12. Jahrhundert und wurde zwischen dem 14. und 16. Jahrhundert weitgehend umgestaltet. Symbol der Macht und des Ruhms von Venedig, verkörpert er zugleich perfekt die künstlerische Integrationskraft, mit der Venedig auf dem Höhepunkt seiner Macht die Kunst des Abend- und des Morgenlandes zu verschmelzen vermochte.
Noch einige Jahrhunderte zuvor war das anders gewesen. Die Basilika von San Marco war von byzantinischen Baumeistern und Künstlern ausgestaltet worden, und zur Ausschmückung hatte man die Kunstwerke anderer Kulturen geraubt.
Mit den Markus-Reliquien hatte Venedig sein Wappentier, den Löwen des Evangelisten, gefunden – für die Säule auf der *Piazzetta*, die in den letzten Jahren lange leer stand –, übrigens ursprünglich eine wahrscheinlich assyrische Chimäre, die erst zum geflügelten Löwen mit dem Evangelienbuch umgerüstet werden mußte. Der Löwe, nach dem Fall Venedigs 1791 oft als räudiger Kater verspottet – vielleicht erklärt sich aus ihm die Liebe der Venezianer zu den allgegenwärtigen Katzen?
Wegen der Reliquien des San Marco (ob echt oder unecht, war nie wichtig) kamen die Touristen des Mittelalters, die Pilger. An ihnen begannen die Venezianer zu üben, wie man Fremde mit wenig Mühe so unterbringt, be-

Schon früh morgens herrscht auf dem Fischmarkt lebhaftes Treiben – das Angebot an Fischen und Meeresfrüchten ist verblüffend, die stolzen Preise ebenfalls. Trotzdem gehört Fisch für die Venezianer auf den täglichen Speisezettel. Das klassische Aalgericht der Venezianer, den Bisato su l'ara, *kann man gleich neben dem Fischmarkt in der traditionsreichen, gemütlichen Trattoria* Posta Vecie, *der alten Post, probieren*

1

BISATO SU L'ARA

AAL IN LORBEER

Man braucht hierfür reichlich Lorbeerblätter, die zum Beispiel in Fülle vorhanden sind, wenn man seinen (Zier-)Lorbeerbaum wieder mal stutzen muß ... Das Rezept stammt übrigens aus Murano, wo man den Aal (auf venezianisch *bisato*) zum Garen in einer Kupferpfanne auf den Schamottstein (*l'ara*) der Öfen stellte, in denen das Glas erhitzt wurde. Heute bekommt man das Gericht nur noch selten angeboten. In der Trattoria *»Antica posta vecie«* in Venedig serviert man es so:

Für sechs Personen:
1 Aal (ca. 1,5 kg), grobes Salz,
drei Handvoll Lorbeerblätter

Den Aal vom Fischhändler ausnehmen, aber nicht häuten lassen. Zu Hause den Aal mit grobem Salz bestreuen und mit einer dicken Lage Küchenpapier kräftig rundum abreiben. Auf diese Weise löst sich der Schleim und möglicher Muffgeschmack. Den Aal in Portionsstücke schneiden. Eine Bratenform mit Lorbeerblättern auslegen, die Fischstücke dicht nebeneinander einschichten. Salzen und die restlichen Blätter obenauf verteilen. So viel Wasser angießen, daß alles eben bedeckt ist. Bei ca. 170 Grad eine gute Stunde backen.
Die Aalstücke auf Polenta anrichten. Den Sud als Sauce darübergießen, wer mag, gibt ihm mit etwas Mehl eine leichte Bindung.

1

wirtet und »verwöhnt«, daß man viel Geld an ihnen verdient. Nach über tausend Jahren beherrschen sie dies, man muß es ihnen neidlos zugestehen, perfekt. Am geschicktesten vielleicht die *Gondoliere*, die – auch das seit Jahrhunderten – mit Händlern im Bunde stehen und Provisionen kassieren, wenn sie Kunden abliefern; und wer könnte es ihnen verdenken, daß sie lieber für einen ordentlichen Batzen Geld einmal am Tag ihren Kahn durch die Kanäle stochern, als für ein paar tausend Lire jede Stunde?

Die Gondeln – auch ein Sinnbild für venezianische Perfektion: Aus acht verschiedenen Holzsorten (Ulme, Eiche, Lärche, Nuß, Fichte, Linde, Kirsche und Tanne) in genau 280 Einzelteilen werden die Boote vom *squerariol*, dem Gondelbauer, zusammengesetzt – 10,85 m lang, 1,42 m breit und zudem asymmetrisch, damit sie von einem Mann mit einem Ruder in der ingeniös ausgearbeiteten *forcola*, der Gabel, sicher gesteuert werden kann. Dabei hilft auch das schwere Bugeisen mit seinen sechs Zinken, die die *sestiere*, die sechs Stadt-»Viertel« Venedigs symbolisieren.

Auf der besonderen, vor Angriffen geschützten Lage und der damit verbundenen Beherrschung des Meeres hatte die Republik von San Marco ihre Macht und ihren Reichtum aufgebaut. Republik in einem anderen Sinne als heute: Der *Doge* (von lat. *dux*, Führer), zunächst ein byzantinischer Beamter, wurde nicht vom Volke gewählt, sondern von und aus dem kleinen Kreis der reichen Patrizier und späteren Adligen. Sie bildeten ihrerseits den *Großen Rat* und kontrollierten die Macht des Dogen. Aus ihrer Mitte wurden auch die Minister und Berater bestellt, die sich später zum Senat herausbildeten: eine perfekte Oligarchie. Ab 1297 trat an seine Stelle der *Rat der Zehn*, eine Familien-Clique, deren diktatorischen Entscheidungen und Urteilen alle, Regierung, Beamte, Bürger, Söldner, Händler und sogar die Besucher Venedigs, unanfechtbar unterworfen waren.

So unerbittlich *Gran Consiglio* und *Consiglio dei Dieci* mit kaum verhülltem Terror regierten, so sorgten sie dadurch doch für Sicherheit und Ordnung als Basis für Macht und Reichtum: Schon im 10. Jahhundert dehnte Venedig seine Herrschaft auf Istrien und Dalmatien aus. Es beteiligte sich rege an den Kreuzzügen, die nicht nur

Vini da Pinto DAL 1890
trattoria alla Madonna

eine christliche, sondern vor allem eine wirtschaftliche Unternehmung waren. 1204 eroberte der neunzigjährige Doge Dandolo im Rahmen des vierten Kreuzzuges zum Entsetzen seiner Waffenbrüder sogar das christliche Konstantinopel, erbeutete enorme Reichtümer und Kunstschätze, darunter auch die Bronzerosse von San Marco. Nachdem 1380 die genuesische Flotte besiegt worden war, beherrschte Venedig die Adria und das gesamte östliche Mittelmeer. Im 15. Jahrhundert geraten im Osten der Peloponnes, Zypern und Kreta in Venedigs Hand, auf dem italienischen Festland, der *terra ferma*, bemächtigt es sich der Städte Verona, Vicenza, Padua, Udine, Brescia und Bergamo – Venedig auf dem Höhepunkt seiner Macht!

Die Künste blühen: Sanmicheli, Sansovino, Palladio, Scamozzi und Longhena bauen Kirchen, Paläste und öffentliche Einrichtungen. Vater Jacopo und seine Söhne Gentile und Giovanni Bellini begründen die Venezianische Schule. Giorgione, Lorenzo Lotto und Carpaccio, schließlich Tizian, Veronese und Tintoretto führen die venezianische Malerei zum europäischen Gipfel. Schön: Der größte Teil der Hauptwerke dieser Maler ist in Venedig geblieben und kann in der ur-

Zutraulich: die Tauben von San Marco

Platzkonzert auf der Piazzetta

sprünglich gedachten Umgebung besichtigt werden. Vor allem Tintorettos gigantische Gemälde für die *Scuola di San Rocco*, dem Versammlungsraum der reichsten der für Venedigs Gesellschaft charakteristischen caritativen Vereinigungen.
Die Serenissima, auf rund 150 Inseln errichtet, von 177 Kanälen durchzogen, mit 450 Brücken verbunden, zählt rund 10000 historische Bauten, darunter 100 Kirchen und 300 Paläste. Alle Gebäude haben Fundamente aus Baumstämmen, die tief in den Grund gerammt wurden. Allein für *Santa Maria della Salute* brauchte man über eine Million Eichenstämme! Darauf liegen mächtige Quader aus istrischem Kalkstein, welche die Last in die Breite verteilen und Stabilität schaffen, die allerdings längst aus dem Gleichgewicht geraten ist – fast alle Gebäude sind schief! Einst sorgten die hohen Treppensockel dafür, daß die Feuchtigkeit nicht in die gemauerten Backsteinwände hochstieg. Vergangenheit, denn Venedig sinkt durch zu reichliche Entnahme von Grundwasser, und die Gezeitenhöhe wurde durch das Ausbaggern der Zufahrtswege immer größer. Die allwinterlichen Überschwemmungen verheeren Venedig übrigens seit Jahrhunderten, sind jedoch häufiger und bedrohlicher geworden, trotzdem tragen die Venezianer sie mit Fassung. Auf der *Piazza San Marco*, nach Napoleon »der schönste Salon der Welt«, füttern Touristen die in edler Zwecklosigkeit herumflatternden Tauben und trinken den teuersten Kaffee ihres Lebens. Die Venezianern selbst leisten sich dieses zweifelhafte Vergnügen nicht mehr – sie haben ihre einst hier funktionierende Nachrichtenbörse in die Restaurants, Weinstuben und Bars hinter dem Uhrturm verlegt. Und treffen sich ohnehin am liebsten zu Hause oder außerhalb der Serenissima, wo sie von den Massen fremder Menschen, von denen sie leben, nicht gestört werden.

Das Caffè »Quadri« in den Prokuratien

Kaffee und Kakao, stilvoll serviert

Muße im offenen Salon des »Florian«

Die Kneipe am kleinen Kanal

Ursprünglich war es tatsächlich eine Kneipe, in der vor allem die Fischer aus der Nachbarschaft einkehrten. Zuerst nur zum Glas Wein vor oder nach dem Essen, dann wurde aus den kleinen *cicchetti*, den Leckerbissen, die man dazu aß, nach und nach eine ganze Mahlzeit. Das ist gut hundert Jahre her. Damals lebten im *Castello*, einem der ältesten Viertel Venedigs, noch vorwiegend Fischer oder Leute, die Fischereibedarf lieferten, zum Beispiel Seiler, die Taue für die Netze drehten. Wirt war ein k.u.k. Soldat mit Namen Franz, den die Liebe hierher verschlagen hatte, seine venezianische Frau kochte einfache Gerichte.

Maurizo (links) bedient, Bruder Ricardo und Mutter Carmela stehen am Herd

Bis heute hat die »Hostaria da Franz« immer wieder den Besitzer, nie jedoch den Namen gewechselt. Und seit vor gut acht Jahren Franco Gasparini den Laden übernommen hat, ist es auch nicht nötig, der Name stimmt wieder! Ehefrau Carmela, unterstützt vom jüngsten Sohn, steht am Herd. Der älteste Sohn bedient die Gäste, serviert den mit Kennerschaft gewählten Hauswein. Längst ist aus der schlichten Fischerkneipe eine gemütliche Trattoria geworden. Sommers sitzt man unter weißem Baldachin direkt am Kanal, mit Blick auf eine kleine Brücke und flatternde Wäsche, man wird mit selbstverständlicher Herzlichkeit umsorgt … Fisch und Meeresfrüchte werden so pur zubereitet, wie das nur mit besten und frischesten Produkten möglich ist, Experimente gibt es nicht!

1

VONGOLE VERACE

VENUSMUSCHELN

Eine der zahllosen Variationen zum Thema Venusmuscheln. Jeder bereitet sie ein wenig anders zu: mal im eigenen Saft, mal mit einem Schuß Weißwein oder Zitronensaft, mal mit Knoblauch im Sud, mal mit Zwiebeln, aber stets mit Petersilie. Ein Grundrezept finden Sie auf Seite 50.

1

2

SPAGHETTI ALLA BUSARA

SPAGHETTI MIT SCAMPI

Für vier Personen:
ca. 6–8 Scampi, 2 EL Öl,
1 Knoblauchzehe, 1 kleine Zwiebel,
500 g Tomaten, 1 getrocknete, rote
Chilischote, Salz, Petersilie,
500 g Spaghetti

Die Scampi im heißen Öl rasch einige Minuten braten, herausnehmen und etwas abkühlen lassen. Im Bratfett die gehackte Knoblauchzehe und Zwiebel andünsten, die gehäuteten, entkernten und in Würfel geschnittenen Tomaten zufügen. Mit zerkrümelter Chilischote und Salz würzen.
Die Scampi aus der Schale lösen und unter die Sauce mischen. Reichlich feingehackte Petersilie unterrühren. Die mit Biß gegarten Spaghetti in dieser Sauce wenden und zwei Minuten ziehen lassen, bevor serviert wird.

2

1

SPAGHETTI ALLE CANOCIE CON LA RUCOLA

SPAGHETTI MIT RAUKE UND GOTTESANBETERINNEN

Für vier Personen:
4–6 Gottesanbeterinnen (Canocie),
3 EL Öl, 1 Zwiebel, 1 Glas Weißwein,
1 getrocknete Chilischote,
100 g Rauke, Petersilie, Salz,
500 g Spaghetti, 2 EL Butter

Die Gottesanbeterinnen (man kann auch andere Krustentiere, wie Garnelen, Scampi etc. verwenden) im Öl einige Minuten braten, bis sie gar sind. Herausnehmen und etwas abkühlen lassen. Die gehackte Zwiebel im Bratfett andünsten, den Wein angießen. Zerkrümelte Chilischote, in Streifen geschnittene Rauke und gehackte Petersilie zufügen. Schließlich die ausgelösten Meerestiere in die Pfanne zurückgeben. Die mit Biß gegarten Spaghetti und die Butter untermischen. Noch zwei Minuten auf leisem Feuer ziehen lassen und servieren.

1

2

FRITTURA DI SCAMPI E CALAMARETTI

GEBACKENE SCAMPI UND TINTENFISCHCHEN

Wichtig ist das Fett: In Italien nimmt man stets Olivenöl, wenn auch in diesem Fall natürlich nicht die erste Pressung, sondern ein raffiniertes Öl. Öfter als dreimal sollte man es jedoch nie benutzen, weil sich durch das wiederholte Erhitzen gesundheitsschädliche Stoffe entwickeln können.

Pro Person:
Insgesamt ca. 250–300 g ausgelöste Scampi und kleine Tintenfischchen, Mehl zum Wenden, Öl zum Fritieren, Salz, Zitrone

Scampi und sorgsam geputzte Tintenfischchen in einem Sieb über dem Spülbecken mit Mehl bestreuen, gründlich durchschütteln, damit alles davon überzogen wird, überschüssiges Mehl jedoch abfallen kann.
Portionsweise schwimmend in heißem Fett fast golden backen. Herausheben, vor dem Servieren im aufrauschenden Fett endgültig backen. Auf Küchenpapier abtupfen, salzen, mit Zitronenachteln servieren.

2

3

MAZZANCOLLE ALLA GRIGLIA

RIESENGARNELEN VOM GRILL

Auf venezianisch heißen so die *gamberoni*, sie sind fast handspannenlang und schmecken einfach herrlich. Ein Rezept ist nicht nötig: Die frischen Meerestiere werden einfach auf eingeölte Grillstäbe gelegt und über Holzkohlenglut möglichst kurz gegart. Schließlich auf Salatblättern angerichtet, mit Zitronenachteln serviert und mit den Fingern genußvoll verspeist.

4

MOUSSE AL CIOCCOLATO

SCHOKOLADEN-MOUSSE

Für sechs Personen:
3 Eigelb, 50 g Zucker,
100 g Edelbitterschokolade,
¼ l süße Sahne

Die Eigelb mit dem Zucker im Wasserbad dick und cremig schlagen, langsam die behutsam geschmolzene Schokolade zufügen. Diese Creme ein wenig abkühlen lassen, bevor die steifgeschlagene Sahne untergehoben wird. Für einige Stunden kalt stellen, bevor serviert wird.

3

4

Die gläserne Welt von Murano

Glas und Murano gelten geradezu als Synonyme. Dabei war die Glasbläserkunst ursprünglich in Venedig angesiedelt und für den Staat als Prestige- und Handelsobjekt von größter Bedeutung. Ende des 13. Jahrhunderts verlegte man aus Feuerschutzgründen die gefährlichen Glasöfen auf die nur etwa einen Kilometer entfernte, kleine Insel in der Lagune. Die Glasmeister, organisiert in geradezu nach sozialen Gesichtspunkten ausgerichteten Zünften, hielt man mit Privilegien unter Kontrolle: Sie waren Bürger Venedigs und verfügten aber gleichzeitig über eine gewisse Selbständigkeit, zum Beispiel eigene Gerichtsbarkeit und Regierung; ihre Töchter durften in den Adel einheiraten. Andererseits war ihnen unter Androhung der Todesstrafe verboten, die Insel zu verlassen, um zu verhindern, daß das geldbringende Glasgeheimnis anderswohin verraten würde.

Nach dem Ende der Republik war es auch mit der Vorrangstellung Muranos vorbei. Den neuen, österreichischen Herren lag die böhmische Glasindustrie viel mehr am Herzen. Anfang des 19. Jahrhunderts war das gläserne Glück zerbrochen, aus dem blühenden, reichen Murano eine entvölkerte, arme Insel geworden.

Erst mit dem Tourismus entwickelte sich in unserem Jahrhundert eine neue Blüte. Industrielle Fertigung und die Entwicklung neuer Verarbeitungstechniken ermöglichten wieder ein Auskommen. Die großartigen Entwürfe erstklassiger Glashersteller, wie *Venini*, *Barovier*, *Salviati* oder *Toso*, vom *Art deco* über die fünfziger Jahre bis in unsere Tage, waren und sind wieder hochbegehrte Kunstobjekte. Allerdings quellen die meisten Glasläden auf Murano heute über von unsäglichem Kitsch, der ohnedies nicht selten aus Hongkong kommt.

Unbedingt lohnend ist für jeden, der sich für Glas interessiert, ein Besuch im *Museo Vetrario*, dem Glasmuseum am *Fondamente Navagero*, wo man den besten Überblick über die gläserne Geschichte Muranos bekommt.

Murano: Insel der Glaswerker. Kein Wunder, daß die Kommunisten hier traditionell eine starke Kraft bilden

Selbstbewußtsein ist eine Muraneser Eigenschaft. Das verdanken die Bürger Muranos ihrer Geschichte

Venini: So buchstabiert man eine der erlesensten Glasfirmen, berühmt für ihre großartigen Entwürfe

Strahlt Ruhe aus und Gelassenheit, wirkt friedlich und bescheiden: der Canal Grande di Murano

Lido: Filmfestspiele, Badeleben und ein Restaurant im Grünen

Der schmale Landstreifen, der als schützende Barriere zwischen Lagune und dem offenen Meer liegt, heißt einfach *Lido*, also Strand. Zu Beginn des Jahrhunderts bis zum zweiten Weltkrieg galt diese Insel als eines der mondänsten Seebäder Europas. Großbürger wie Thomas Mann oder Churchill zogen die vornehme Abgeschiedenheit des eleganten Ferienorts dem Trubel Venedigs vor. Inzwischen ist der Glanz ein wenig verblaßt, an den einstmals herrschaftlichen Sommervillen und manchem prachtvollen Hotelpalast bröckelt der Putz. Nur im September, wenn die Filmfestspiele den einen oder anderen Star herbeilocken, wirkt der Lido wieder ein bißchen so, als wäre die Welt zu Gast.

Während die Deutschen weiterhin eher den Festlandstränden an der Adria die Treue halten – der »Teutonen-Grill« zwischen Jesolo und Bibione ist schon seit den fünfziger Jahren fest in der Hand der deutschen Tourismusindustrie – ist der weite, zum Meer gewandte Lidostrand vor allem bei den Venezianern beliebt. Die *capanne*, die ihn säumen, Badehäuschen, die man für die Saison mieten kann, sind sehr begehrt. Bei schönem Wetter verbringt man hier die Sonn- und Feiertage und fühlt Ferienstimmung.

An solchen Tagen herrscht dann auch in der »Trattoria da Cice al Sottoportego« in Malamocco, einem Ort im Süden der Insel, Hochbetrieb. Der Eingang wirkt übrigens wenig einladend: *sottoportego* beziehungsweise *sottoportico*, wie über dem Torweg steht, bedeutet *Durchgang*. Und ein solcher führt in eine finstere Bar, in der ein paar Einheimische hinter ihrem Weinglas sitzen. Der Barmann schickt den Suchenden einen engen, dunklen Gang weiter – und kurz bevor man entmutigt umkehren will, öffnet er sich zu einem hellen Raum: Von drei Seiten verglast steht der Speisesaal in einem üppigen Gemüsegarten. Hier serviert der Fischer und Weinenthusiast Doriano Acciari, was seine Frau Anna gekocht hat. Und was er auftischt, ist wirklich die umständliche Reise nach Malamocco wert: Fisch und Meeresfrüchte, wie sie der liebe Gott gemeint hat, nämlich frisch und naturbelassen, mit Kräutern und Gemüsen aus dem Garten, und so selbstverständlich und simpel zubereitet, wie es nur eine italienische *Mama* (in diesem Fall sogar eine junge, fröhliche und hübsche!) schafft.

Ein wenig einladendes Wirtshausschild

Wirt Doriano ist dafür um so herzlicher . . .

. . . und die Küche von Anna wunderbar!

1

SARDONI A LA GRECA

MARINIERTE SARDELLEN

Für vier Personen:
500 g Sardellen, 4 EL Olivenöl, 2 Knoblauchzehen, 1 Bund Petersilie, Salz, Pfeffer, Saft einer Zitrone

Die Sardellen sehr sorgsam waschen, nicht ausnehmen, gut abtrocknen. Möglichst nebeneinander in eine große Pfanne setzen, in der das Öl bereits erhitzt ist, gehackten Knoblauch und Petersilie dazwischen streuen, salzen und pfeffern. Zugedeckt erhitzen, eine Minute aufkochen. Vom Feuer ziehen und mit Zitronensaft beträufeln.

2

SARDONI AL LIMONE

SARDELLEN IN ZITRONE

Für vier Personen:
500 g frische Sardellen, Salz, Saft von 1–2 Zitronen, Pfeffer, 2–3 EL Olivenöl, Petersilie

Die Sardellen längs am Bauch aufschneiden, aufklappen und mit dem Daumen von innen die Rückengräte entlangstreifen. Jetzt läßt sie sich leicht herauslösen. Die Doppelfilets in eine Schale schichten, dabei salzen, mit Zitronensaft beträufeln und pfeffern. Die Filets etwa 15 Minuten ziehen lassen. Dann Olivenöl darübergießen sowie Petersilie darüberstreuen.

1

2

1

GARUSOLI MARINATI

MARINIERTE MEERESSCHNECKEN

Die länglich gedrehten Wellhornschnecken findet man in gut sortierten Fischgeschäften. Wem übrigens die Arbeit, sie aus ihrem Gehäuse zu ziehen, zu mühsam ist, serviert sie einfach so und überläßt diese Aufgabe den Gästen. In diesem Fall muß jeder Gast als »Werkzeug« eine Strick- oder Häkelnadel bekommen.

Für vier Personen:
ca. 1 kg frische Meeresschnecken,
1 l Wasser, 2 EL Salz,
5 EL Zitronensaft, 5 EL Olivenöl,
Pfeffer, Salz, Petersilie

Die Schnecken in mehrmals gewechseltem Wasser durchspülen, schließlich mit stark gesalzenem Wasser bedeckt aufkochen, etwa zehn Minuten sanft ziehen lassen. Hitze ausschalten, die Schnecken im Sud abkühlen lassen. Das Fleisch mit einer Strick- oder Häkelnadel aus der Schale ziehen. Mit Zitronensaft, Olivenöl, Salz, Pfeffer und gehackter Petersilie anmachen.

2

POLIPI LESSI

GEKOCHTER OKTOPUS

Ganz wichtig, damit das Krakenfleisch auch wirklich zart wird: Es darf nie richtig kochen, nur sanft ziehen!

Für vier Personen:
ca. 600 g frischer Oktopus (Krake),
Salz, 1 Zwiebel, 2 Lorbeerblätter,
1 Zitrone, 1 EL Pfefferkörner
Marinade:
6 EL Zitronensaft, ¼ TL Salz,
Pfeffer aus der Mühle,
6 EL Olivenöl, 1 Bund Petersilie

Die Kraken gründlich säubern, den Kopf herausschneiden. In einen stark gesalzenen Sud (Meerwasser), der mit Zwiebelringen, Lorbeerblättern, Zitronenscheiben und Pfefferkörnern bereits eine Viertelstunde geköchelt hat, legen. 30 bis 40 Minuten gar ziehen lassen – wie lange, hängt von der Größe ab. Ihr Fleisch muß sich mit einer Nadel leicht durchstechen lassen! Schließlich abkühlen, in Stücke schneiden und mit der Marinade anmachen, die aus den angegebenen Zutaten im Mixer aufgeschlagen wurde.

3

TAGLIOLINI DI GRANCHIO

SCHMALE NUDELN MIT SEESPINNE

Für vier Personen:
2 schöne Seespinnen oder Taschenkrebse, Salz, 3–4 Knoblauchzehen, 3 EL Olivenöl, 1 Bund Petersilie, reichlich grob gemahlener schwarzer Pfeffer, 2 Fleischtomaten, Zitronensaft, 400 g Nudeln

Die Seespinnen kopfüber in aufwallendes Salzwasser werfen, nach fünf Minuten vom Feuer ziehen und im Sud abkühlen lassen. Schließlich das Fleisch ausbrechen und in Stücke schneiden.
Knoblauch und Petersilie fein hacken, im heißen Olivenöl andünsten, pfeffern und mit dem gewürfelten Tomatenfleisch auffüllen. Einige Minuten köcheln, bis die Tomatenwürfel geschmolzen sind, das Krebsfleisch zufügen und mit Zitronensaft abschmekken. Die bißfest gegarten schmalen Bandnudeln untermischen und noch einige Minuten mitziehen lassen.

4

SPAGHETTI NERI

SCHWARZE SPAGHETTI

Sie wirken vielleicht zunächst einmal ein wenig unheimlich: Sobald die weißen Spaghetti mit der schwarzen Sauce obenauf vermischt werden, sind sie tatsächlich schwarz, wie mit Tinte eingefärbt. Sie duften verführerisch nach Meer und schmecken einfach umwerfend köstlich.

Für vier Personen:
4 schöne Sepia mit ihrer Tinte, 4 Knoblauchzehen, 1 kleine Zwiebel, 2 EL Olivenöl, 1 Fleischtomate, 1 EL Essig, Salz, Pfeffer, 400 g Spaghetti

Die Sepia vorsichtig ausnehmen (siehe Phasenphotos), die Tinte beiseite legen, das Fleisch in Streifen schneiden. Die gehackten Knoblauchzehen und Zwiebel im heißen Öl andünsten, die Sepiastücke zufügen und einige Minuten mitdünsten. Die Tinte zufügen, ebenso die gehäutete, entkernte und gewürfelte Tomate. Mit Essig, Salz und Pfeffer würzen. Noch ein paar Minuten ziehen lassen, schließlich die bißfest gekochten Spaghetti in dieser Sauce wenden.

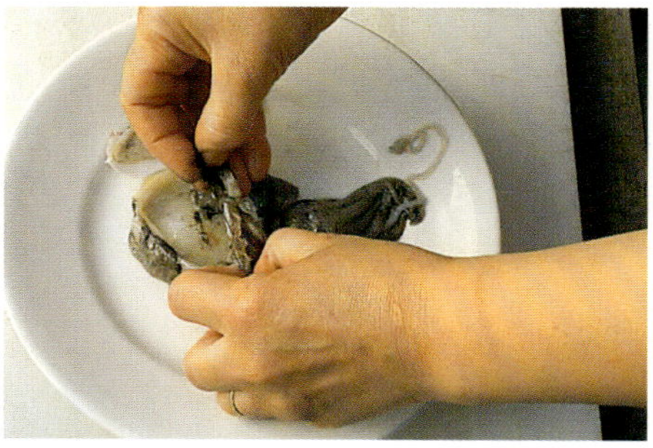

Die feste Kalkschale im Inneren des beutelartigen Körpers wird entfernt; übrigens als Wetzstein für Vögel zu verwenden

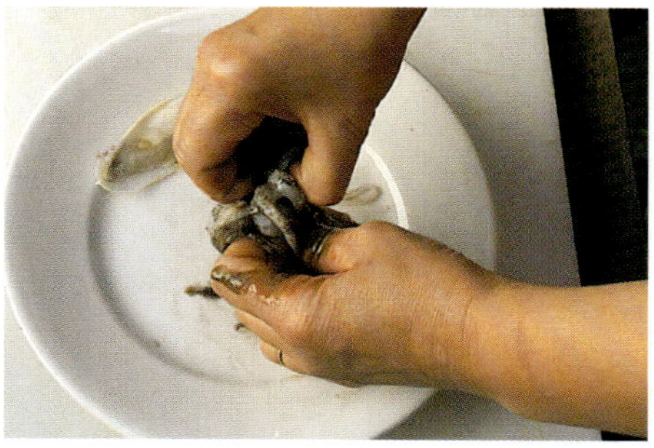

Sodann packt man mit den Fingerspitzen den kugelartigen Kopf genau im Zentrum der Fangarme, auch Tentakel *genannt*

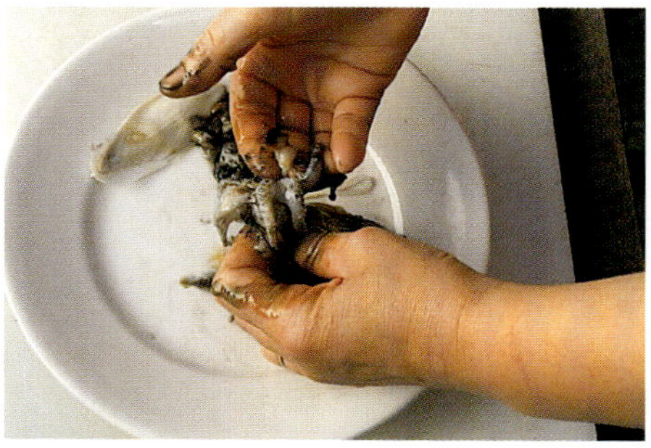

Hier ist dieser Körperteil noch einmal zu sehen – es handelt sich um die Öffnung, mit der Beutetiere verschlungen werden

Die Tentakel packend, zieht man nunmehr die gesamten Innereien aus dem Körper. Vorsichtig, damit der Tintenbeutel …

… unversehrt bleibt. Denn er behält einen konzentrierten Farbstoff, mit dem man Gerichten Farbe und Meeresduft verleiht

Jetzt werden Kalkschale und Innereien weggeworfen, Körperbeutel und Tentakel ausgewaschen und weiterverarbeitet

Joško Gravner: Wein und Eichenholz

Die besten Weißweine Italiens kommen aus dem *Collio* im Osten Friauls. Direkt an der Grenze zu Jugoslawien, bei Oslavia, lebt Joško Gravner, ein Mann, der ebenso eigenwillig wie zielsicher nach Qualität strebt. »Ein gesunder Mensch braucht keinen Arzt! Genausowenig braucht ein guter Wein einen Kellermeister, der an ihm herumdoktert . . .«, sagt er freundlich, aber bestimmt, ohne auch nur die Möglichkeit des Zweifels einzuräumen. »Der Weinberg macht die Qualität«, fährt er fort, »deshalb muß der Weinmacher stets auch Weinbauer sein.« Den Ertrag hat Gravner durch enge Pflanzung und geringen Behang (Schnitt und rigoroses Ausdünnen im Juli) beschränkt – 15 bis 40 Hektoliter/Hektar gegenüber 130 früher! Er liest erst, wenn die anderen fertig sind – süße, gesunde, gehaltvolle Trauben. Seine Liebe gehört der *Ribolla*, dem *Chardonnay* und dem *Sauvignon*

Die alte Weinpresse ziert den 1985 großzügig neu gebauten Keller

Rujno*: heißt in slowenisch so viel wie Freude, Freundschaft, Heiterkeit*

Natürlich schlachten Gravners und machen ihre köstlichen Würste selbst

Blanc. Die besten Moste kommen nach dem Pressen in neue *Barriques*, kleine Fässer aus französischer Eiche, vergären darin ungeschwefelt zu kräftigen, alkoholreichen Weinen. Dabei baut sich das Tannin des Holzes in die Struktur der Weine ein, wirkt später nicht aufgesetzt und aufdringlich. Erst nach fünf Jahren gibt er sie zum Verkauf – sie zeigen dann ihre Klasse: »In Italien haben die meisten Weine keine Zeit, schlecht zu werden – man trinkt sie zu früh!« Der Ausbau im Barrique – kein Eingriff in die Natur des Weins? »Nein, erst die Hand des Menschen schafft das Kunstwerk Wein. Man soll auch moderne Technik benutzen, aber auf der Grundlage der Tradition, und muß im Kopf behalten, was die Vorfahren gemacht haben.«

Die Gravners, vor 300 Jahren aus Niederbayern eingewandert und seit 1901 Winzer auf 9 Hektar Weinbergen, zählen sich zur slowenischen Minderheit – deshalb ein zweisprachiges Etikett auf den Flaschen. In Jugoslawien, wo Gravners beste Weinberge liegen, die er trotz politischer Probleme immer bewirtschaften konnte, gedeihen die Trauben für den *Rujno*: der Stolz Joško Gravners, ein unglaublich dichter, intensiver Rotwein aus *Cabernet Sauvignon* und *Merlot*, im Barrique gereift, nur in besten Jahren abgefüllt. Sonst als *Rosso Gravner*, also unter seinem Namen verkauft – wahrlich Garantie für einen großen Wein!

Die funktionalen Gläser von Riedel entsprechen Gravners Charakter ...

... und seinen Weinen, die am Stock ebenso lange reifen wie im Keller

Maria und Joško Gravner: Sie lieben gutes Essen und moderne Kunst

1

ZUPPA DI ORZO E VERDURA

GRAUPENSUPPE MIT GEMÜSE

Für sechs Personen:
2 Zwiebeln, 4 Knoblauchzehen, 3 EL Olivenöl, 2 Möhren, 1 kleine Sellerieknolle, 4 Kartoffeln, ca. 200 g frische Bohnenkerne, Salz, Pfeffer, 2 Lorbeerblätter, 1 Bund Petersilie, 2 kleine Zucchini, 250 g Graupen

Zwiebeln und Knoblauch feingehackt im heißen Öl andünsten, die Möhren und Sellerie zentimetergroß würfeln und zufügen, die Kartoffeln schälen, jedoch unzerteilt lassen, alles, auch die Bohnenkerne, in den Topf füllen. Mit Wasser großzügig bedecken. Salzen, pfeffern, die Lorbeerblätter und gehackte Petersilie in die Suppe geben. Zugedeckt auf mildem Feuer etwa eine halbe Stunde köcheln. Die Zucchini mit ihrer kürzeren Garzeit erst 15 Minuten später zufügen. Wenn die Kartoffeln weich sind, herausnehmen, mit der Kartoffelpresse zerdrücken und die Suppe damit binden.
Die Graupen in Salzwasser separat kochen, sobald sie gar sind, abtropfen lassen und in den Topf rühren.

2

ROTOLATO DI VITELLO

KALBSROLLBRATEN

1 Kalbsbrust, ca. 2 kg, ohne Knochen, 200 g roher Schinken in Scheiben, Salbei, Rosmarin, Petersilie, Pfeffer, 1–2 Bund Suppengrün (je nach Größe), 1 EL Pfefferkörner, Salz, 3–4 EL Olivenöl, ca. ¼ l Weißwein

Die Kalbsbrust quer so einschneiden, daß sie fast halbiert, jedoch an der Seite nicht durchtrennt wird. Aufklappen, diese Fläche großzügig mit gehacktem Schinken, Salbei, Rosmarin und Petersilie bestreuen. Mit reichlich Pfeffer würzen (kein Salz, davon liefert der Schinken genug). Den Braten von der Längsseite aufrollen und mit Küchenzwirn verschnüren.
In eine Bratenpfanne setzen, das gewürfelte Suppengrün und die Pfefferkörner darum herumstreuen, salzen, mit Olivenöl einreiben und schließlich für knapp 3 Stunden in den 200 Grad heißen Ofen schieben. Nach der halben Zeit mit Weißwein ablöschen.
Vor dem Anschneiden noch etwas ruhen lassen. Den Bratensaft durch ein Sieb und als klare Sauce reichen. Außerdem schmecken dazu in Olivenöl geröstete Pellkartöffelchen.

1

2

Die Puiattis: Wein und Edelstahl

»Der Mensch macht Wein, die Natur nur Trauben«, doziert Angelo Puiatti streng. »Nicht einmal das ist wahr, da unsere Rebsorten der Mensch gezüchtet hat. Die Natur ist zunächst des Menschen Feind – er muß vielmehr Methoden und Techniken entwickeln, um ihr überhaupt etwas Gutes abringen zu können!« Puiatti geht Konflikten nicht aus dem Weg, polemisiert gerne und kämpft mit Leidenschaft für seine Vorstellung von gutem Wein. »Ich komme aus einer kleinen Winzerfamilie, weiß, wie schwer es ist, mit wenig Land und ohne Mittel guten Wein zu machen. Deshalb bin ich einen anderen Weg gegangen: Ich kaufe die Trauben von den Weinbauern, die ja Spezialisten für den Anbau sind. Natürlich zahle ich für gute Qualität auch gute Preise. Wir sind dann die Spezialisten für den Wein selbst.« Die Puiattis haben zwei Kellereibetriebe im Collio: seit 1967 *Enofriulia* in Capriva für Qualitätswein und seit 1984 *Puiatti* in Farra d'Isonzo für die Spitzenqualitäten. Hochmodern die Ausrüstung. Schnelles Abpressen, für beste Qualität nur mit sanftem Druck – die zweite Pressung gibt den Wein für glasweisen Ausschank in der Gastronomie. Sofortiges Kühlen und Oxidieren des Weins, dann Ausfällen und Abfiltern der oxidierten Teile. Gärung ohne Schwefel mit Reinzuchthefe bei kontrollierter Temperatur – stets nur im Edelstahltank. »Niemals«, Puiatti droht mit erhobenem Zeigefinger, »niemals darf Wein mit Holz in Berührung kommen – denn dann geht die Frucht verloren! Ich will im Wein das Traubenbukett schmecken, keinen Wald!« brummt er bärbeißig. Als aber Sohn Giovanni eine Kiste *Puiatti*-Weine holt, lächelt er doch endlich einmal, stolz wie ein Vater: »Solche Weine – die können nur wir machen!«

Chef ist Vater Angelo Vittorio Puiatti (ganz rechts), der seinen im Champagner-Verfahren hergestellten Spumante selbst rüttelt. Sohn Giovanni präsentiert die Spitzenweine in der Holzkiste; einfache liefern sie in Ballons an die Gastronomie

Regionale Traditionen wo Gastlichkeit zu Hause ist:

Ein unaufdringliches Ambiente, ein herzlicher, dabei formvollendeter Service und eine formidable Küche; man sollte meinen, dieser Dreiklang sei für ein »erstes Haus am Platze« selbstverständlich. Jedoch zeigt leidvolle Erfahrung, daß solche »idealen« Häuser nicht allzu häufig sind. Das *Boschetti* in Tricésimo ist solch ein glückliches Exemplar.

Tricésimo, ein hübsches Kleinstädtchen nördlich von Udine, liegt nur am Rand jenes voralpinen Hügellands, das 1976 zweimal durch ein schreckliches Erdbeben erschüttert wurde, und ist gottlob damals fast unbeschädigt davongekommen. Die *Antica Trattoria Boschetti*, ursprünglich Poststation an einem der wichtigen Handelswege des Mittelalters, verdankt den Namen einem früheren Besitzer. Das stattliche Gebäude stammt allerdings aus den fünfziger Jahren. Seither gehört es der Familie Trentin, wenn auch *Padrone* Giorgio Trentin heute die Leitung des Hauses seinen beiden Neffen übertragen hat, Rinaldo und Roberto Krcivoy. Der zungenbrecherische Name weist auf das nahe Jugoslawien hin – Friaul war immer Schmelztiegel verschiedener Kulturen.

Das *Boschetti* gilt unangefochten als das Flaggschiff der klassischen friulanischen Restaurants, es ist die »Schule aller guten Köche der Region; die besten kommen von hier«, schwört Angelo Puiatti, der Weinmacher aus Capriva. Daß Küchenchef Vinicio Dovier, seit mehr als 25 Jahren im Hause, nicht unerheblichen Anteil daran hat, läßt sich denken.

Jedoch, nicht immer gereicht es einem Restaurant zum Segen – so paradox dies klingt –, wenn es über lange Zeit hinweg hohes Ansehen genießt. Ein Phänomen, unter dem sogenannte »Institutionen« manchmal zu leiden haben: Als ob die Gäste des Lobens nunmehr überdrüssig seien, beginnen sie eines Tages zu mäkeln, finden auf einmal Haare in der Suppe, nörgeln an der (bisher geliebten) Speisekarte herum. »Ach, das *Boschetti*«, heißt es dann wegwerfend, wenn man überlegt, wohin man essen gehen will. Und irgendwann nimmt der gestrenge Restaurantführer einen von zwei lange

Der Speisesaal des »Boschetti« ist von unaufdringlicher Eleganz. Klassisch gedeckte Tische und üppiger Blumenschmuck. Bei schönem Wetter wird auf der Terrasse serviert

mit Phantasie gepflegt, »Da Boschetti« in Tricésimo

innegehabten Sternen weg. »Na bitte«, rufen die Gäste, »haben wir's nicht gleich gesagt«, und freuen sich über die Bestätigung.
So ähnlich ist es dem *Boschetti* auch ergangen. Wie ungerecht das ist, kann dem objektiven Beobachter wirklich nicht verborgen bleiben. Es ist einfach großartig, wie man hier den Balanceakt meistert, einerseits die friulanischen, bodenständigen Rezepte zu pflegen und zu bewahren, sie dabei jedoch so behutsam zu modernisieren, daß mit den Gerichten andererseits unseren heutigen Lebensumständen, den inzwischen veränderten Lebensmitteln und unseren ganz anderen Ansprüchen Rechnung getragen wird; wie man mit Phantasie, vor allem auch professioneller Perfektion, aus hiesigen Produkten ganz neue, ungewöhnliche Gerichte komponiert. Ein *Carpaccio aus Geräuchertem* zum Beispiel (wie auf der nächsten Seite beschrieben) ist im Land des luftgetrockneten San Daniele sicher ungewohnt, zumal in der Mischung mit Melone, reifer Birne und Montasiokäse, überdies mit dem duftigen Olivenöl vom fernen Gardasee gewürzt. Jedoch: Auf heimischer Rucola angerichtet (von hier aus hat dieses Kraut erst seinen Siegeszug durch Italien und den Rest der Welt genommen!) bekommt die Mischung durchaus ihren typisch friulanischen Charakter. Und keine Angst: nicht in jenen kärglichen Portionen auf großen Tellern übersichtlich abgezirkelt, über die inzwischen jeder lacht.
»Sehen Sie«, sagt Rinaldo, der Restaurantchef, nach dem Sternverlust befragt, und serviert uns eine gefüllte Tomate als nächsten Gang, »was soll'n wir tun? Am Touristenpfad Richtung Süden gelegen, sind wir Etappe fürs Ferienziel. Die Reisenden halten hier, wollen das, was sie kennen, *spaghetti carbonara* oder *bolognese* und all die *piatti bastardizati italiani*, die verhunzten italienischen Gerichte. Also haben wir sie auch auf der Karte ...« Nicht kreativ genug, rümpfen die Restauranttester die Nase! Sie sollten einfach mal diese Tomate auf unserem Teller probieren (siehe nächste Seite). Wie war das noch mit der Kreativität?

Die beiden Brüder Rinaldo (links) und Roberto Krcivoy führen zusammen mit Mutter Iolana das Haus, das neben dem Restaurant auch über 32 komfortable Zimmer verfügt

1

2

3

4

5

1

POMODORO RIPIENO ALLE VERDURE

GEFÜLLTE TOMATE

Eine reife, duftende, geschälte, ausgehöhlte Tomate sitzt auf einem Klecks Basilikumpüree, gefüllt mit einer Mischung aus vielerlei zentimeterklein gewürfelten Gemüsen, wie Zucchini, Auberginen, grüne Bohnen und Erbsen, die mit ebenso kleingewürfeltem Kalbfleisch gedünstet wurden.

2

CARPACCIO AFFUMICATO

CARPACCIO VON GERÄUCHERTEM

Hauchdünn aufgeschnittener, sanft geräucherter Schinken, mit Scheiben von saftigreifer Birne, würzigem Montasiokäse und duftenden Melonenstükken auf Raukeblättern angerichtet. Angemacht mit fruchtigem Olivenöl vom Gardasee und gewürzt mit reichlich grobgeschrotetem Pfeffer.

3

ORZO E FAGIOLI

GRAUPEN UND BOHNEN

Eigentlich eher eine winterliche, deftige Suppe, im Friaul aber auch im Sommer hochgeschätzt: cremig-dick, aus passierten und gewürfelten Gemüsen, in jedem Fall mit reichlich Graupen und Wachtelbohnen. Man rührt beim Essen etwas frisches Olivenöl hinein – nicht nur als willkommenes Gewürz, sondern weil das obendrein die Bekömmlichkeit fördert.

4

MELANZANE GRATINATE

ÜBERBACKENE AUBERGINEN

Ein »Klassiker«, für den man immer wieder ins Restaurant *Boschetti* kommt: Dünne, gebratene Auberginenscheiben werden mit Schinken, einem Stück jungem Montasiokäse und Basilikum belegt, aufgerollt, zusammen mit frischen Tomatenwürfeln im Ofen überbacken. Herrlich als Vorspeise wie als ganze Mahlzeit!

5

CAPESANTE AI FUNGHI PORCINI

JAKOBSMUSCHELN AUF STEINPILZEN

Über Sauvignondampf gegarte Jakobsmuscheln sind auf Steinpilzen angerichtet, die ganz einfach in Scheiben geschnitten, zusammen mit gehackter Zwiebel, Knoblauch und Petersilie in Butter gedünstet wurden. Darüber eine duftende, helle Sauce, die mit Weißwein (Sauvignon) angesetzt ist.

6

7

8

9

10

6

SCAMPI AL POMODORO FRESCO

SCAMPI MIT FRISCHEN TOMATEN

Tomaten werden mit feingehacktem Knoblauch in Olivenöl gedünstet, bis sie schmelzen, aber nicht zerkochen. Man würzt schließlich großzügig mit Basilikum und einer Spur Chilischärfe, bevor die ausgebrochenen Scampi in dieser Sauce gar ziehen dürfen.

7

CARPACCIO DI MANZO ALLA GRIGLIA

RINDER-CARPACCIO VOM GRILL

Fleisch von Rindern, die in den Karnischen Alpen auf natürliche Weise aufgezogen wurden und daher unvergleichliche Qualität liefern, hauchdünn geschnitten und sekundenlang auf einem glutheißen Stein gebraten. Nur mit Salz und Olivenöl gewürzt; dazu gegrillte Zucchinischeiben.

8

OLIVETTE DI VITELLO CON FRICO DI PATATE

KALBSRAGOUT MIT FRICO

Kalbfleisch, mit jungen Gemüsen sanft geschmort und auf einem sogenannten Kartoffel*frico* angerichtet, einer Spezialität aus den Karnischen Alpen: Kartoffelscheiben, die gebraten und mit Bergkäse, der fünf bis sechs Monate alt sein muß, gebacken werden. (Siehe auch das Rezept Seite 113.)

9

BAVARESE DI LAMPONI

HIMBEER-BAVAROISE

Die Creme aus pürierten Himbeeren und Sahne wird mit Gelatine gefestigt. Man läßt sie in einer Tortenform erstarren und überzieht sie schließlich mit einer dünnen Schicht aus Himbeergelee. Zum Servieren schneidet man die Creme in Tortenstücke und richtet sie auf einem Spiegel von Himbeersauce an, die mit Vanillesauce dekorativ verziert ist.

10

MERINGA AL CIOCCOLATO AMARO

SCHOKOLADEN-BAISER

Unter eine Creme aus heißgeschlagenen Eigelb und Bitterschokolade rührt man, sozusagen statt Eischnee, zerkrümelte Baisers. Auch diese Masse läßt man in einer Springform erkalten und schneidet sie zum Servieren in Tortenstücke. Angerichtet wird mit Vanille- und Schokoladensauce.

Karnien: Von schöner Armut zu schnödem Tourismus

Carnia, der Norden Friauls, gehört zu den eigenwilligsten, abwechslungsreichsten Landschaften der Alpen. In breite, durch immer neue Böden gegliederte Täler öffnen sich enge Schluchten, sanfte Hänge wechseln mit schroffen Bergspitzen, karge Geröllhalden schieben sich in fruchtbare Auen, bunt blühende Bergwiesen grenzen an blaugrüne Wälder. Kleine Städte und Dörfer mit mächtigen Kirchen, Bauernhöfen und Häusern im karnischen Stil, der Stein und Holz zu schlichter, einfühlsamer Harmonie vereint: von hölzernen Heustadeln in den Wiesen über die verschiedensten Typen von Wirtschaftsgebäuden bis zu mächtigen Wohnhäusern, Würfeln aus Stein, oft vier Stockwerke hoch, überhöht von einem steilen, abgewalmten Dach. Diese in ihren Regeln kreative Architektur, entstanden aus einem sicheren Gefühl für Proportion, Materialien und Nutzen, ist freilich gefährdet: Erweiterte Fenster, leblose, ortsfremde Materialien und genormte Neubauten zerstören den vom 16. bis in die Mitte unseres Jahrhunderts gewachsenen Charakter.

Bis dahin nämlich konnte sich Karnien den Charme einer intakten bäuerlichen Landschaft bewahren. Die Menschen mußten zwar hart arbeiten, lebten nicht üppig, hatten aber ein Auskommen. Doch Maschineneinsatz, um heute konkurrieren zu können, ist hier kaum möglich: Die jungen Leute wandern ab – nur die Alten, die ihr Leben nicht ändern wollen, unterhalten noch die in Generationen gebändigte Natur. Zusätzlich brachen mit dem Fernsehen und vor allem dem Tourismus die alten Wertvorstellungen zusammen. Gelassene Bescheidenheit wich hektischem Geschäftsgebaren: Die Lebensweise der Städter, die Forderungen und Bedürfnisse der Touristen und Wochenendhäusler haben in der Bergwelt Einzug gehalten.

Sauris: See, Wald und Wiesen – Schinken, Speck und köstlicher Käse

In Ampezzo am Oberlauf des Tagliamento tritt der einst wilde, heute für die Stromerzeugung aufgestaute Fluß *Luminei* aus seiner tiefen Schlucht. Eine schmale Straße führt an steilen Abgründen entlang und durch enge, unbeleuchtete Tunnel hinauf zu einem Stausee. Bevor dieser gebaut wurde, gab es nur einen Saumpfad – und so erklärt sich, daß ganz oben und weit hinten im Tal, in *Sauris di Sotto* und *Sauris di Sopra*, dem unteren und oberen Sauris, mitten im friulanischen, also rätoromanischen Sprachgebiet eine deutsche Enklave ihre Sprache bewahren konnte. Aber was für ein Deutsch wird hier gesprochen! Holprig und archaisch klingt es, ein kaum verständliches Althochdeutsch: Tiroler und Kärntner waren im Mittelalter hierher gezogen. Sie hatten auch die Kunst des Speckräucherns mitgebracht – ihre Nachfahren, die sich eindeutig als Italiener fühlen, üben sie weiterhin aus: *Spek* von Sauris wird in ganz Friaul geschätzt. Aber was einst handwerkliche Kunst war, ist inzwischen auch Industrie geworden, und so verschandeln moderne Fabrikgebäude die Landschaft um *Sauris di Sotto*. Nicht nur sie allein – Wochenendhäuser für Sommerfrischler gesellen sich häßlich dazu.
Durch strotzende Bergwiesen windet sich die Straße hinauf nach *Sauris di Sopra*. Arnika strahlen sonnengelb, karminrote Bartnelken leuchten aus üppigen Gräsern. Das obere Sauris ist weitgehend unberührt, die Häuser aus

groben Steinen und wettergebleichtem Fichtenholz stehen hier in lockeren Gruppen, verschachteln sich dort. Etwas abseits, 1325 Meter über dem Meer, die höchste Kirche Friauls, mit ihrem charakteristischen *Campanile*. Überall altes Holzgerät, Böcke zum Heutrocknen, stilsicher und solide gearbeitete Holztreppen und Geländer. Scheunen voll duftendem Heu, ein paar Hühner, Ziegen, ein spärliches Gärtchen. Fast nur alte, von lebenslanger Fron gebeugte Leute.

In einem der maßvoll modernisierten Häuser, bei *Petris & C*, kann man die Spezialitäten von Sauris und Karnien kaufen: *formaggio salato*, den *Fioravante Petris* stolz präsentiert, *pancetta*, Bauchspeck (auf dem Stuhl hinten), *spek* und die kleinen *guanci*, Schweinebacken (auf dem Speck liegend). *Fioravante*: Welch Name! »Blume voraus!« heißt das – kommunistisches Pathos. Das »C« steht nicht für Companie, sondern für seine Frau *Iolanda*, geborene *Colentarutti* und seinen Sohn *Claudio*.

Seit 20 Jahren stellt er diese Produkte her – früher war er »unten« Maurer, fühlte sich dann aber müde und kehrte in seine Heimat zurück. »Am Anfang war es schwierig«, erzählt er. »Ich mußte in ganz Friaul von Markt zu Markt fahren, um meine Sachen zu verkaufen. Aber heute kommen die Leute zu mir – die suchen eben die natürlichen, handwerklich hergestellten Produkte.« Er macht eine Pause, lächelt verschmitzt, schaut ins diesige Tal hinunter und sagt in einer Mischung aus Stolz und Staunen: »Und sie fahren weit dafür, bis hier herauf.«

PROSCIUTTIFICIO
ARTIGIANALE
DI PETRIS & C
SPECIALITÀ AFFUMICATI
PANCETTE SALAMI
PROSCIUTTI SPEK
SAURIS DI SOPRA

In seinem »Laboratorium für Schweinefleisch«, einer »handwerklichen Schinkenmacherei«, erzeugt Fioravante Petris eine Menge köstlicher Dinge, vor allem den berühmten spek *von Sauris. Es handelt sich dabei um die entbeinte Außenhälfte des Schinkens, also Ober- und Unterschale. Nach dem Einsalzen und einwöchigem Durchziehen werden die Speckseiten ebenso wie ganze Schinken 24 Stunden im Wacholderrauch kalt geräuchert, dann muß der Speck zehn (ganze Schinken sogar 18) Monate in der klaren, trockenen Bergluft reifen. Der Bauchspeck dagegen,* pancetta, *räuchert nur zwölf Stunden und reift sieben Monate. Die Fleischabschnitte und der fette Rückenspeck werden zu kernigen Würsten verarbeitet, die Knochen der für den Speck entbeinten Schinken kommen ebenfalls in den Rauch – sie werden als Basis für herzhafte Suppen verkauft!*
Besonderen Wert legt Fioravante Petris auf die Qualität des Fleisches: Er bezieht es aus ganz Friaul – doch wird, damit die Tiere sich nicht aufregen und das Fleisch beste Qualität behält – am Aufzuchtsort geschlachtet. Die Schweine werden ausschließlich mit Roggen, Äpfeln, Mais und Molke gemästet.
Die Molke kommt aus den Käsereien in den Tälern Karniens. Von dort holt Sohn Claudio die frischen, nur drei Tage alten Käselaiber herauf, die hier auf besondere Art gereift werden: Drei Monate liegen sie in einer Lake aus Milch, Wasser, Sahne und Salz. Täglich werden sie gewendet, außer an den Tagen des Viertel-, des Halb- und des Vollmondes: so verlangt es die jahrhundertealte Tradition! Dieser auch im Alter hell bleibende formaggio salato *oder* formaggio salamoio, *der nur in Karnien bekannt ist und auch in* Enemonzo *im Tagliamento-Tal hergestellt wird, ist etwas Besonderes, ein Käse der Kontraste: Er schmeckt mild und rassig zugleich, sanft und salzig, cremig und doch fast sandig – man muß ihn mögen! Gewöhnungsbedürftig auch ein weiteres Spezialprodukt, die* ricotta affumicata *– aus erhitzter Molke gewonnener Käse, der über Wacholder geräuchert wird und sehr eigenwillig-aromatisch schmeckt. Es gibt ihn frisch und weich, als viermonatigen und als gereiften Käse oder ein volles Jahr gelagert zum Reiben.*
*Die Petris sind stolz darauf, daß sie nur nach alter Tradition und ohne Konservierungsstoffe hergestellte Produkte anbieten – auch der Almhonig aus tausenderlei Blumen (*millefiori*) stammt von eigenen Bienen. Was diesem Streben nach Naturbelassenheit widerspricht, ist die Vorliebe für Vakuumverpackung – für den Verkauf ist das natürlich praktisch, weil alles vorbereitet werden kann. Doch stellt Fioravante Petris fest, daß immer mehr Kunden den Käse wie den Schinken einfach frisch in Papier eingeschlagen haben wollen – wer hier heraufFindet, will eben Natur pur!*

Carnia bittet im »Roma« zu Tisch

Tolmezzo, die natürliche Hauptstadt Karniens: In einem weiten Talkessel liegt sie, von einiger Industrie umgeben, zwischen dem Fluß *But* und dem *Tagliamento*. Ungeheure Geröllhalden umgeben die Stadt. Im Sommer sikkern nur Rinnsale in den gewaltigen, schuttgefüllten Bachbetten, in denen nach Unwettern und zur Zeit der Schneeschmelze enorme Wassermassen zu Tale tosen. Von hier aus erschließt sich Karnien nach Norden und Nordwesten. Im Sommer ist es heiß, doch kann es im Winter empfindlich kalt werden – die massiven

Ein Wagen mit den besten Produkten Karniens lockt allsonntäglich Passanten ins »Albergo Roma« von Gianni Cosetti

Bauten tragen dem Rechnung, und die hübschen Laubengänge entlang Tolmezzos ganz italienisch anmutenden Straßen bieten gegen die brennende Sonne wie die häufigen Gewitter gleichermaßen angenehmen Schutz.

In den Tälern rund um Tolmezzo gedeiht auf den Feldern das grundlegende Nahrungsmittel Karniens, der Mais für die Polenta. Von den Almen kommt die Milch für Sahne, Butter und Käse, die weiten Wälder liefern Beeren, Wild und vor allem Pilze.

Die besten dieser köstlichen karnischen Produkte bekommt man, vorzüglich und mit Liebe gekocht, im »Albergo Roma«, mitten in Tolmezzo. Gianni Cosetti, Besitzer und Küchenchef, ist ein »Verrückter« auf der Suche nach absoluter Qualität und einer gleichzeitig modernen und wahren karnischen Küche. Denn er weiß natürlich, daß man heute nicht mehr so

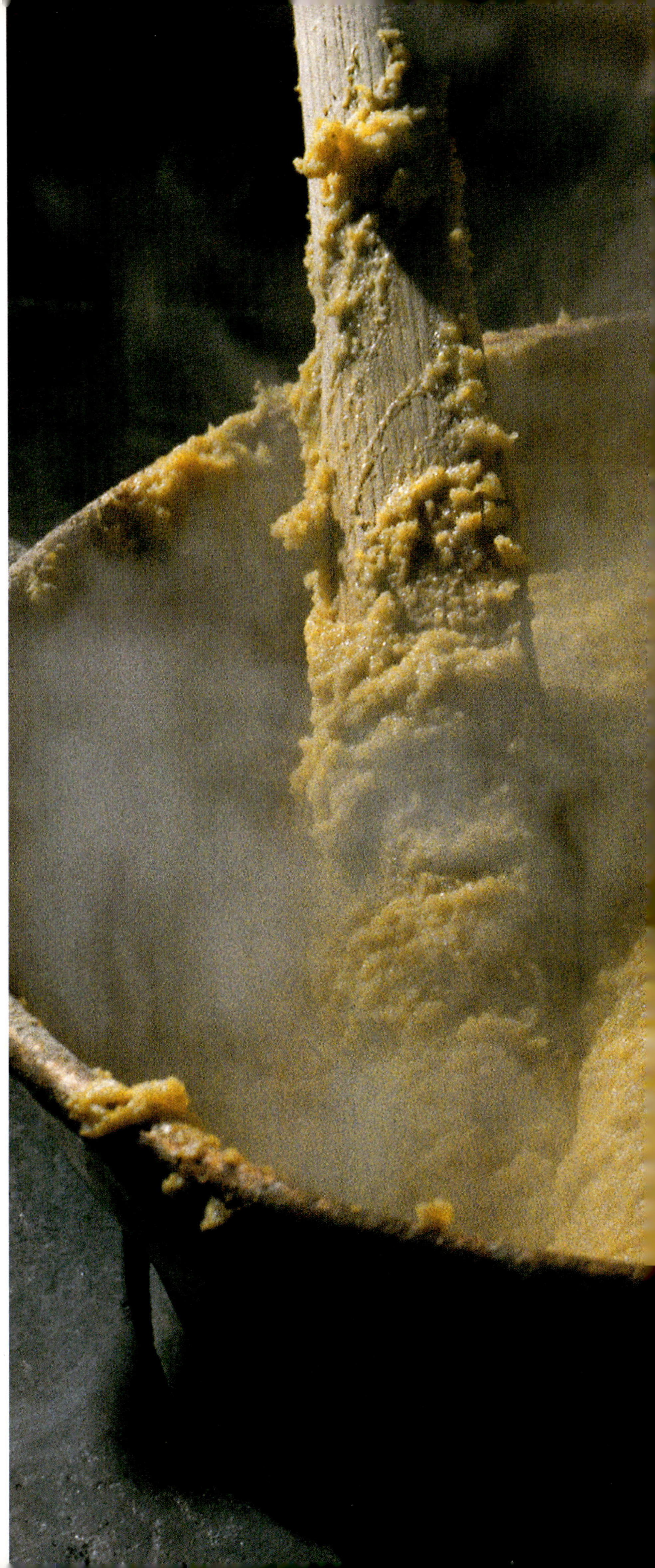

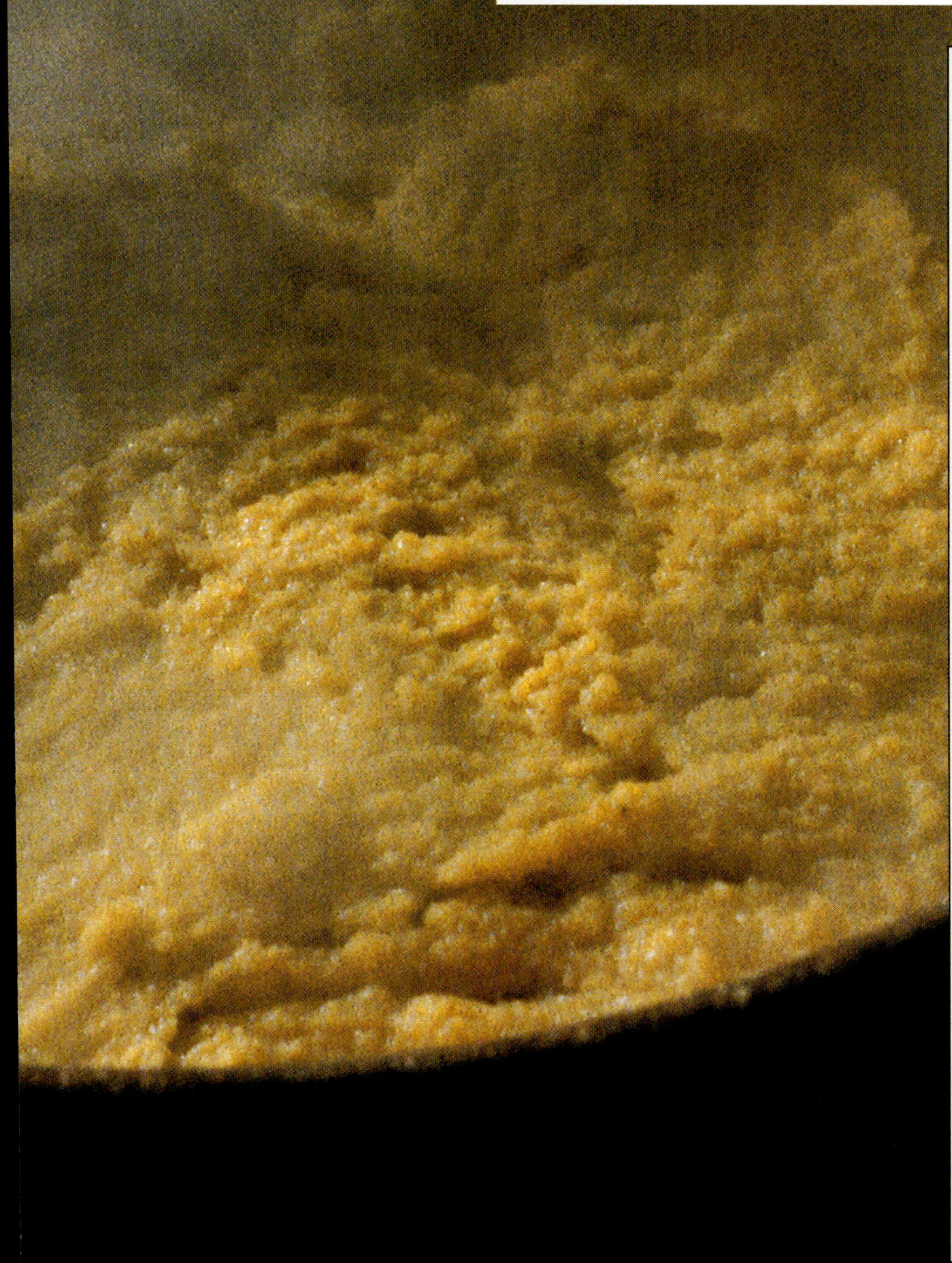

1

FRICO CON POLENTA

FRICO MIT POLENTA

Frico ist ein wesentlicher Bestandteil der karnischen Küche, der immer wieder in anderer Form aufgetischt wird. Praktische Resteverwertung: Auf diese Weise gibt altgewordener Käse immer noch ein köstliches Essen ab.

Pro Person:
100 g geriebener Käse, 1 TL Olivenöl,
1 Scheibe Polenta vom Vortag

Den Käse in einer beschichteten, mit Öl ausgepinselten Pfanne, deren Durchmesser 18 cm nicht übersteigen sollte, schmelzen. Etwa 15 Minuten auf mildem Feuer köcheln, dabei ständig mit dem Kochlöffel in Form einer Acht rühren; so ist gewährleistet, daß der Käse nirgendwo ansetzt und bitter wird. Dabei wird zunächst das Fett ausgelöst, nach einiger Zeit geduldigen Rührens auf mittlerem Feuer verbindet es sich jedoch wieder mit der Käsemasse. Sobald dies geschehen ist, den Frico in eine Schüssel füllen, sie drehen, damit der Käse die Seitenwände überzieht. Nach dem Abkühlen behält er diese Form, man serviert den knusprig-harten Käse mit einer Scheibe gebratener Polenta.

Großes Bild: Im riesigen Kupferkessel, der direkt über dem Feuer des großen Küchenherds sitzt, wird jeden Morgen Polenta *gekocht. Aus 1 kg nicht zu feinem Maisgrieß, 3 Litern Wasser und etwas Salz. Wichtig: Eine Stunde lang rühren!*

essen kann und will wie früher: Die Bergbauern hatten einen anderen Kalorienbedarf als wir, die wir im Auto unterwegs sind und sitzend arbeiten, entwickelten natürlich eine derbe Küche. »Außerdem«, fragt Gianni Cosetti rhetorisch, dabei unter seiner hoch über die Stirn geschobenen Brille verschmitzt lächelnd, »was soll es für einen Sinn haben, den Mangel früherer Zeiten und die Einseitigkeit damaliger Ernährung auf den Tisch zu bringen? Polenta – ein Gedicht! Aber doch nur, wenn sie garniert wird mit köstlichen Dingen: herrlichen Saucen, duftenden Kräutern, leckeren Kleinigkeiten! Wenn man jedoch nichts als sie zum Sattwerden hat, allenfalls noch etwas Speck, Wurst und Käse dazu – und das jahrein, jahraus...« Er zuckt mit den Schultern und lächelt dabei sanft, voller Mitleid mit den armen Menschen früherer Zeiten.

Im »Albergo Roma« wird man nicht hungrig aufstehen, kann man nicht über Langeweile klagen. Das alte, stattliche Haus, das die Cosettis 1970 übernommen haben, besteht seit 1870: Mit Frau, Vater und Mutter, Schwe-

Aus dem alten Bergkäse wird der frico *gemacht, die geschmacksintensive* ricotta affumicata *dient gerieben als Würze*

ster und Onkel, der gesamten Familie ist Gianni hier eingestiegen. Erst betrieben sie es als ein ganz normales, solides Albergo italienischer Art – im Festsaal wurden Hochzeiten gefeiert, an der Bar tranken und schwatzten die Einheimischen, und im Restaurant speisten Bürger und Geschäftsleute. 1975 hat Gianni dann begonnen, die alten lokalen Rezepte aufzuspüren, zu erneuern, abzuspecken, zu verfeinern. »Ich hab sie mit neuen Ideen zu meinen eigenen gemacht.« Bestärkt hat ihn dabei der Weinjournalist Luigi Veronelli, der zusammen mit den Noninos, den Brennern aus Percoto, oft hierherkam (und noch kommt). Heute führt er unumstritten die Brigade der karnischen Köche an und ist Vertreter

1

TOÇ IN BRAIDE

POLENTA MIT KÄSE UND GÄNSESTOPFLEBER

Cremigweiche Polenta mit geschmolzenem Bergkäse. Früher ein Gericht, das die Frauen mit aufs Feld nahmen. Heute mit *foie gras* geadelt.

Für vier Personen:
Weiche Polenta:
200 g Wasser, 100 g Milch, Salz, 75 g Maisgrieß
Außerdem:
4 Scheiben mittelalter Bergkäse, 6–8 EL »gekochtes Mehl« (siehe unten), 4 schöne, dünne Scheiben Gänsestopfleber

Das Wasser mit dem Salz aufkochen, den Maisgrieß einrühren und auf mildem Feuer leise etwa 40 Minuten köcheln, dabei immer wieder rühren, damit keine Klümpchen entstehen.

Schließlich die heiße Polenta als Klecks auf vier Teller verteilen. Jeweils eine Scheibe Käse darauf breiten, die sofort schmelzen sollte.

Mit dem heißen *gekochten Mehl* übergießen. Die rohe Gänseleberscheibe darauf setzen, sofort servieren.

Gekochtes Mehl: Die Butter zu klären war früher die einzige Möglichkeit, sie für den Winter zu konservieren, wenn die Kühe kaum mehr genügend fettreiche Milch lieferten. Um erkennen zu können, wann die Butter ausreichend geklärt ist, ließ man stets einen Teil Maisgrieß mitkochen. Sobald dieser die Farbe von altem Gold angenommen hatte, war der richtige Punkt erreicht. Heute bereitet man *farina cotta* für bestimmte Gerichte eigens zu, weil sie für den typischen buttrigen Röstgeschmack sorgt.

1

2

FRICO DI PATATE

FRICO MIT KARTOFFELN

Eine Variation zum Thema Frico (siehe vorherige Seite), nach deren Vorbild sich dann experimentieren läßt, indem man beispielsweise die Kartoffeln durch andere Gemüse, von Auberginen bis Zucchini, ersetzt.

Für zwei Personen:
1 Zwiebel, 2 große Kartoffeln,
50 g durchwachsener Speck, 1 EL Öl,
Salz, Pfeffer, 200 g gelagerter Käse

Zwiebel in Ringe, Kartoffeln in Scheiben hobeln. Mit feingewürfeltem Speck im heißen Öl in einer beschichteten Pfanne (Durchmesser 20 cm) auf mildem Feuer ohne Zugabe von Flüssigkeit so lange dünsten, daß beides weich wird, jedoch kaum Farbe nimmt. Schließlich den Käse hinzureiben, unter Rühren schmelzen. Zu einem flachen Kuchen, etwa wie Rösti, zusammenschieben und auf beiden Seiten goldbraun braten. Mit Lorbeerblättern garniert sofort servieren.
Anmerkung: Aus Amerika kamen zwei Pflanzen nach Europa, die das althergebrachte, aber knappe Getreide ersetzen konnten – der Mais, in Italien *Granturco*, »Türkisches Korn« genannt, und die Kartoffel. Merkwürdigerweise wurden aber in Karnien, wie überall in den südlichen Alpen, die Kartoffeln nur als Gemüse, nicht als Grundnahrungsmittel akzeptiert. Vielmehr nahm man anstelle des üblichen Buchweizens für die Polenta (von lat. *pulmentum*, Getreidebrei) nun einfach Mais. Dessen Gehalt an Vitaminen und Mineralien ist aber geringer – die Bevölkerung war mangelernährt, was schon Goethe auffiel.

der *linea Italia in Cucina*, die eine im guten Sinn traditionelle, regionale, typisch italienische Küche ohne Firlefanz propagiert.
Vor einigen Jahren wurde der Speiseraum zu einem eleganten Restaurant umgestaltet – nur 30 Plätze stehen zur Verfügung, man muß also unbedingt reservieren. Die Tische sind mit feiner Wäsche, schönem Geschirr und

Gianni Cosetti, der stets gut gelaunte, im Rahmen der lokalen Traditionen kreative Koch: Nimmermüde strebt er nach optimaler Qualität, in die Produkte Carnias ist er geradezu vernarrt, den guten Wein liebt und fördert er. Die hoch in die schütteren Haare geschobene Brille ist sein »Markenzeichen«

edlen Gläsern gedeckt, Giannis Schwester Liliana und seine Tochter Gabriella leiten den Service. Ehefrau Franca kümmert sich um das schlicht gebliebene Hotel.
Am Sonntagvormittag um 11 Uhr kann man vielleicht am besten erleben, wie das »Roma« funktioniert: In der Vinothek und an der Bar drängen sich die Leute, überall stehen große Bassins mit Eis, darin stecken Weinflaschen. Der grüne Fliesenboden ist vor der Bar schon abgewetzt, die weiße Grundierung schimmert durch, an manchen Stellen sogar der *Cotto*-Ton. In der Vinothek herrscht konzentrierte Probierstille, die Herrschaften werden nachher hier speisen. An der Bar dagegen schwatzen ständig 20 Leute gleichzeitig, der Rest redet nur nicht, weil er gerade trinkt; Einheimische, die sich jeden Sonntag hier treffen, wie eh und je, und später zu Hause essen werden.
In der Küche Hochbetrieb: Die Steinpilze müssen geputzt werden – gerade eben erst wurden sie gebracht, von Männern, die sie in aller Frühe in den Bergwäldern gesucht haben. Ein Stift rührt die dampfende Polenta – nach einer Stunde tut ihm der Arm weh. »Das macht nichts«, lacht der eher zart gebaute Gianni, der eine Suppe aus Schnecken abschmeckt, die Kinder gestern abend gesammelt und gebracht haben, »*forza! forza!* Gute Küche braucht starke Männer!«

1

ZUPPA DI LUMACHE E FUNGHI

SCHNECKENSUPPE MIT PILZEN

Für vier Personen:
1 Zwiebel, 2 Knoblauchzehen,
2 EL Butter, 250 g frische Pilze,
50 g feine Graupen,
200 g ausgelöste Schnecken,
je 1 TL Weißmehl und Maismehl,
1 Bund Petersilie, 1 Rosmarinzweig,
ca. 1 l Brühe, Salz, Pfeffer

Feingehackte Zwiebel und Knoblauch in der Brühe andünsten. Die in Scheiben geschnittenen, geputzten Pilze zufügen und mitdünsten. Graupen und Schnecken sowie die feingehackte Petersilie und den Rosmarinzweig zufügen. Mit den beiden Mehlsorten bestäuben, gründlich durchschwitzen lassen. Brühe angießen. Alles etwa zwanzig Minuten leise köcheln, bis die Graupen weich sind. Noch einmal abschmecken und servieren.

1

2

STINCO DI VITELLO STUFATO

GESCHMORTE KALBSHAXE

Für vier Personen:
1 schöne, fleischige Kalbshaxe, 1 Zwiebel, 2–4 Knoblauchzehen, 1 Möhre, 1 Lauchstange, 1 Stück Sellerie, 2 EL Öl, 75 g Butter, Salz, Pfeffer, 1 Rosmarinzweig, 1 Flasche Weißwein

Die Kalbshaxe in einen Bräter legen, die geputzten und gewürfelten Gemüse darum herumstreuen. Mit Öl beträufeln, einige Butterflöckchen dazwischen setzen. Salzen, pfeffern, den Rosmarinzweig dazulegen. Den Bräter unverschlossen in den 250 Grad heißen Ofen schieben. Nach etwa 20 Minuten, sobald alles brutzelt, mit Wein auffüllen. Die Hitze auf 175 Grad herunterschalten. Nunmehr eineinhalb bis zwei Stunden sanft schmoren, bis das Fleisch butterzart ist. Vom Knochen lösen. Die Gemüse mitsamt einem Teil des Schmorsuds im Mixer pürieren. Durch ein feines Sieb passieren und mit der restlichen Schmorflüssigkeit in einem Topf aufkochen. Zum Schluß mit dem Pürierstab die restliche Butter unterschlagen. Die Sauce mit Salz und Pfeffer abschmekken. Das ausgelöste Fleisch darin erwärmen. Zusammen mit Polenta und gedünsteten Pilzen servieren.

3

PITE

APFELKUCHEN MIT BASILIKUMSAUCE

Teig:
500 g Mehl, 2 EL Zucker, 250 g Butter, Zitronenschale, ca. 4 EL heißes Wasser
Belag:
75 g Rosinen, 2–3 EL Grappa, 1,2 kg Äpfel, Zitronensaft, 50 g Walnußkerne, 50 g Pinienkerne, 100 g Zucker, 50 g Butter, ca. 6 EL Sahne, Puderzucker
Basilikumsauce:
500 g grüne Äpfel, 2–3 EL Zitronensaft, 2–3 EL Zucker, einige Basilikumblätter

Mehl, Zucker, Butter, Zitronenschale zu einem festen Teig verarbeiten, dabei soviel Wasser zufügen, wie nötig. Eine halbe Stunde kalt stellen, bevor der Teig zu zwei (5 mm) dünnen Platten ausgerollt wird. Eine davon auf ein mit Backpapier belegtes Blech (ca. 32 × 37 cm) breiten.
Für den Belag die Rosinen in Grappa einweichen. Die Äpfel schälen, vierteln, vom Kerngehäuse säubern und in Scheiben schneiden. In einer Schüssel mit Zitronensaft mischen, grobgehackte Nüsse, Zucker und Rosinen zufügen. Diesen Belag auf dem vorbereiteten Blech verteilen. Mit Butterflöckchen belegen. Die zweite Teigplatte darüberbreiten, rundum mit der unteren Teigplatte zusammendrücken. Die Oberfläche mit Sahne einpinseln.
Im 200 Grad heißen Ofen etwa 45 bis 55 Minuten hellbraun backen. Abgekühlt mit Puderzucker bestäuben.
Für die Sauce die entkernten, ungeschälten Äpfel mit Zitrone, Zucker und Basilikum im Mixer pürieren.

2

3

Der Spumante mit dem besonderen Charme: Prosecco

Eigentlich heißt das Getränk etwas umständlich *Prosecco di Conegliano-Valdobbiadene Spumante*, aber Prosecco genügt – nach der Rebsorte, die in einer traumhaften Landschaft nördlich von Treviso an weit auseinanderstehenden Zeilen gedeiht. Der Prosecco war einst nichts als ein ländlicher, aber delikater, erfrischender Wein, der an Ort und Stelle getrunken wurde, höchstens bis Venedig reiste. Erst in den letzten Jahren produziert man ihn in Genossenschaften und Kellereien nach modernen Methoden als *spumante*, als Sekt also. Dabei macht man mit Technik im Großen, was im Kleinen früher von selbst geschah: Weil die Prosecco-Trauben spät reifen, ist es bei der Lese schon empfindlich kühl. Durch eine daraus resultierende langsame Gärung blieben die feinen, fruchtigen und blütenduftigen Bukett-

stoffe erhalten. Außerdem vermochten die natürlichen Hefen von früher den kalten Most nicht auf einmal durchzugären. Wenn dann im Winter die Gärung stockte, klärte sich der Wein, man zog ihn auf Flaschen. Im Frühjahr erwärmte er sich wieder, machte eine zweite Gärung durch: Dabei wandelte sich der verbliebene Zucker in Alkohol um und entwickelte Kohlensäure, die nicht mehr entweichen konnte und den Wein zum Schäumen brachte – er wurde zum hefetrüben *frizzante*. Heute passiert die zweite Gärung im Tank, und vor dem Abfüllen auf Flaschen wird der Spumante gefiltert – er muß also nicht mehr, wie früher, in einen Krug umgegossen werden, um klar zu sein. Auch der *Prosecco Spumante* weist, wenn er gut ist, den zarten Hefeton und ausgeprägten Blütenduft auf.

Die Bilder unten, von links: Gregorio und Neva Bortolin von Ca' Salina, *einem der wenigen Familienbetriebe, die Schaumweine herstellen, machen wundervolle Spumante, vor allem auch einen nicht von der Hefe getrennten Prosecco, der unglaublich fein nach Akazien und Glyzinien duftet; leider reist er nicht gut. Der steinerne Herr ist Antonio Carpenè: Er hat den Prosecco Spumante vor hundert Jahren sozusagen erfunden. Daneben Antonio Tommasi, der sein ganzes Leben so leidenschaftlich dem Prosecco-Consorzio gewidmet hat, daß man ihn liebevoll* »Signore Prosecco« *nennt. Rechts zeigt Enrico Barzan von einer der führenden Kellereien,* Canevel, *wie fein und anhaltend ein tankfrischer, noch nicht auf Flaschen gefüllter, hefetrüber Prosecco schäumen muß – und wie duftig er schmeckt!*

Die Region des Prosecco zeigt beispielhaft, wie viele schöne und wertvolle Baudenkmäler in Venetien allenthalben zu finden sind, auch wenn sie nicht in den großen Führern stehen: Das große Bild zeigt den Kreuzgang von Follina, *die kleinen Bilder oben die frühromanische Kirche von* Pieve di San Pietro Feletto, *in der Mitte eines ihrer Fresken und unten eine Ansicht von* Conegliano

Hier ist Fröhlichkeit zu Hause

Es ist eines der Lokale, in denen man sich auf Anhieb wohl fühlt: Die Gasträume des Restaurants *Da Gigetto* in Miane, einem kleinen Ort nordöstlich von Valdobbiadene, sind einfach urgemütlich. Jeder ist anders eingerichtet: Der Eingangsraum wird beherrscht von einem riesigen, alten Schankbuffet und prächtigen Blumenarrangements. Den Speisesaal rechts davon schmückt eine stattliche Sammlung alter Musikinstrumente; im früheren Hauptraum, wo sich die Tische rund um einen Kamin gruppieren, hängt der Himmel voller Kupferkessel. Keine Kochtöpfe übrigens, sondern zum Umfüllen von Wein gedacht, deshalb glänzen sie blitzblank und geben dem Raum ein warmes Licht.
Elda und Gigetto Bartolini sind Wirtsleute von ganzem Herzen. Vor 25 Jahren haben sie hier begonnen, mit einem kleinen Dorfgasthaus, an dessen Bar die Einheimischen ihren Kaffee nahmen. Seither gab es keinen Stillstand: Es wurde wurde angebaut, umgebaut, erweitert; ständig sind die beiden auf der Suche nach neuen Ideen, alten Rezepten, interessanten Produkten. Längst gehört *Gigetto* in die kleine, feine Riege der wichtigsten Restaurants Venetiens, berühmt für eine phantasievolle Küche, die auf den einheimischen Produkten fußt. Und das schönste daran: Elda und Gigetto sind immer noch dieselben fröhlichen Gastgeber, bei denen die Leute aus dem Dorf gern ihren Kaffee trinken.

Die Wirtsleute Elda und Gigetto Bartolini, immer von herzerfrischender Fröhlichkeit – womöglich das Geheimnis für ihren Erfolg

1

RAVIOLI DI MAGRO IN CREMA DI PATATE

QUARKRAVIOLI IN KARTOFFELSAUCE

Für vier Personen:
500 g Spinat, Salz, 1 Zwiebel, 2 Knoblauchzehen, 2 EL Butter, Pfeffer, 250 g Magerquark, 2 Eigelb, 100 g Walnußkerne, 1 Portion Nudelteig (siehe Seite 132)
Kartoffelsauce:
200 g Kartoffeln, 6 EL Olivenöl, Salz, Pfeffer, ca. ¼ l Wasser

Für die Füllung den geputzten, entstielten Spinat in reichlich Salzwasser zusammenfallen lassen, eiskalt abschrecken, damit er seine Farbe behält. Zwiebel und Knoblauch fein hakken und in der heißen Butter andünsten, den gehackten Spinat zufügen und mitdünsten, salzen und pfeffern. Ausgekühlt mit Quark, Eigelb und gehackten Nüssen vermischen.
Den Teig durchscheinend dünn ausrollen. Jeweils einen Teelöffel Füllung in regelmäßigen Abständen darauf setzen. Rundherum jeweils mit Eiweiß einpinseln. Eine zweite, ebenso dünne Teigplatte darüberbreiten, rund um die Füllung gut festdrücken. Mit einem Teigrädchen Ravioli ausschneiden. In reichlich Salzwasser kochen, gut abgetropft auf der Kartoffelsauce anrichten: Dafür die gewürfelten Kartoffeln in zwei Löffeln Olivenöl andünsten, salzen, pfeffern und mit Wasser bedecken. Sobald sie weich sind, im Mixer pürieren und mit Raviolikochwasser auf die gewünschte Konsistenz verdünnen. Statt geriebenem Parmesan streut man hier grob geraspelten, geräucherten Ricottakäse über die Portion.

2

CISAME DI FARAONA

MARINIERTES PERLHUHN

Für vier Personen:
1 ganzes Perlhuhn, 1 Zwiebel, Möhre, 2–3 Selleriestangen, 1 Lorbeerblatt, Salz
Marinade:
3–4 Stengel Bleichsellerie, 1 Möhre, 1 Zwiebel, je 1 kleine grüne und rote Paprikaschote, 4–5 EL Olivenöl, 5–6 EL Weinessig, Salz, Pfeffer, ½ TL Zucker, Olivenöl zum Auffüllen

Das Perlhuhn mit Wasser bedeckt zum Kochen bringen. Gewürfelte Zwiebel, Möhre, Sellerie, Lorbeerblatt und Salz zufügen. Sanft etwa eine Stunde mehr ziehen als kochen lassen. Schließlich im Sud abkühlen, anschließend das Fleisch häuten und vom Knochen lösen. In mundgerechte Bissen schneiden.
Selleriestengel, Möhre, Zwiebel und Paprika akkurat würfeln, in Olivenöl weich dünsten, ohne zu bräunen. Dann erst mit Essig ablöschen, mit Salz, Pfeffer und Zucker würzen. Diese Marinade über das Fleisch gießen. Sobald es abgekühlt ist, so viel rohes Olivenöl darübergießen, daß alles knapp bedeckt ist. Mindestens einen Tag (ruhig auch zwei Tage) im Kühlschrank durchziehen lassen.

1

FARAONA ALLE MANDORLE

PERLHUHN IN MANDELSAUCE

Für vier Personen:
1 Perlhuhn, Suppengrün,
1 Lorbeerblatt, 1 EL Pfefferkörner,
¼ l Weißwein,
50 g geschälte Mandeln,
3 EL Olivenöl,
je 2 Rosmarin- und Salbeizweige,
Salz, Pfeffer

Vom Perlhuhn die Schenkel und Brüste auslösen. Die Schenkel entbeinen. Die Knochen mitsamt der Karkasse (dem Knochengerüst) in Stücke hakken und mit gewürfeltem Wurzelwerk, Lorbeer und Pfeffer mit Wein aufgießen, einkochen, schließlich mit Wasser bedecken und zu einem konzentrierten Fond auskochen. Durch ein Sieb filtern, schließlich die Mandeln darin einweichen.

Die Perlhuhnbrüste und Schenkel zunächst im heißen, mit Rosmarin und Salbei gewürzten Olivenöl rundum kräftig goldbraun anbraten, salzen, pfeffern, im 150 Grad heißen Backofen noch weitere 20 Minuten gar ziehen lassen.

Die Mandeln mitsamt der Einweichflüssigkeit im Mixer pürieren, die Sauce durch ein Sieb streichen und abschmecken.

Die Fleischstücke in Medaillons schneiden, auf der Sauce anrichten. Bei *Gigetto* gibt es dazu Gemüse der Saison, zum Beispiel grüne Böhnchen und *Peperonata*, ein Paprikagemüse.

2

FAGOTTINO DI FORMAGGI

KÄSE-BEUTELCHEN

Für vier bis sechs Personen:
Pfannkuchen:
100 g Mehl, 3 Eier, ¼ l Milch,
30 g zerlassene Butter, Salz,
Butter oder Öl zum Backen
Füllung:
Ca. 400 g gemischtes Gemüse,
z. B. Zucchini, Auberginen, Zwiebel,
Selleriestangen, Möhren etc.,
2 EL Olivenöl, 1 EL Butter,
Salz, Pfeffer,
250 g junger halbfester Schnittkäse,
Schnittlauchhalme zum Verschnüren

Aus Mehl, Eiern, Milch, Butter und Salz einen Pfannkuchenteig rühren und eine halbe Stunde quellen lassen. In Butter oder Öl zwölf möglichst dünne Pfannkuchen backen und abkühlen lassen.

Für die Füllung das Gemüse winzigklein würfeln. In einer Mischung aus Öl und Butter weich dünsten, dabei salzen und pfeffern. Zum Schluß den geriebenen Käse schmelzen und mit dem Gemüse mischen. Jeweils einen guten Eßlöffel davon in die Mitte eines Pfannkuchens setzen, ihn darüber hochschlagen und wie einen Beutel zusammenfassen. Mit einem Schnittlauchhalm zusammenbinden.

Bis dahin kann man alles im voraus zubereiten. Vor dem Servieren braucht man die Beutelchen nur noch über Dampf erwärmen, mit flüssiger Butter übergießen und mit frisch geriebenem Parmesan bestreuen.

1

2

3

DOLCE DI MELE

APFELDESSERT

Sieht umwerfend schön und viel komplizierter aus, als es in Wirklichkeit ist: Die hauchdünnen Apfelscheiben sind akkurat, wie abgezirkelt, aufeinandergestapelt und mit duftendem Karamel getränkt.

Für vier Personen:
150 g Zucker, 50 g Butter,
1 kg Äpfel, Zitronensaft,
100 g kandierte Orangenschale
(Orangeat – fertig gewürfeltes muß man von Hand selbst feiner hacken!)

50 g Zucker in der heißen Butter zu blondem Karamel kochen. Den Boden einer runden, etwa 10 cm hohen Charlottenform (Ø 12 cm) damit gleichmäßig ausgießen.
Die Äpfel schälen, ihr Kerngehäuse ausstechen, die Äpfel quer auf dem Gurkenhobel in dünne Scheiben schneiden. Sie einmal durchschneiden, damit Halbringe entstehen, dicht an dicht in die vorbereitete Form schichten, dabei zuckern und mit in hauchfeine Streifen geschnittenem (oder winzig gewürfeltem) Orangeat bestreuen. Die Schichten fest in die Form drücken, schließlich soll die Füllung den Rand der Form noch um weitere 5 cm übersteigen. Mit gebutterter Alufolie gut zudecken. Im Wasserbad im 110 Grad vorgewärmten Backofen sieben (!) Stunden garen. Abkühlen lassen. Mit einem Gewicht beschwert einige Stunden kaltstellen. Erst dann mit einem scharfen Messer in Tortenstücke schneiden. Mit Streifen von kandierter Orangenschale servieren. Nach Belieben eine Kugel Apfel- oder Vanilleeis daneben setzen.

3

Zwischen dem Tiefland und den Alpen:

Unmittelbar hinter *Valdobbiadene* steigen mit dem *Monte Cesén* die Alpen steil auf 1569 Meter hoch. Eine breite Straße führt zunächst an einer Kapelle mit hübschem Blick auf Stadt und Rebberge vorbei; dann folgen Wälder und Wiesen, Eßkastanienhaine – unten, in *Combai*, findet im Oktober das Maronifest statt: Zentnerweise werden dann die Kastanien in großen Pfannen über dem Feuer geröstet und mit jungem Wein verspeist. Schließlich erreicht man riesige Parkplätze an einer Liftstation; im Winter herrscht hier reger Skibetrieb.
Jetzt im Sommer ist es still (außer an Wochenenden): Ein schmales, sich die Bergflanke entlangziehendes Sträßchen windet sich durch blühende Wiesen – allenthalben leuchten Feuerlilien –, Lärchengruppen und riesige Waldanpflanzungen bis zu einem kleinen, zauberhaften See. Zum Gipfel muß man dann noch ein paar Schritte steigen und um Kuhfladen staksen: Spuren der Almwirtschaft! Auch wenn es sommerlich diesig ist, überblickt man die gesamte Provinz Treviso, *la marca gioiosa*, die liebreiche Mark. Dicht besiedelt das Tiefland,

Naturbetrachtung auf dem Monte Cesén

Dorf neben Stadt, alles durchsetzt von Gewerbegebieten, die größeren Straßen gesäumt von endlosen Industrieanlagen: eine gnadenlose Flächenausnutzung, ein Raubbau sondergleichen, eine ungeheure Vergewaltigung des natürlichen Lebensraumes rund um die historischen Ortskerne! Wo die Menschen es praktisch finden, stellen sie hin, was ihnen einfällt – Bebauungspläne gab es nie, von einzelnen Ausnahmen abgesehen. Erst mit den letzten Jahren zeigt sich ein Umschwung. Man beginnt sich Gedanken über die Eingrenzung des Wildwuchses zu machen, dämmt die ausufernden Industriegebiete ein, baut Kläranlagen, schützt die Landschaft.
Vom Monte Cesén aus sieht alles putzig aus, man könnte jegliche Unbill vergessen – hier oben ist es einfach schön! Denn so rücksichtslos die Italiener im Tal die Natur vernichten, so unberührt lassen sie die Höhen! Allerdings: Nach Norden blickt man weit hinein in die Alpen, in eine großartige, vermeintlich intakte Natur – indes, hier trügt der Schein: In den Dolomiten hat der Tourismus auch die Höhen verderbend erreicht . . .

Liebliches Städtchen Treviso

Hinter einem Gürtel von größtenteils intakten, immer noch wehrhaft trutzigen Mauern einer Befestigungsanlage aus dem frühen 16. Jahrhundert präsentiert sich Treviso – an einem sonnigen Samstagnachmittag zumal – als beschauliche Idylle: Die Stadt, nur über Brücken erreichbar, weil von Flußläufen und Kanälen rundum eingeschlossen, wirkt selbst bei hochsommerlicher Hitze erfrischend kühl. Das allgegenwärtige Wasser, in dem sich die verwaschenen, vom zarten Grün der Trauerweiden verschleierten Hausfassaden spiegeln, wirkt angenehm beruhigend; an den Ufern wuchern üppige, verwunschene Gärten, ziehen sich säulengestützte Laubengänge entlang, schaffen zahlreiche Brückenbögen Verbindung. Prächtige Gebäude mit bemerkenswerten Freskenmalereien zeugen von der Blütezeit der Stadt im Mittelalter. Die reichlich vorhandene Wasserkraft sorgte für erklecklichen Reichtum, der wiederum die Künstler der Zeit hierherbrachte. Damals war Treviso Handelszentrum, eine freie, selbständige Stadt mit Münzrecht.
Heute nutzt man das Wasser nicht mehr, um Mühlräder anzutreiben. Allenfalls rund um den pittoresken Fischmarkt, der mitten im *Canal Cagnan* auf einer Insel liegt, bedient man sich noch seiner – um die Fische frisch zu halten. Mittags, wenn auch die Gemüsehändler auf dem Platz davor ihre Stände zusammengepackt haben, und es Zeit wird, essen zu gehen, ist von hier aus eines der ältesten Gasthäuser der Stadt nicht weit, die *Trattoria alle Beccherie.* Sie liegt an der Rückseite der berühmten *Piazza dei Signori*, dem Mittelpunkt der Stadt mit Cafés und der anmutigen *Loggia dei Cavalieri*. *Beccherie*, venezianisch für *Metzgerei*, verrät, daß hier früher mal die Schlachthofgegend war. Das gemütliche Restaurant wird seit über 50 Jahren von der Familie Campeol bewirtschaftet, die hier ehrliche, ganz einfache Trevisaner Spezialitäten pflegt.

1

FIORI DI ZUCCA FRITTI

GEBACKENE ZUCCHINIBLÜTEN

Für vier Personen:
Teig:
2 Eigelb, 150 g Mehl,
¼ l Weißwein, Salz
Außerdem:
12 bis 16 Zucchiniblüten,
Öl zum Fritieren

Eigelb, Mehl, Wein und Salz nur kurz miteinander verquirlen. Es dürfen ruhig Mehlinseln auf der Oberfläche schwimmen, soll auf keinen Fall innig vermischt sein. Damit er duftig bleibt, den Teig nicht quellen lassen, sondern sofort weiterverarbeiten.
Die Zucchiniblüten ausschütteln, vorsichtig den wattigen Stempel in der Mitte herausbrechen, die Blüten durch den Teig ziehen, gründlich abtropfen lassen und schließlich im siedenden Fett golden ausbacken. Auf Küchenpapier gut abtropfen und als Häppchen zum Aperitif mit einer Sauce (aus rohen Tomaten, auf Mayonnaisebasis oder einer Kräutervinaigrette) als Vorspeise servieren oder mit Puderzucker bestäubt als Dessert.

1

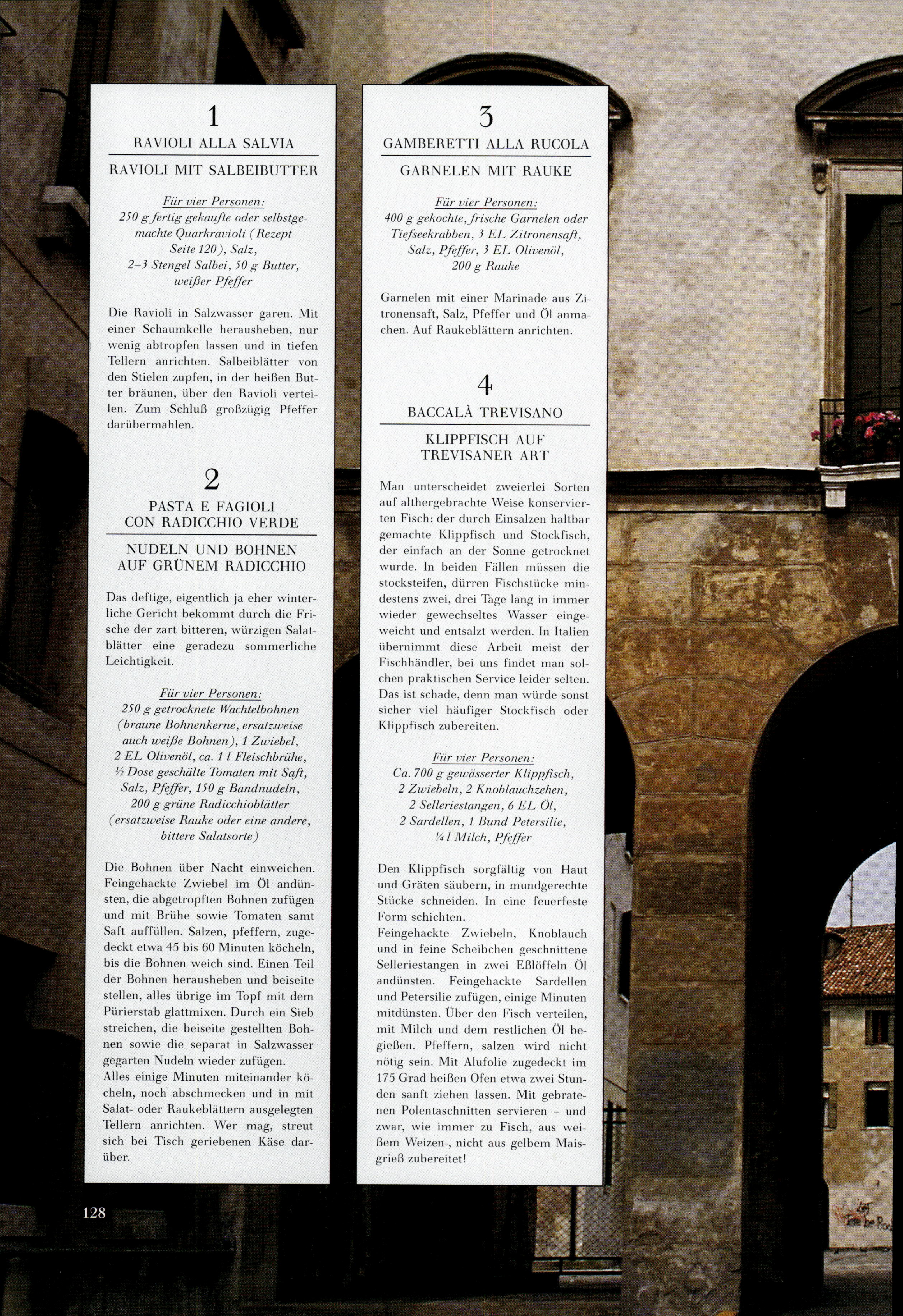

1

RAVIOLI ALLA SALVIA

RAVIOLI MIT SALBEIBUTTER

Für vier Personen:
250 g fertig gekaufte oder selbstgemachte Quarkravioli (Rezept Seite 120), Salz,
2–3 Stengel Salbei, 50 g Butter, weißer Pfeffer

Die Ravioli in Salzwasser garen. Mit einer Schaumkelle herausheben, nur wenig abtropfen lassen und in tiefen Tellern anrichten. Salbeiblätter von den Stielen zupfen, in der heißen Butter bräunen, über den Ravioli verteilen. Zum Schluß großzügig Pfeffer darübermahlen.

2

PASTA E FAGIOLI CON RADICCHIO VERDE

NUDELN UND BOHNEN AUF GRÜNEM RADICCHIO

Das deftige, eigentlich ja eher winterliche Gericht bekommt durch die Frische der zart bitteren, würzigen Salatblätter eine geradezu sommerliche Leichtigkeit.

Für vier Personen:
250 g getrocknete Wachtelbohnen (braune Bohnenkerne, ersatzweise auch weiße Bohnen), 1 Zwiebel, 2 EL Olivenöl, ca. 1 l Fleischbrühe, ½ Dose geschälte Tomaten mit Saft, Salz, Pfeffer, 150 g Bandnudeln, 200 g grüne Radicchioblätter (ersatzweise Rauke oder eine andere, bittere Salatsorte)

Die Bohnen über Nacht einweichen. Feingehackte Zwiebel im Öl andünsten, die abgetropften Bohnen zufügen und mit Brühe sowie Tomaten samt Saft auffüllen. Salzen, pfeffern, zugedeckt etwa 45 bis 60 Minuten köcheln, bis die Bohnen weich sind. Einen Teil der Bohnen herausheben und beiseite stellen, alles übrige im Topf mit dem Pürierstab glattmixen. Durch ein Sieb streichen, die beiseite gestellten Bohnen sowie die separat in Salzwasser gegarten Nudeln wieder zufügen.
Alles einige Minuten miteinander köcheln, noch abschmecken und in mit Salat- oder Raukeblättern ausgelegten Tellern anrichten. Wer mag, streut sich bei Tisch geriebenen Käse darüber.

3

GAMBERETTI ALLA RUCOLA

GARNELEN MIT RAUKE

Für vier Personen:
400 g gekochte, frische Garnelen oder Tiefseekrabben, 3 EL Zitronensaft, Salz, Pfeffer, 3 EL Olivenöl, 200 g Rauke

Garnelen mit einer Marinade aus Zitronensaft, Salz, Pfeffer und Öl anmachen. Auf Raukeblättern anrichten.

4

BACCALÀ TREVISANO

KLIPPFISCH AUF TREVISANER ART

Man unterscheidet zweierlei Sorten auf althergebrachte Weise konservierten Fisch: der durch Einsalzen haltbar gemachte Klippfisch und Stockfisch, der einfach an der Sonne getrocknet wurde. In beiden Fällen müssen die stocksteifen, dürren Fischstücke mindestens zwei, drei Tage lang in immer wieder gewechseltes Wasser eingeweicht und entsalzt werden. In Italien übernimmt diese Arbeit meist der Fischhändler, bei uns findet man solchen praktischen Service leider selten. Das ist schade, denn man würde sonst sicher viel häufiger Stockfisch oder Klippfisch zubereiten.

Für vier Personen:
Ca. 700 g gewässerter Klippfisch, 2 Zwiebeln, 2 Knoblauchzehen, 2 Selleriestangen, 6 EL Öl, 2 Sardellen, 1 Bund Petersilie, ¼ l Milch, Pfeffer

Den Klippfisch sorgfältig von Haut und Gräten säubern, in mundgerechte Stücke schneiden. In eine feuerfeste Form schichten.
Feingehackte Zwiebeln, Knoblauch und in feine Scheibchen geschnittene Selleriestangen in zwei Eßlöffeln Öl andünsten. Feingehackte Sardellen und Petersilie zufügen, einige Minuten mitdünsten. Über den Fisch verteilen, mit Milch und dem restlichen Öl begießen. Pfeffern, salzen wird nicht nötig sein. Mit Alufolie zugedeckt im 175 Grad heißen Ofen etwa zwei Stunden sanft ziehen lassen. Mit gebratenen Polentaschnitten servieren – und zwar, wie immer zu Fisch, aus weißem Weizen-, nicht aus gelbem Maisgrieß zubereitet!

1
2
3
4

»Dolada«: Ganz hoch hinaus

Nördlich von *Vittorio Veneto* schlängelt sich die *strada statale di Allemagna*, bald auch die Autobahn, zwischen immer höher werdenden Bergen empor. Schließlich öffnet sich die Schlucht zu einem ausgedehnten Talbecken und es breitet sich eine liebliche Landschaft aus, der *Alpago*. Ein sommerfrisches Feriengebiet mit Seen, Wäldern an sanft ansteigenden

Hängen, blühenden Wiesen, Feldern und Obstbäumen auf gestaffelten Terrassen. Im Hintergrund türmt sich schroffes Hochgebirge und macht die bühnenreife Kulisse perfekt.

Enzo Da Prà ist hier geboren und liebt seine Heimat, obwohl sie den Menschen früher nicht viel Glück ermöglichte. Das Land konnte die kinderreichen Familien nicht ernähren. Wer Geld verdienen wollte, mußte weg. So ist auch Enzo Anfang der fünfziger Jahre nach Deutschland gezogen, als Eisverkäufer, wie das hier und im gesamten *Cadore* üblich war.

Nach fünf Jahren kehrte er zurück, konnte in der elterlichen, schlichten Gastwirtschaft mitarbeiten und sie schließlich übernehmen. »Dolada« nannte er sein Restaurant, nach seinem Lieblingsberg, der sich hinterm Haus erhebt. Nach gut 20 Jahren hat der gleichermaßen bescheidene wie selbstbewußte Mann zusammen mit Ehefrau Rosana aus dem einfachen Gasthaus ein inzwischen hochgerühmtes Feinschmeckerziel gemacht. Klar und zeitlos modern eingerichtet, mit einer Küche, die dazu paßt: ohne überflüssigen Zierat, ebenso direkt und ehrlich wie er selbst. Mit hohem Anspruch, dabei stets mit beiden Beinen auf der Erde sozusagen, selbst wenn er dem über alles geliebten Hobby, dem Drachenfliegen, frönt.

Enzo Da Prà ist ein leidenschaftlicher Drachenflieger, sehr zum Leidwesen seiner Frau, die lieber am Boden bleibt

Rosana kümmert sich um den Service und sechs Gästezimmer, die wie das Restaurant zeitlos-schön eingerichtet sind

1

2

1

CASUNZIEI DI PATATE

NUDELTASCHEN MIT KARTOFFELFÜLLUNG

Für vier Personen:
Teig:
300 g Mehl, 2 ganze Eier, 2 Eigelb, 1 EL Olivenöl, Salz
Füllung:
250 g Kartoffeln, 2 EL Butter, 1 kleine Zwiebel, Salz, Pfeffer, je 60 g Mascarpone und Magerquark, 20 g Parmesan, 1 Eigelb, Muskat
Sauce:
1 kleine Zwiebel, 5 EL Öl, 2 Kartoffeln, ca. ¼ l Wasser, geräucherter Ricotta zum Reiben

Die Teigzutaten zusammenkneten und eine halbe Stunde ruhen lassen.
Für die Füllung die Kartoffeln in streichholzfeine Streifen hobeln. In der heißen Butter dünsten, dabei die feingehackte Zwiebel zufügen. Salzen und pfeffern. Abgekühlt mit der Mascarpone und Quark, Käse und Eigelb zu einer Farce vermischen. Mit Salz, Pfeffer und Muskat abschmecken.
Den Teig hauchdünn ausrollen, mit einem Glas Kreise von ca. 8 cm Durchmesser ausstechen. Jeweils in die Mitte einen Klecks Füllung setzen, den Teigkreis zum Halbmond zusammenklappen. Die Taschen an den Nahtstellen gut zusammendrücken.
In reichlich aufwallendes Salzwasser gleiten lassen, sobald die Täschchen oben schwimmen, sind sie gar. Mit einer Schaumkelle herausheben und auf folgender Sauce anrichten:
Die feingehackte Zwiebel in einem Eßlöffel Öl andünsten, die geschälten, gewürfelten Kartoffeln zufügen. Mit Wasser bedecken, salzen und pfeffern. Eine halbe Stunde vollkommen weich kochen. Durch ein Sieb passieren und mit dem restlichen Olivenöl aufmixen. Die fertig angerichteten *Casunziei* mit geraspeltem Ricotta bestreuen.

2

ZUPPA PATORA

ERNTEDANKSUPPE

Für vier Personen:
200 g weiße Bohnenkerne (Borlotti), 1 kleine Zwiebel, 1 Selleriestengel, 1 mittelgroße Kartoffel, 1 Möhre, ca. ⅔ l Wasser, Salz, Pfeffer
Außerdem:
1 Rosmarinzweig, 2 Knoblauchzehen, 4 EL Olivenöl, je 50 g Augenbohnen, Buchweizenkörner und Graupen, 1 Kartoffel, 1 Tomate jeweils in winzigen Würfeln, 100 g Maiskörner, 50 g Speck, Basilikumblätter

Die Bohnen einweichen, schließlich mit gehackter Zwiebel, Sellerie, Kartoffeln und Möhren in einen Topf füllen, mit Wasser bedecken, salzen, pfeffern und zugedeckt weich kochen. Mit dem Mixstab pürieren, anschließend durch ein Sieb streichen.
Rosmarin und Knoblauch im Olivenöl anrösten, sobald beides genügend Geschmack abgegeben hat, entfernen, das Öl in die Suppe rühren.
Die übrigen Zutaten in Salzwasser separat weich kochen. Den Speck winzigklein würfeln und sanft ausbraten.
Die Suppe abschmecken, in vier tiefen Tellern verteilen. Die bunten Gemüse als Häufchen in die Mitte setzen und mit Speckwürfeln sowie Basilikumstreifen bestreuen.

3

4

3

RANE IN GUAZETTO

FROSCHSCHENKELRAGOUT

Für vier Personen:
ca. 600 g schöne Froschschenkel, 6 EL Olivenöl, Salz, 1 kleine Zwiebel, 2 Knoblauchzehen, 1 Bund Petersilie, 1 Glas Weißwein, 2 Gläser Brühe, 2 Fleischtomaten, Zitronensaft, Pfeffer

Die küchenfertigen Froschschenkel im heißen Olivenöl andünsten, dabei salzen. Die sehr fein gehackte Zwiebel und die durchgepreßten Knoblauchzehen sowie die ebenso fein gehackte Petersilie zufügen. Wein und Brühe angießen. Etwa fünf Minuten kochen, erst dann die geschälten, entkernten und in Würfel geschnittenen Tomaten unterrühren. Mit etwas Zitronensaft und Pfeffer abschmecken.
Mit einem kleinen Türmchen (Timbal) von Pilawreis servieren. Dafür Langkornreis mit feingehackter Zwiebel andünsten, mit Wasser oder Brühe auffüllen und ausquellen lassen. Zum Formen in eine Tasse drücken und kopfüber auf den Teller stürzen.

4

CREME FRITTE ALLA VENEZIANA

GEBACKENE CREME

Eine in Venetien sehr populäre Nachspeise, die man indes in Restaurants kaum findet, weil sie das Stigma von *Arme-Leute-Küche* trägt. Dabei ist es ein wohlschmeckendes und originelles Dessert, das sich wunderbar vorbereiten läßt und für Abwechslung im Repertoire sorgt. Statt Karamelsauce paßt auch eine Fruchtsauce dazu.

Für vier Personen:
120 g Mehl, 100 g Zucker, 3 Eigelb, Zitronenschale, ½ l Milch
Außerdem:
Mandel- oder neutrales Öl zum Einpinseln, 1 Ei, 4 EL Paniermehl, Butterschmalz zum Ausbacken
Karamelsauce:
75 g Zucker, 3 Eigelb, ⅛ l Sahne

Mehl, Zucker, Eigelb und abgeriebene Zitronenschale mit dem Handrührer glattrühren. Erst dann den Topf aufs Feuer stellen, die Masse langsam erhitzen, dabei nach und nach die Milch zufügen. Unter ständigem Rühren die Creme heiß und dicklich werden, auf keinen Fall aber kochen lassen.
Schließlich in eine flache, mit Öl ausgepinselte Form gießen und glattstreichen. Abkühlen lassen. Die erstarrte Creme in Rhomben oder Würfel schneiden. In verquirltem Ei wenden, durch Paniermehl ziehen. Die panierten Cremeschnitten in heißem Butterschmalz goldbraun backen.
Für die Sauce zwei Eßlöffel Zucker mit Eigelb dick und hell schlagen. Den restlichen Zucker in einem Topf zu mittelbraunem Karamel kochen, mit Sahne ablöschen. Heiß zur Eiermasse gießen, dabei unermüdlich mit dem Handrührer schlagen. Erneut auf den Herd setzen und noch einmal bis zum Siedepunkt erhitzen, damit die Eigelb binden, schließlich abkühlen lassen.

HERBST

Reisernte, Weinlese, das erste Olivenöl – Zeit für herzhafte Genüsse

Renoviert: Cividale

Weinlese im Collio

Kopflos: römische Statue

Olivenernte am Gardasee

Gemütlich: Gasthaus mit Kamin

Köstlich: Nudeln mit Oliven

Marmor: Der venezianische Löwe

Hochgeistig: Grappe von Nonino

Vom Gastgeben und Weinmachen

Jeder zwischen Udine und Triest, Grado und Gorizia, der mit Wein, gutem Essen, Tafelfreuden und Gastronomie zu tun hat, kennt Patrizia und Walter Filiputti, ist mit ihnen befreundet. Und nur zu gerne folgt er einer Einladung zu ihnen nach Hause, denn er weiß, was ihn erwartet, wenn Patrizia kocht und Walter seine geliebten Rosen arrangiert: Ein paar angenehme und kurzweilige, köstliche, gelöste und geistreiche, persönliche und interessante, kurzum: glückliche Stunden!

Die Grundlage dafür ist eine denkbar einfache: Patrizia und Walter Filiputti sind, man sieht es ihnen an und sie wissen es auch, rundum glücklich. Miteinander, mit ihrem Beruf, mit ihrem Zuhause und mit ihren Freunden. Glückliche Menschen, nicht aus Zufall, sondern aus ständig strebendem Bemühen; aus der einfachen Erkenntnis, daß das Leben zu kurz ist, sich mit dem Mittelmaß zu begnügen; mit dem Willen, Sinnvolles zu tun, die Dinge zu gestalten, ihre persönlichen Fähigkeiten in Einklang zu bringen mit ihren individuellen Vorlieben und die damit frei werdende Kraft nicht egozentrisch zu nutzen, vielmehr mit anderen zu teilen: Freunde zu haben, mit ihnen das Leben zu genießen, sich am Schönen zu erfreuen...

Wir sind zu Gast bei den beiden, in ihrem Wohnturm in der *Abbazia di Rosazzo* – einst ein fast verfallenes Gebäude im alten Kloster, nach Westen gerichtet, aus dessen vielen Fenstern man einen herrlichen Ausblick auf das Rebland Friauls hat. Die Filiputtis sind 1980 hier eingezogen, haben das alte Gemäuer unter größten Schwierigkeiten wohnlich gemacht. Mittelpunkt: das Eßzimmer mit einer großen Tafel und integrierter Küche. Kochen und Genießen ist eins, Hausfrau und Gäste brauchen sich nie zu trennen.

Walter, ganz Feinschmecker, kocht selbst nicht: Patrizia ist zu perfekt, hat die traditionellen Methoden und Gerichte gelernt und wandelt nach persönlichem Geschmack und zeitgemäßen Gesichtspunkten ab. »Gutes Kochen ist eine Frage der Präzision, der Einfachheit, der Wahrheit, der Intelligenz!« doziert Walter und deckt den Tisch. Das ist seine Domäne, die er als belebendes Ritual empfindet. Die Auswahl der passenden Gläser für die Weine läßt ihn einen Vorgeschmack auf die kommenden Freuden gewinnen, mit dem Arrangement der Teller und Bestecke zelebriert er die Mahlzeit im Geiste vorweg. Am Tisch erklärt er weiter: »Dem Gast öffnest du dein Haus: du läßt ihn eintreten in deine Welt, umgibst ihn mit deinen Dingen, deinen Büchern, deinen Kunstwerken, deinen Blumen. In einer spontanen Geste gibst du dich preis, überreichst den Schlüssel zu deiner Persönlichkeit...«

Patrizia redet fast parallel: »Wir kennen alle Leute in Friaul und laden sie gerne zu uns ein, aber wir gehen niemals zu ihnen nach Hause, denn wir können es uns nicht leisten, die einen oder anderen zu bevorzugen. Und viele Hausfrauen haben Angst, für den anspruchsvollen Walter« – sie kichert – »zu kochen... Also laden uns die Leute in Restaurants ein, wo man sich sowieso dauernd trifft!«

Walter wehrt geschmeichelt ab, doch Patrizia lächelt fein, während er fortfährt: »Wir setzen uns zweimal am Tag an den Tisch und erweisen damit zumindest uns selbst die Ehre. Aus der Notwendigkeit, uns zu ernähren, machen wir ein Vergnügen! Jedes Gericht lebt aus dem Augenblick, aus der Jahreszeit, aus einer Laune. Jedes Gericht hat seine eigene Geschichte – und verlangt seinen Wein, den ich mit derselben Sorgfalt aussuche, mit der Patrizia kocht...« Patrizia, jetzt lachend: »Welche Lust, für jemand zu kochen, der den Topfdeckel hebt, den Duft der Speisen analysiert, die Zutaten mit mir bespricht und dann in den Keller geht, um den wirklich idealen Wein auszuwählen...«

Am Anfang war der Wein – wie könnte es in dieser reichen Region auch anders sein! Walter Filiputti entsinnt sich der ersten Besuche im väterlichen Keller, der staunenden Begeisterung des Kindes über die geheimnisvollen Tätigkeiten des schlürfenden, lufteinsaugenden Probierens, des vorsichtigen Umfüllens aus Fässern und Glasballons in Flaschen, des umständlichen Verkorkens und schließlich des fröhlichen, die Förmlichkeiten der Erwachsenen lösenden Genusses. Der Wein, seine Kultur, seine faszinierende Vielfalt, seine Herstellung und ihre Geheimnisse, Kenner- und Wissenschaft wurden inzwischen längst zu Walters Lebensinhalt.

Zunächst studierte er in Udine *economia e commercio*. Dort lernte er den fulminanten Weinkenner Teo Pizzolini kennen, der ihn abends in seiner »*Spezeria pei Santi*« lehrte, Wein richtig zu

Fortsetzung auf Seite 140

Patrizia und Walter Filiputti: Ausgeprägte Liebe zum Schönen

1

GNOCCHI DI ZUCCA

KÜRBIS-GNOCCHI

Zur Trüffelsaison, ab Oktober bis Januar hinein, reibt Walter großzügig weiße Trüffel über die zarten Gnocchi. Natürlich kann man sie auch ohne diesen Luxus, einfach mit Butter und geriebenem Käse oder mit einer würzigen Tomatensauce genießen.

Für vier Personen:
ca. 1,5 kg Kürbis (geputzt gewogen),
2 Eigelb, 1 Eiweiß,
4–5 EL Mehl, Salz, ca. 50 g Butter

Das Kürbisfleisch würfeln, in einer trockenen Pfanne auf mildem Feuer dünsten, bis aller Saft ausgetreten und wieder verdampft ist. Falls zu Beginn nicht schnell genug Flüssigkeit austritt, ganz wenig Wasser angießen. Zum Schluß jedoch sollte das Kürbisfleisch weich, aber so trocken wie nur möglich sein. Etwas abkühlen lassen, dann mit Eigelb und Eiweiß im Mixer zu einer glatten Masse pürieren. Salzen und soviel Mehl einarbeiten, daß ein formbarer Teig entsteht.
Mit einem Kaffeelöffel Nocken abstechen, mit dem Finger in leise siedendes Salzwasser schubsen und etwa 5 bis 8 Minuten köcheln lassen. Die Gnocchi dabei einmal vorsichtig wenden, wenn sie oben schwimmen.
Mit heißer Butter übergossen und mit geriebenem Parmesan oder geräuchertem Ricotta bestreut servieren.
Tip: Mit Olivenöl beträufelt, damit sie nicht zusammenkleben, kann man die Gnocchi bis zum nächsten Tag aufbewahren oder sogar einfrieren.

2

SEPPIOLINE IN UMIDO

TINTENFISCHCHEN IM SUD

Für vier bis sechs Personen:
1,5 kg frische, kleine Tintenfischchen,
1 kleine Zwiebel, 6 EL Olivenöl,
2 EL gehackte Petersilie, Salz, Pfeffer,
⅛ l Weißwein

Die Tintenfischchen putzen und waschen. Wenn nötig, in Stücke schneiden. Mit der feingehackten Zwiebel ins heiße Olivenöl geben. Petersilie, Salz, Pfeffer und Weißwein zufügen. Zugedeckt etwa 45 Minuten sanft dünsten. Dazu schmeckt ein Gemüse aus Auberginen und Tomaten.

3

STRUDEL DI MELE

APFELSTRUDEL

Neben dem Strudel liegt noch ein Stück Traubenbrot auf dem Dessertteller, das Patrizia jedoch fertig gekauft hat: eine Art Hefezopf, gefüllt mit Trauben der würzigen Amerikanerrebe. Hier nur das Strudelrezept:

Teig:
2 Eigelb, 1 Eiweiß, 1 EL Zucker,
Saft einer Zitrone, 1 Prise Salz,
1 Tütchen Vanillezucker, 50 g Butter,
300 g Mehl, ½ TL Backpulver
Füllung:
150 g Semmelbrösel, 150 g Butter
60 g Rosinen, 4 EL Maraschino,
5 Delicious-Äpfel, 3 Boskoop-Äpfel,
100 g Zucker, 100 g Pinienkerne,
Puderzucker

Eigelb, Eiweiß, Zucker, Zitronensaft und Salz in einer Schüssel verquirlen, Vanillezucker und geschmolzene Butter zufügen. Schließlich Mehl und Backpulver einarbeiten. So lange kneten, bis ein geschmeidiger Teig entstanden ist. Falls er zu trocken wirkt, etwas Wasser zufügen. Den Teig eine halbe Stunde kalt stellen. Dann erneut fünf Minuten durchkneten und schließlich auf einem sauberen Küchentuch hauchdünn ausziehen.
Für den Belag die Semmelbrösel in der heißen Butter anrösten. Die Rosinen im Maraschino einweichen. Die Äpfel schälen, entkernen, in dünne Scheibchen hobeln.
Zuerst die abgekühlten Brösel auf der Teigfläche so verteilen, daß nur die Hälfte davon bedeckt ist. Die geschnittenen Äpfel darauf streuen, sie zukkern und schließlich mit Pinienkernen bestreuen. Die Rosinen mitsamt dem Schnaps dazwischen verteilen.
Den Strudel mit Hilfe des Tuches aufrollen und auf ein Backblech betten. Mit Eiweiß einpinseln. Bei 200 Grad eine Stunde backen.
Lauwarm, dick mit Puderzucker überstäubt servieren.

1
2
3

verkosten und zu beurteilen, der ihn zum kritischen Kenner machte und als »Reifezeugnis« zu seinem 24. Geburtstag, am 16. November 1969, einen *Tastevin* dedizierte.

Just zu diesem Zeitpunkt war die *AIS*, die *Associazione Italiana dei Sommeliers* gegründet worden, der Walter sofort beitrat – ein Diskussionsforum für die »Intellektuellen des Weins«, also die Oenologen (Weinwissenschaftler), Journalisten, Kritiker, Gastronomen und Weinproduzenten, die zu einer neu zu definierenden Qualität strebten. Bislang trank man in Italien im allgemeinen nur den Wein, der vor der Haustüre wuchs: Die Roten viel zu früh auf die Flasche gefüllt und zu jung; die Weißweine, dunkelgelb oxidiert, bäurisch, plump und uniform. Da man keine ausländischen Weine kannte, störte das nicht. Jedoch erreichten italienische Weine nur selten internationalen Standard.

Walter informierte sich immer intensiver über den Weinbau und seine Probleme, lernte die besten Winzer kennen, gewann Einblicke in ihre Arbeit und moderne Kellertechnik. Er begann als Journalist über Wein in der neu gegründeten und rasch Bedeutung gewinnenden Zeitschrift *»Il Vino«* zu schreiben. 1973 promovierte er zum Wirtschaftswissenschaftler – in Gegenwart Italiens führender Sommeliers: Schließlich lautete der Titel seiner Doktorarbeit *»L'importanza del sommelier nell'educazione enologica del consumatore«* (Die Bedeutung des Sommeliers in der Erziehung des Verbrauchers zum Weinkenner).

Einmal, als er in Triest einen Vortrag über Wein hielt, hörte ihm ein junges Mädchen zu, mit leuchtendblauen Augen, schwarzen Haaren und dunklem Teint: Patrizia, eine typisch Triester Mischung mit österreichischen, slowenischen und portugiesischen Vorfahren. Auch er sieht nicht gerade aus wie ein Friulano, in seiner Familie hinterließen Türken ihre Spuren. Die beiden verliebten sich – ein ideales Paar: »Sie ist der Essig, ich bin das Öl«, erklärt Walter, und Patrizia lacht.

Zusammen machten sie sich selbständig, Patrizia gab ihre medizintechnische Arbeit auf. Sie erfüllten sich den Traum vom eigenen Restaurant! Seine Mutter und Patrizia kochten, Walter machte den Saal: Die *»Trattoria da Germano«* in Percoto war bald in ganz Friaul berühmt für die Qualität der Speisen und Weine, die Perfektion, mit der serviert wurde. Das gemütliche Restaurant mit den acht Tischen wurde zum Wohnzimmer der Filiputtis und zur Probierstube aller Weinliebhaber und Genießer der Region.

Fünf Jahre später entdecken Walter und Patrizia die *Turris Rosacensis*, den erwähnten Turm. Und jetzt beginnt ihr eigentliches Leben: Walter Filiputti wird zum »Weinmacher«. Dieser Ausdruck, Mode geworden für alle Winzer, die sich mehr Mühe geben als die anderen, trifft auf Walter wirklich zu: Zuerst für ein Weingut, nach und nach für mehrere, erstellt er ganz spezifische Gesamtplanungen. Von oenologischen Grunddaten aus, wie Lage, Klima, Boden, Rebsorten, wird eine Zielsetzung erarbeitet. Darauf aufbauend überwacht er die Arbeiten im Weinberg, leitet den Ausbau im Keller, entwickelt das Marketing, kümmert sich um die Positionierung sowie den Verkauf im Ausland. Inlandsverkauf und Organisation des Büros ist Patrizias Aufgabe. Der Erfolg spricht für sich: Inzwischen sind die beiden für die Weine von *Castello di Spessa, Vazzoler, Torre Rosazza, Marin* und *La Boatina* sowie das toskanische *Rocca di Castagnoli* verantwortlich.

Hauptaugenmerk wird auf die klassischen Rebsorten gelegt, vor allem die weißen *Pinot*-Sorten *Grigio, Bianco* und *Chardonnay*, weiterhin *Tocai, Ribolla, Malvasia*, sogar *Riesling* und *Traminer* sowie auf den raren *Picolit*. Das ist eine merkwürdige, nur hier in Friaul vorkommende Rebsorte, deren Blüten sehr zögerlich Frucht ansetzen, die, wie man sagt, zum »Verrieseln« neigt. Die wenigen Beeren werden dadurch allerdings besonders gut versorgt, werden süß und gehaltvoll: Der Picolit ist ein mächtiger, begehrter, entsprechend teurer Dessertwein. Bei den Rotweinen dominieren *Cabernet Sauvignon* und *Merlot*. Mit seinem *L'Altromerlot*, dem »anderen Merlot«, hat Walter Filiputti einen Rotwein gemacht, der die Weinwelt aufstörte: Aus dem billigen Merlot schuf er durch Ertragsbegrenzung und Ausbau im Eichenfaß einen dichten, würzigen Wein: »Mit präzisem Ziel und den richtigen Mitteln kann man der Natur auch dort Qualität abtrotzen, wo sie sie nicht freiwillig liefert. Insofern kann der Mensch tatsächlich ›Wein machen‹.«

Picolit-Traube

Wenn die Rotweintrauben reif werden, färbt sich auch das Laub

Laborarbeit und Proben – für Walter Filiputti Basis der Qualität

»Spessa«: Wiedergeburt eines Weinguts

Das trutzige, zinnenbekrönte *Castello di Spessa* stammt aus dem letzten Jahrhundert; eindrucksvoll, aber kein herausragendes Denkmal. Doch es liegt in einem verwunschenen Park von gewaltigen Ausmaßen, inmitten von Feldern und herrlichen Weinbergen, die zu den besten Lagen des *Collio* gehören – sie waren der Grund, weshalb der erfolgreiche Kinderstuhlfabrikant (in der Umgebung von *Manzano* und *San Giovanni al Natisone* werden 70 Prozent aller Stühle Italiens hergestellt!) Loretto Pali das Schloßgut kaufte. Sicher, er liebt die Natur und wird hierherziehen, in einigen Jahren, wenn alles renoviert ist. Aber das kostet ein Heidengeld, denn die Gebäude sind reichlich heruntergekommen.

Erst einmal ist der Wein dran: Unter der Regie von Walter Filiputti hat man begonnen, die Qualität des Leseguts zu erhöhen. Auch die vierzig Jahre alten Stöcke, die weit auseinanderstehen und bis zu fünfzig Trauben tragen, können guten Wein liefern: Zum richtigen Zeitpunkt, also nicht zu spät und mit betonter Säure gelesen, ohne Sauerstoffkontakt gekeltert und nach modernen Methoden vinifiziert. Die Spitzenweine jedoch bringen die bisher elf Hektar Neuanlagen: 7000 Stöcke pro Hektar, wobei jeder nur ein Kilogramm Trauben liefert. Das gibt kräftige, gehaltvolle, stoffige, ausgewogene Moste. Die roten bleiben lange auf der Schale, ehe sie abgepreßt werden, damit sie Kraft und Farbe gewinnen, die Weine reifen im Holzfaß. Die weißen kommen, damit sie harmonisch werden, schon zum Vergären in die kleinen Fässer aus französischer Eiche, die *barriques*. Die Fässer liegen in einem soeben eingerichteten Keller tief unter dem Schloß: in einem weiten, 80 Meter langen, ehemaligen Bunker. Von den Deutschen im letzten Krieg angelegt, machen die Friuli hier heute friedlich Wein. Welch schöner Lauf der Dinge!

Alte, reichtragende Rebstöcke: Tocai

Reif und gesund müssen die Trauben sein

Abtransport: schonend in kleinen Kisten

Steinernes Relikt im großen Schloßpark

Besitzer Loretto Pali und sein Oenologe

ROMA·D·D·A·MCMLXVIIII

Ruinen, Gräber, Mosaiken: Aquileia

Wie großartig das römische Aquileia gewesen sein muß, läßt sich in seinem *Archäologischen Museum* nachempfinden. Wenn auch die Ausstellungsstücke eher lieblos in den Vitrinen zusammengewürfelt sind, so machen sie doch anschaulich, welcher Aufwand für die Dinge des Alltags betrieben wurde, welcher Luxus herrschte: Da findet man Schmuckstücke aus Gold, Edelsteinen und Elfenbein, die man heute noch gerne tragen würde; Parfumflakons aus Glas, Bernstein oder Bergkristall; Vasen, Schüsseln und Schalen, deren klare Formen und Materialien immer noch gültig sind.

Ursprünglich nur ein Militärlager, um 180 v. Christus als Bollwerk gegen die »Barbaren« im Norden eingerichtet, wurde die Siedlung am Flüßchen *Aquilis* – daher auch der Name, der mit stolzen Adlern nichts zu tun hat – bald zur bedeutenden Stadt. Sie kontrollierte die immer wichtiger werdenden Handelswege in die nördlichen Länder, war über den nahegelegenen Hafen *Gradus*, dem Standort für einen großen Teil der römischen Flotte, mit den wichtigsten Handelszentren des Orients verbunden: Umschlagplatz für begehrte Waren, vor allem für die luxuriösen Gewürze und Spezereien.

Ebenso offen war die Handelsstadt freilich auch für neue Ideen! Das Christentum fand schon bald, nachdem es Rom erreichte, auch hier seine Anhänger. Davon zeugen die zahlreichen Fußbodenmosaike, die in immer noch verblüffender Farbigkeit und Lebendigkeit das Leben dieser frühchristlichen Zeit schildern. Ein Teil der Mosaike, deren lebendige Darstellung der Adriafische fasziniert, bildet den Fußboden des Doms, der erst im 11. Jahrhundert auf den Grundmauern früherer Bauten errichtet wurde. Hinter dem Dom, dessen gewaltiger Glockenturm das flache Umland weithin markiert, erstreckt sich ein riesiges Ausgrabungsgelände: Kaum zu glauben, wie wenig von der römischen Metropole übriggeblieben ist, die zu ihrer Blütezeit fast eine halbe Million Menschen beherbergt haben soll – die »barbarischen« Hunnen haben die Stadt wirklich gründlich zerstört! Sie erreichte nie wieder die Bedeutung dieser Zeit, wenn auch das beginnende Mittelalter neuen Glanz brachte: Die Bischöfe von Aquileia nannten sich *Patriarchen*, galten als die höchsten Würdenträger nach dem Papst und führten das Staatswesen, von dem sich allerdings Grado abgespalten hatte, bis ins 15. Jahrhundert. Amt und Machtbereich waren für den Hochadel Mitteleuropas begehrte Pfründe. Mit dem Aufstieg Venedigs indes, der die einflußreichen Familien in die Lagunenstadt zog, verlor Aquileia schließlich endgültig sein Gewicht.

Und heute ist das verschlafene Städtchen nur noch als Etappe für den kultursinnigen Reisenden interessant.

Hell und licht: der Dom aus dem 11. Jh.

Aus grauem Granit: Römische Graburnen

Unter dem Chor des Doms eine Krypta aus dem 9. Jh. mit romanischen Fresken

Grado: Stadt in der Lagune

Am schönsten ist es an einem sonnenlosen, verhangenen Tag, wenn die Farbe Grau Triumphe feiert. Rechts und links des schmalen Damms, der Grado durch die Lagune hinweg mit dem Festland verbindet, erstreckt sich, Unendlichkeit vortäuschend, eine bleierne Wasserfläche; irgendwo weit hinten verschmilzt der Horizont mit dem silbrig glitzernden Meer; links lagert auf einer eigenen Insel die Klosterkirche *Barbana*, zu der alljährlich im Juli die Gläubigen wallfahren; geradeaus zeichnet sich dunkel, wie ein Schattenriß, die Silhouette von Grado ab, in deren Mitte der *Campanile* alles überragt, der Glockenturm des mittelalterlichen Doms, um den wie ein kräuselnder Saum die Häuser der Altstadt versammelt sind.

Den Stufen der Hafenanlagen (lateinisch *gradus*) verdankt die Stadt ihren Namen. Für die auf dem Festland gelegene Römermetropole Aquileia war Gradus das Tor zur Welt. Zur Zeit der Hunnenüberfälle boten die unzähligen, Fremden kaum überschaubaren und nur schwer zugänglichen Inseln im Sumpfgebiet der Lagune rund um Grado den geflohenen Einwohnern Schutz und Zuflucht. Damit wurde Grado schließlich Sitz des Patriarchats; daher die aufwendig ausgestattete Basilika. Mit Venedigs Aufstieg versinkt Grado jedoch in den Dämmerschlaf der Vergessenheit.

Mitte des letzten Jahrhunderts entdeckte man die Heilwirkung der Meeresbrise und des salzhaltigen Sands, in den man sich, um seine segensreiche Wirkung zu erfahren, bis zum Hals eingraben ließ. Grado, seit dem Wiener Kongreß zu Österreich gehörig, wird zur eleganten Sommerfrische des Kaiserreichs. Schmucke Villen im Zuckerbäckerstil der Jahrhundertwende zeugen vom mondänen Ferienleben jener Zeit.

Die Sandstrände zur Adria sind auch heute beliebtes Reiseziel und werden mehr und mehr touristisch erschlossen. Gottlob sind die Fischgründe der Lagune noch einigermaßen intakt.

Mitten im Wasser, entlang der Fahrrinnen, Wegweiser – wie an einer überfluteten Straße. Es herrscht reger Schiffsverkehr in der Lagune, am Wochenende zumal, wenn Freizeitkapitäne unterwegs sind. Nur wenige der charakteristischen, reetgedeckten Inselhäuschen werden noch von Fischern genutzt. Die meisten dienen wohlhabenden Festlandsbewohnern als schickes Wochenenddomizil.

»Androne«: ein Plätzchen zum Wohlfühlen

Die verwinkelten Gäßchen von Grado laden zum Spazieren ein, allenthalben öffnet sich hier ein Durchblick, stellt sich dort eine Fassade in den Weg, weicht eine Mauer zurück, springt ein Erker vor oder weitet sich ein kleiner Platz. Alles wirkt verwunschen, sogar der Putz bröckelt pittoresk. Zwischen der ältesten Kirche von Grado, der *Santa Maria delle Grazie* aus dem 6. Jahrhundert, und dem Dom verläuft ein besonders schmales Gäßchen, eng wie ein Hausflur, das sich auf halber Mitte ausbeult und ein Plätzchen bildet, italienisch *androne.* Und genau hier befindet sich das Restaurant von Giannantonio Frausin, das er seiner Lage wegen kurzerhand *Tavernetta all'Androne* genannt hat.
Bei schönem Wetter sitzt man hier, von Markisen beschützt, wie in einem Zimmer mitten auf der Straße: herrlich italienisch! Der eigentliche Restaurantraum ist eher düster und eng und entfaltet erst seinen Reiz, wenn im Winter vor lauter fröhlich schmausenden Menschen die Umgebung in den Hintergrund rückt. Denn vor allem zum Tafeln kommt man zu *Gianni*, dem Wirt aus Berufung und Lei-

denschaft, dessen Revers eine kleine goldene Schnecke schmückt, die verrät, daß er sich dem *slow food* verschrieben hat. Das ist eine Vereinigung von Gastronomen, Journalisten, Produzenten von Wein und Lebensmitteln, die sich zusammengetan haben, um kulinarische Qualität zu pflegen. Nicht, um modischem Luxus zu frönen, sondern bemüht, Vergessenes wiederzubeleben, alte Rezepte vor dem Verschwinden zu bewahren, um die Wahrheit der Produkte. Der Name steht nicht umsonst im Gegensatz zur auch in Italien um sich greifenden *fast-food*-Welle. Längst hat *slow food* auch in der kulinarischen Szene Frankreichs und Deutschlands seine Freunde gefunden. Im individualistischen Italien hat dogmatische Sturheit gottlob keinen Platz. Einig sind sich höchstens alle darin, daß sie eine falsch verstandene *nuova cucina* ablehnen; zu Ikebana sortierte Gemüsestreifen, die sich auf riesigen Tellern verlieren – darüber hat man in Italien immer gelacht. Wichtig ist vielmehr, Oliven rechtzeitig zu ernten, und zwar von Hand, um ein elegantes, feines Öl daraus zu gewinnen; bei der Weinbereitung neue Wege zu gehen; die Aufzucht von Kälbern oder Schweinen so zu gestalten, daß sie erstklassiges Fleisch liefern – was übrigens immer zugleich ökologisch sinnvoll ist.
Bei Gianni geht es mehr um Fisch in seiner perfekten Form, nämlich taufrisch und so naturbelassen wie nur möglich. Die beste Fritüre weit und breit gibt es bei ihm, sagen Patrizia und Walter Filiputti und kommen häufig her. Hier mit Gianni, einer Freundin und Antonio Piccinardi, Freund, Kunstkritiker und bekannter kulinarischer Journalist aus Mailand.

1

INSALATA DI MARE

MEERESFRÜCHTESALAT

Es werden häufig bereits gekochte Meeresfrüchte als Mischung für Salate angeboten, meist tiefgekühlt und nicht unbedingt bester Qualität. Deshalb sollte man immer die Mischung selbst zusammenstellen. Die Muscheln werden im eigenen Saft, Tintenfische und Garnelen in Salzwasser gegart.

Für vier Personen:
je ca. 150 g Tintenfisch,
ausgelöste Jakobsmuscheln,
Miesmuscheln und Garnelen, Salz,
4 EL Olivenöl, 2 Zitronen,
Pfeffer, 2 Avocados, 1 Schalotte,
2 EL feingehackte Petersilie,
1 reife Tomate

Die Meeresfrüchte in wenig Salzwasser garen. Noch warm mit Olivenöl, dem Saft einer halben bis ganzen Zitrone, Salz und Pfeffer anmachen.
Eine halbe Avocado längs in dünne Scheiben schneiden, mit Zitronensaft beträufeln, damit sie sich nicht verfärben, und als Dekoration auf vier Tellern verteilen. Den Salat jeweils daneben häufen. Die restlichen Avocados im Mixer pürieren, dabei die gehackte Schalotte zufügen, mit reichlich Zitronensaft, Salz, Pfeffer und Petersilie würzen. Das Avocadopüree als Häufchen dazwischen setzen. Mit Tomatenstreifen dekorieren.

1

2

FRITTO MISTO

FRITIERTE FISCHE

Ein ebenso köstliches wie simples Gericht, dessen Qualität von der Frische der Fischchen und von der Güte des verwendeten Fritierfetts abhängt. Am besten nimmt man auch in diesem Fall Olivenöl. Es muß allerdings nicht das teure aus der ersten Pressung sein (extra vergine), es darf ausnahmsweise ruhig auch das billigere, raffinierte Öl sein, das man daran erkennt, daß bloß *Olivenöl*, ohne jeden Zusatz, auf der Flasche steht. Siehe auch zum Olivenöl die Seiten 188–191.
Ansonsten werden die Fische, in diesem Fall *aquadelle*, kleine Meeresfischchen, *sarde*, junge Sardellen und *seppiolini*, winzige Tintenfischchen nur in Mehl gewendet und im heißen Öl schwimmend ausgebacken.

2

3

4

3

TAGLIOLINI NERI CON SARDE

SCHWARZE NUDELN MIT FRISCHEN SARDELLEN

Schwarze Nudeln kann man fertig kaufen oder selber machen: einfach Nudelteig (Seite 132) mit Sepiatinte (Seite 93) einfärben. Damit der Teig nicht zu weich wird, ein Eigelb weniger nehmen.

Für vier Personen:
1 kg feste, reife Tomaten,
1 Zwiebel, 2 Knoblauchzehen,
5 EL Olivenöl, 1 TL Origano,
1 Bund glatte Petersilie, Salz, Pfeffer,
ca. 500 g frische Sardellen,
500 g schwarze schmale Bandnudeln

Die Tomaten häuten, entkernen, die Hälfte davon in kleine Würfel schneiden, die andere Hälfte in einen Topf füllen, in dem bereits die feingehackte Zwiebel und Knoblauch in zwei Löffeln Olivenöl angedünstet wurden. Origano und die Petersilienstengel zufügen, salzen und pfeffern. Etwa eine halbe Stunde köcheln.
Inzwischen die Sardellen filieren, in etwas Olivenöl auf beiden Seiten braten, dabei salzen und pfeffern.
Die Nudeln knapp gar kochen. Abgießen und sofort mit dem Tomatensugo mischen. Dabei die Tomatenwürfel und die feingehackten Petersilienblätter zufügen. Auf Tellern oder einer Platte anrichten, die Sardellenfilets dekorativ darauf betten.

4

MORMORA IN VINO BIANCO

MARMORBRASSENFILETS IN WEISSWEIN

Für vier Personen:
8 sorgfältig ausgelöste Brassenfilets,
Mehl, Salz, Pfeffer, 4 EL Butter,
3 EL Olivenöl, ⅛ l Weißwein,
2 EL feingehackte Petersilie

Die Fischfilets in Mehl wenden, salzen und pfeffern. In einer Mischung aus zwei Eßlöffeln Butter und Olivenöl rasch auf beiden Seiten golden braten. Herausnehmen und warm stellen. Mit Wein ablöschen, einige Minuten köcheln, Petersilie und restliche Butter zufügen und mit dem Mixstab oder Schneebesen aufschlagen. Über die Fischfilets gießen und heiß servieren.

Der Karst: weißer Stein, blauer

Ein schmaler Streifen nur in Julisch-Venetien, entlang der Adria bis hinunter nach Triest, gehört zur herben Landschaft des *»Carso«*, des Karst: langgezogene, zerklüftete Bergrücken aus Kalkstein, hier abweisend kahl, dort von undurchdringlichem Dikkicht überwuchert. Im Herbst, nach den ersten frostigen Böen der Bora, explodieren die Farben des Laubes geradezu in einem wahren Feuerwerk von leuchtendem Gelb, Orange und Rot auf schneeweißen Felsen, die steil zum Meer abfallen, unter einem unglaublich blauen Himmel.
Eine heroische Landschaft, auch durch die Geschichte. Im ersten Weltkrieg tobten hier die Schlachten zwischen Österreichern und Italienern. Die gewaltige Treppe von *Redipuglia*, ein Ehrenmal für die italienischen Gefallenen: *presente* steht auf den endlosen Stufen – »hier« rufen die Gefallenen zum letzten Appell...
Der Karst ist in seiner heutigen Erscheinungsform eine vom Menschen geprägte Landschaft, auch wenn er urtümlich wirkt: Im Altertum war er mit Wäldern bewachsen, doch schon die Römer begannen in Istrien und Dalmatien, sie für den Bau ihrer Galeeren abzuholzen. Unter Venedigs Herrschaft wurden noch mehr Bäume geschlagen, Stämme für den Schiffsbau und die Fundamente der Stadt. Damit ging die Schutzfunktion der Wälder verloren, ihr Vermögen, das Wasser zu halten, die Erosion ließ die Landschaft verkarsten.
Landwirtschaft ist hier nur unter großen Mühen möglich – der Boden muß durch Mauern befestigt und trotzdem nach jedem Unwetter wieder heraufgeschafft werden. Nur Wein gedeiht in manchen Gebieten, am besten die weiße *Malvasia* und der rote *Refosco*, *Terrano* genannt, wenn er auf dem eisenhaltigen Karstboden wächst, ein urtümlicher, säurereicher, fruchtiger Wein von manchmal hervorragender Qualität, der besonders gut zu Speck

Himmel und flammendes Laub

und Würsten paßt, wie sie allenthalben angeboten werden: Wo ein Lorbeerbuschen an der Straße »ausgesteckt« ist, schenken die Winzer ihren Wein zu selbstgemachter Brotzeit aus. Freilich, ein Paradies war der Karst nie, auch als noch die Wälder standen: Trocken ist es ja vor allem, weil der Untergrund, der Kalkstein wasserlöslich und porös ist, deshalb kein Wasser halten kann. Überall ist das ausgewaschene Gestein in Senken eingebrochen, zu Trichtern zusammengestürzt – *Dolinen* heißen diese typischen Erscheinungen. Das ganze Gebirge ist durchzogen von einem feinen Geäst zahlloser Spalten und Höhlen, in denen sich schließlich die Wasser zu unterirdischen Flüssen und Seen sammeln. Von den vielen Tropfsteinhöhlen des Karst ist die *Grotta Gigante* bei Triest am besten zugänglich: ein grandioser Saal, 130 Meter lang, 65 Meter breit und 107 Meter hoch!
Nördlich von Duino, in dessen trutzigem Schloß Rilke seine berühmten *Elegien* schrieb, mündet ein merkwürdiger, nur wenige hundert Meter langer Fluß in die Adria, der *Timavo* – den weitaus größten Teil seines Laufes fließt er unterirdisch, nur in der Höhle von *Trebiciano* ist man ihm in über 300 Meter Tiefe auf die Spur gekommen. Im Altertum galt er als Eingang zur Unterwelt.

Cividale: das Erbe der Langobarden

Caesar hatte 52 vor Christus *Forum Iulii* als Militärstützpunkt gegründet. Als *Civitas Forum Iulianum* bekam die Stadt von Augustus die Selbstverwaltung, verlor dann aber durch die Verschiebung der Grenze an die Donau ihre militärische Bedeutung. Als 569 die Langobarden mit brachialer Gewalt in Norditalien einfallen, machen sie Cividale zu Hauptstadt eines Herzogtums. Die wilden Kämpfer, »Langbärte« genannt, weil die Frauen ihre Haare ums Kinn banden und so ihren Gegnern eine größere Zahl von Kriegern vortäuschten, töteten oder vertrieben die romanische Bevölkerung weitgehend aus den Städten, die Landbevölkerung mußte ein Drittel der Ernte an die Besatzer abgeben. Aber die mit Kind, Vieh und Kegel eingerückten Langobarden kamen verhältnismäßig rasch zu zivilisierter Ruhe, übernahmen Christentum und Lebensstil, entwickelten durch die Auseinandersetzung mit römischen und byzantinischen Vorbildern kraftvolle Kunstformen. Als sie 774 von Karl dem Großen besiegt wurden, ging ihr Reich mit erstaunlicher Gründlichkeit unter, nur Weniges überdauerte. Hier, nun *Civitas Austriae*, »östliche Stadt« genannt, woraus sich im Laufe der Zeit *Cividale* entwickelte, kann man einige der bedeutendsten langobardischen Kunstwerke besichtigen: das Taufbecken und den Ratchis-Altar des im Dom eingerichteten *Museo Christiano*. Und schließlich, hoch über dem *Natisone*, den erst seit dem 15. Jahrhundert die zum Wahrzeichen gewordene Teufelsbrücke überspannt, die *Tempietto Longobardo* genannte Kapelle, deren Schönheit ebenso bewundert wird, wie der Zeitpunkt ihrer Entstehung Rätsel aufgibt.

2

1

Cividale gehört zu jenen Orten Friauls, die – so makaber das klingen mag – erst durch die Beseitigung der Folgen des großen Erdbebens von 1976 ihre heutige Attraktivität gewonnen haben: Gründliche Restaurierung mit Besinnung auf das Ursprüngliche hat die in Jahrhunderten überwachsenen und unkenntlich gewordenen Strukturen der mittelalterlichen Stadt wieder betont. Es macht Spaß, durch die engen Straßen zu schlendern, die klaren Proportionen der Gebäude und ihre schöne Ausschmückung im Detail zu bewundern und sich das einstige Leben vorzustellen.

Das Caffè Longobardo *an der* Piazza Paolo Diacono, *dem nach dem Chronisten der Langobarden benannten Platz, das älteste der Stadt: Seit 1780 kann man hier die Spezialität Cividales, die* Gubana, *mit einem Täßchen Kaffee genießen. Vor neun Jahren hat* Rodolfo Forgiarini *das Haus gekauft und das Innere höchst modern und aufwendig restauriert. Hier treffen sich die Geschäftsleute zum Aperitif, erfrischen sich die Damen nach dem Einkauf mit einem Gläschen Spumante, kann man zum Glas Wein oder Limonade Schinken, Käse und die verschiedensten* Tramezzini *essen*

1

PASTA SFOGLIATA

BLÄTTERTEIGGEBÄCK

Schnell und mühelos gemacht, und vor allem lauwarm ein wunderbares Häppchen zum Aperitif.

Für ca. 50 Stück:
1 Paket tiefgekühlter Blätterteig, Olivenöl zum Einpinseln, 100 g luftgetrockneter Schinken, 1 Tasse frisches Tomatenpüree und 100 g Olivenpaste (fertig gekauft)

Die Teigplatten antauen lassen und messerrückendick ausrollen. Jeweils mit Olivenöl einpinseln. Für Schinkenröllchen die Teigplatten mit dünnen Schinkenscheiben belegen, für Tomatenröllchen das Tomatenpüree auf den Teigplatten verstreichen, für Olivenröllchen Olivenpaste. Aufrollen, quer in fingerbreite Taler schneiden. Jeweils mit der Schnittfläche nach oben auf ein mit Backpapier belegtes Blech setzen. Bei 200 Grad 8 Minuten backen.

2

GUBANA

HEFEKUCHEN MIT NUSSFÜLLUNG

Eine deutliche Reminiszenz an die österreichische Vergangenheit: Die *Gubana* gilt als *die* Spezialität von *Cividale*, hat jedoch ziemlich viel Ähnlichkeit mit einem österreichischen Nuß-Hefekranz.

Teig:
500 g Mehl, 30 g Hefe, ca. ⅛ l Milch, 130 g Zucker, 3 Eier, 100 g Butter, abgeriebene Schale von 1 Zitrone
Füllung:
70 g Sultaninen, 4 EL Grappa, 125 g Walnußkerne, 125 g Mandeln, je 30 g Zitronat und Orangeat, 60 g Pinienkerne, 1 Zitrone, 1 Orange, 30 g Semmelbrösel, 2 EL Butter, 1 Ei
Außerdem:
1 Ei zum Bepinseln

Für den Teig das Mehl in eine Schüssel füllen, in die Mitte eine Vertiefung drücken, dort hinein die in der lauwarmen Milch aufgelöste Hefe geben. Mit etwas Zucker und Mehl vom Rand zu einem Brei rühren. Diesen Vorteig zugedeckt eine halbe Stunde gehen lassen. Die übrigen Zutaten zufügen und mit den Knethaken der Küchenmaschine einen geschmeidigen Teig herstellen, der zugedeckt diesmal eine ganze Stunde gehen muß.
Inzwischen für die Füllung die Sultaninen im Schnaps einweichen. Nüsse und Mandeln mit kochendem Wasser überbrühen und abschrecken; die Mandelhaut abschnipsen, die von den Walnüssen zwischen zwei Tüchern abreiben. Beide Nußsorten im Mixer nicht zu fein hacken, dabei Zitronat und Orangeat zufügen. In eine Rührschüssel füllen, Pinienkerne, abgeriebene Zitronen- und Orangenschale sowie die in Butter gerösteten Semmelbrösel und das Eigelb einarbeiten. Zum Schluß den steifgeschlagenen Eischnee unterziehen.
Den Teig zwei Zentimeter dick ausrollen. Die Füllung darauf verstreichen, rundum jedoch einen Rand lassen. Die Teigfläche von der Breitseite her aufrollen. Diese Rolle schließlich wie eine Schnecke zusammendrehen und in eine gefettete, mit Mehl ausgestreute Springform setzen. Die Oberfläche mit verquirltem Ei einpinseln. Die *Gubana* bei 190 Grad im vorgeheizten Ofen etwa 45 Minuten backen. Man kann sie warm oder kalt servieren.

Grappa: vom Schnaps zum Edelbrand

Kaum irgendwo auf der Welt wird man ein nennenswertes italienisches Restaurant finden, in dem man vergeblich nach *Grappa* von *Nonino* fragt. Meist sind die charakteristischen, ebenso simplen wie schönen Glasflakons schon als Blickfang in der Nähe des Eingangs aufgebaut, damit der Gast bereits bei seinem Eintritt weiß, daß er hier richtig ist. Und Luigi Veronelli, ein Gefürchteter unter den Restaurantkritikern Italiens, bewertet in seinem Führer die besprochenen Häuser stets ausdrücklich nach dem Umfang ihrer Nonino-Auswahl. Diese rigide Ausrichtung auf die Produkte eines einzigen Hauses mag übertrieben sein. Fest steht jedoch, daß die Noninos sich wie niemand sonst um die Qualität von *grappe* gekümmert und dem Aschenbrödel Schnaps den Weg zum Star unter den Bränden möglich gemacht haben.

Grappa ist ein Trester-Destillat; schon seit es Wein gibt, kennt man das Verfahren, die Reste, die beim Weinkeltern bleiben, zu nutzen. Die *Destilleria Nonino* lebt davon bereits seit mehr als hundert Jahren. Begonnen hat vor sechs Generationen Luigi Orazio Nonino als Störbrenner: Er fuhr mit seiner Brennblase von Bauernhaus zu Bauernhaus. Tresterschnaps galt bis vor wenigen Jahren als ein rauhes, ehrliches, hochprozentiges Getränk, ohne Finesse. Benito Nonino und seine Frau Giannola gaben sich damit nicht zufrieden. Sie besannen sich darauf, daß die Trauben in Geschmack, Duft und Extrakten unterschiedlich sind, und begannen Trester sortenrein zu brennen. Ihr erster Versuch, eine ausschließlich aus Trester des seltenen und kostbaren *Picolit* gewonnene Grappa, war auf Anhieb eine Sensation. Heute, fast 20 Jahre später, sind die Noninos längst nicht mehr Italiens einzige Brenner von hoher Qualität, aber noch immer für Impulse gut. Neuestes Produkt: *Uè*, ein Brand aus Trauben, keine Grappa also, sondern ein Obstbrand, der in Eichenfässern verschiedener Herkunft reift.

In kleinen Eichenholzfässern lagert der Traubenbrand Ué

Giannola Nonino liefert dem Betrieb immer neue Ideen

Kostbarste Serie: Karaffen von Venini, Riedel und Baccarat

Von gerauchten Gänsebrüsten, Gänselebern

»Die Gänse von Aquileia und ihre Lebern, schreibt der römische Feinschmecker *Apicius* schon im Jahr 40 nach Christus, waren die besten des ganzen Reiches – weil sie mit Feigen gemästet wurden.« Antonello Pessot, Chef der *Fattoria dell'Oca Bianca*, hält inne, nimmt eine Gänseleber in die Hand und wiegt sie im Geiste ab: »Und von deren lateinischem Namen *ficus* leitet sich unsere Bezeichnung *fegato* ab, weil diese Lebern so schön groß, fett und wohlschmeckend waren!« Er lächelt schelmisch, legt die für gut befundene Leber ab und fährt fort: »Früher hielt man auf jedem Bauernhof Gänse – sie lieferten die Bettfedern, den Weihnachtsbraten und das Schmalz der täglichen Küche. In Friaul waren Butter und Öl nämlich unbekannt. Und Gänseschmalz gibt Suppen und Eintöpfen, Bohnen und der *Brovada* (siehe Seite 206) einen herrlichen Geschmack. Auch einem Risotto!« begeistert er sich.

Der »Gutshof zur weißen Gans« in Chiopris-Viscone verfügt über gewaltige Gebäude. Früher standen hier 300 Kühe im Stall, auf 240 Hektar Land wirtschafteten 15 Bauernfamilien. Die Familie Hausbrandt aus Triest hatte das Anwesen 1939 gekauft, doch konnten auch die reichen Hotelbesitzer und Kaffeeröster das Gut in seiner ursprünglichen Form nicht halten. So verkaufte Hermann Hausbrandt einen Teil und verpachtete die Gebäude an eine Firma, die sich mit der Erzeugung, dem Vorbereiten und der Verteilung von guten Produkten befaßt. Die *Fattoria dell' Oca Bianca* beliefert heute Restaurants in ganz Norditalien mit Gänsebrüsten und -lebern, in nahen Hausgärten gezogenen Kräutern, von Hausfrauen in Heimarbeit entbeinten Wachteln und ausgelösten Kaninchenfilets, mit bei Venedig gezüchteten Stören, holländischen Shiitakepilzen, Triester Olivenöl, russischem Caviar und griechischen Krebsen.

und ein paar anderen feinen Köstlichkeiten

Geschäftsmann aus Triest: H. Hausbrandt

Eine Schar Gänse kommt vom hinteren Ende des Gartens zischend heran. Sie sind grau – warum *Oca bianca*? »Ganz einfach: Die grauen Gänse geben fette Lebern, die weißen mehr den guten Braten, wie man ihn früher schätzte. Aber heute will keiner mehr das Fett«, sagt Antonello Pessot verächtlich, »sondern nur die mageren, aber von uns natürlich schonend bei milder Hitze geräucherten Brüste. Die Schenkel werden eingemacht oder zu Wurst verarbeitet, auch eine unserer Spezialitäten. Die Lebern garen wir entweder unter Druck und verpacken sie im Vakuum oder übergießen sie mit heißem Fett, wodurch sie sich gekühlt gut ein paar Tage halten. So bleiben sie zarter, und außerdem kann der Koch dann damit mehr anfangen.«

Etwa 12000 Gänse werden hier pro Jahr verarbeitet, aber nur wenige im Betrieb gehalten. »Die Leute vom Dorf haben sich über Lärmbelästigung beklagt... Aber Gänse werden sowieso besser, wenn sie im kleinen gemästet werden: Einige Bauern haben nur zwanzig Vögel, andere über hundert. Unsere Gänse werden übrigens längst nicht so rigoros gestopft wie in Frankreich, deshalb sind die Lebern weniger groß und fett; man muß bei der Zubereitung daher aufpassen, daß sie nicht hart werden!«

Die Fattoria: Gepflegtes Ensemble um einen großen Hof

Auch die grauen Gänse hüten stets wachsam das Haus

Wenn einige Stunden nach dem Schlachten der Tiere die Gänselebern sorgfältig und vorsichtig herausgenommen werden, sind sie noch rötlich und alles andere als schön (Bild links). Erst nach dem Bleichen in Eiswasser sehen sie weißlichrosa und appetitlich aus (oben) und bilden einen hübschen Kontrast zu den mit reichlich grobem Pfeffer gewürzten, dunkel geräucherten Gänsekeulen und der trocken gepökelten und gewürzten, etwas zarter geräucherten Gänsebrust. Rechts ein Blick in den gut bestückten Räucherofen

Überaus köstlich von der Gans sind die zusammenhängend vom Gerippe gelösten und rund gebundenen Brüste, die genau wie Schinken 48 Stunden mild gepökelt und gereift werden, gewürzt mit Piment und schließlich übergossen mit heißem Gänseschmalz – ein »kalt gekochtes« Gänse-Carpaccio. *Wichtig: die Gänsebrust in hauchfeinen Scheiben servieren – man friert sie deshalb zum Aufschneiden ein*

Equino affumicato, *geräuchertes Pferdefleisch, eine beliebte Vorspeise. Die Geschichte: Während der napoleonischen Kriege wurde das Fleisch der getöteten Pferde, um es haltbar zu machen, über dem Feuer getrocknet und geräuchert. Es wurde dabei so hart, daß man es mit einem eisernen Kratzer längs zur Faser aufreiben mußte. Vor dem Servieren übergießt man die Spezialität mit Zitronensaft und Olivenöl*

Antonello Pessot präsentiert stolz sein neuestes Sortiment, frische Kräuter. Oben Majoran, Thymian, Estragon und krause Petersilie, darunter Kerbel und der in südlichen Regionen seltene, weil in der Hitze schwer zu ziehende Schnittlauch. Was bei uns in der gehobenen Gastronomie längst üblich ist, entdecken die Italiener erst jetzt: nämlich eine phantasievollere und abwechslungsreichere Verwendung der verschiedenen Aromen, die zwar alle bekannt sind, aber in der überlieferten Küche nur begrenzt und nur für bestimmte Zubereitungen gebraucht werden. Für die Fattoria dell'Oca Bianca *sind die von Kleingärtnern und Hausfrauen angebauten Kräuter ein willkommenes Zusatzgeschäft; denn es würde sich nicht lohnen, nur die eigenen Produkte in ganz Norditalien auszufahren. So hat man einen richtiggehenden Feinkostvertrieb aufgebaut*

Sternstunden der Gastlichkeit

Es ist eines jener Gasthäuser, in denen man sich schon beim Betreten sofort zu Hause fühlt: Die »Antica Trattoria Agnoletti« ist ein wunderschönes, stattliches Anwesen in Giavera, einem kleinen Ort am Fuße des Montello. Der langgestreckte, dichtbewaldete Bergrücken nördlich von Treviso ist vor allem für seine herrlichen Wanderwege und schon vom Frühsommer an als Paradies für Pilzfreunde bekannt. So versteht es sich fast von selbst, daß die Küche von Graziella Agnoletti von Pilzen geprägt ist. Frisch oder getrocknet – rund ums Jahr findet man Pilze auf ihrer Speisekarte. Wie herrlich, die zu üppigen Stilleben arrangierten Pilzkörbe auf dem Büffet im Eingang zum Restaurant! Das Haus befindet sich bereits seit mehr als 200 Jahren in der Familie von Ehemann Pietro, der sich um die Gäste kümmert. Im Sommer ißt man draußen, im verwunschenen Garten, von einer üppig bewachsenen Rosenlaube beschützt. Während der kühlen Jahreszeit nimmt man ebenso gern im gemütlichen, holzgetäfelten Speisesaal Platz, wo ein lodernder Kamin für Behaglichkeit sorgt.

Besondere Freude macht Pietro und Graziella das Aufspüren alter, vergessener Rezepte; und sie stellen beim Ausprobieren, Herumtüfteln und behutsamen Modernisieren immer wieder fest, daß so manche Zubereitungen durchaus zeitgemäß und vor allem bekömmlich sind. Ihr einziges Manko: Viele der alten Hausrezepte erfordern viel Zeit und Mühe; manche gibt's deshalb nur auf Vorbestellung.

Andere Rezepte wiederum sind unerhört praktisch: Steinpilze, zum Beispiel, kann man konservieren, indem man die Hüte, zuerst Röhren nach oben, dann umgedreht, in sehr heißem Olivenöl schwimmend etwa 3 bis 5 Minuten brät. Jetzt erst salzen und pfeffern, mit Öl bedeckt kalt stellen. So bleiben sie eine Woche lang frisch. Zum Servieren grillen oder in etwas Butter braten, gehackte Petersilie darüber – fertig ist herrliches Essen!

Pietro Agnoletti, prächtige Steinpilze

Kein Museum, sondern tagtäglich in Benutzung: der Grill in der alten Küche

1

CROSTATA DI FUNGHI

PILZTORTE

<u>Für 1 Springform 26 cm Durchmesser:</u>
<u>Mürbteig:</u>
300 g Mehl, 100 g Butter, Salz, 1 Ei
<u>Füllung:</u>
1,5 kg Pilze (Waldpilze gemischt oder Zuchtchampignons), 2 EL Butter, 2 EL Olivenöl, 1 Zwiebel, 4 Knoblauchzehen, Salz, Pfeffer, 1 Bund Petersilie
<u>Béchamelsauce:</u>
1 EL Mehl, 2 EL Butter, ⅜ l Milch, Zitronenschale, Petersilienstengel, 1 Lorbeerblatt, Muskat, Zitronensaft
<u>Außerdem:</u>
4 Eier, Muskat

Aus den Zutaten rasch einen Mürbteig kneten und in Folie gepackt eine halbe Stunde kalt stellen.
Die Pilze sorgfältig putzen. Butter und Öl in einer großen Pfanne erhitzen, feingehackte Zwiebel und Knoblauchzehen darin andünsten. Pilze zufügen, salzen und pfeffern. Dünsten, bis fast aller Saft verkocht ist. Gehackte Petersilie unterrühren, abkühlen lassen.
Für die Béchamelsauce Mehl in heißer Butter andünsten, Milch angießen, Zitronenschale, Petersilienstengel und Lorbeerblatt zufügen, salzen und pfeffern. 20 Minuten köcheln; durchsieben, mit Muskat und Zitronensaft würzen. Schließlich drei Eigelb unterquirlen. Mit den Pilzen vermischen. Noch einmal kräftig abschmecken, bevor drei steifgeschlagene Eiweiß untergezogen werden. In eine mit dem Mürbteig ausgeschlagene Form füllen. Aus Teigresten Streifen schneiden und als Gitter obenauf legen. Mit verquirltem Ei einpinseln. Bei 180 Grad etwa eine Stunde backen.

2

RISOTTO AI FINFERLI

PFIFFERLING-RISOTTO

<u>Für vier Personen:</u>
1 Zwiebel, 3 EL Olivenöl, 100 g Butter, 250 g Rundkornreis, ¼ l Weißwein, 1 Döschen Safran, Salz, ¾ l Gemüse-, Rinder- oder Hühnerbrühe, 250 g Pfifferlinge, 3 Knoblauchzehen, Pfeffer, 3–4 Wacholderbeeren, 4 EL gehackte Petersilie, 50 g frisch geriebener Parmesan

Die Zwiebel nur grob hacken, in Olivenöl und zwei Eßlöffeln Butter anrösten. Schließlich mit einer Schaumkelle wieder herausfischen – nur ihr Röstgeschmack ist im Risotto erwünscht. Den Reis in das gewürzte Fett schütten und unter Rühren andünsten, bis alle Körnchen von einem Fettfilm umhüllt sind. Weißwein angießen, um die Hälfte einköcheln. Den in etwas Wasser aufgelösten Safran unterrühren und salzen. Mit Brühe knapp bedecken, auf mildem Feuer leise köcheln, dabei immer wieder rühren und heiße Brühe nachgießen, wenn der Risotto zu trocken wird.
Inzwischen die geputzten Pfifferlinge in drei Eßlöffeln Butter andünsten, den Knoblauch durch die Presse hinzudrücken. Die Pilze mit Salz, Pfeffer, zerdrücktem Wacholder und mit Petersilie würzen.
Das Pilzragout unter den Risotto rühren, sobald die Reiskörner gar sind, aber noch ein wenig Biß haben. Die restliche Butter und den Käse untermischen. Zugedeckt neben dem Herd noch fünf Minuten durchziehen lassen, bevor serviert wird.

1

2

3

3

SOPA COADA

BROTAUFLAUF

Sopa coada ist der Trevisaner Dialektausdruck für *zuppa covata,* auf deutsch *ausgebrütete Suppe.* Die Spezialität aus der Provinz Treviso schätzt man besonders im hügeligen Bergland des Montello, denn man benötigt Täubchen dafür, zarte, junge Nesttäubchen, die noch nicht flügge sind. Weil die mittlerweile selten und teuer wurden, nimmt man heute auch Hähnchen dafür; »aber«, sagt Padrone Agnoletti abschätzig, »das ist wirklich kein Ersatz!« *Ausgebrütet* nennt man den Eintopf oder Auflauf, weil er wie auszubrütende Küken warm gehalten werden muß, also gut zugedeckt über Nacht entweder in einer Art Kochkiste oder im leicht erwärmten Backofen ruhen. So können sich die Aromen gegenseitig durchdringen.
In der *Antica Trattoria* muß man die *sopa coada* daher vorbestellen. Immerhin – anderswo macht man sich die Mühe überhaupt nicht mehr.

Für sechs Personen:
3 schöne Täubchen, 2 EL Olivenöl,
150 g Butter, 2 Zwiebeln, 2 Möhren,
1 Lauchstange, 2–3 Selleriestengel,
Salz, Pfeffer,
300 g Weiß- oder Landbrot,
150 g frisch geriebener Parmesan

Die Täubchen putzen und in sechs Teile zerlegen. In heißem Öl mit zwei Eßlöffeln Butter auf allen Seiten schön anbraten. Den Magen ebenfalls mitbraten. Herz und Leber erst ganz zum Schluß für einige Minuten zufügen. Inzwischen jeweils die Hälfte des Gemüses sehr fein hacken und um die Taubenstücke streuen. Salzen, pfeffern. Auf kleinem Feuer etwa eine halbe Stunde im eigenen Saft sanft schmoren. Das Fleisch sorgfältig vom Knochen lösen. Die Knochen mitsamt dem restlichen, grob zerkleinerten Gemüse zurück in den Topf geben. Mit 2 l Wasser auffüllen. Zugedeckt zwei bis drei Stunden lang zu einer kräftigen Brühe auskochen.
Das Brot in dreizentimetergroße Würfel schneiden, in etwas Butter golden rösten. Boden und Rand einer hochwandigen Auflaufform, die dick mit Butter ausgestrichen ist, damit auslegen. Eine Schicht in Stücke gezupftes Taubenfleisch darauf betten, etwas mit Brühe benetzen und großzügig mit Käse bestreuen. Mit einer Schicht Brotwürfeln bedecken, ebenfalls mit Käse bestreuen und mit Brühe tränken. So fortfahren, bis alles aufgebraucht ist, die oberste Schicht bilden Brotwürfel und Käse.
Die Form über Nacht in den 80 Grad warmen Ofen stellen. Vor dem Servieren die Hitze erhöhen, damit der Auflauf richtig heiß wird. Dann eine Platte auflegen und alle Brühe abgießen. Den Auflauf auf die Platte stürzen und mit Parmesan bestreut sofort zu Tisch bringen. Die abgegossene Brühe in einer Saucière getrennt dazu reichen. Man ißt die *sopa coada* aus tiefen Tellern mit einem Suppenlöffel.

4

FARAONA CON SALSA PEVERADA

PERLHUHN MIT LEBERSAUCE

Die *salsa peverada,* die *gepfefferte* Sauce ist in Venetien die klassische Begleitung zu gebratenem Geflügel. Leider, bedauert Pietro Agnoletti, lehnen die Gäste immer mehr stark gewürzte Gerichte ab, deshalb wird meist nur eine »sanfte« Version der ursprünglich sehr scharfen, würzigen und angenehm säuerlichen Sauce aufgetischt. Wenn möglich nimmt man die Leber des Geflügels, zu dem die Sauce serviert werden soll. Man kann aber auch Kalbsleber verwenden.

Für vier Personen:
1 Perlhuhn, 1 EL Salz,
1 EL Pfefferkörner,
1 Strauß Rosmarinzweige,
3–4 Scheiben durchwachsener Speck,
2 EL Butter, 1 Glas Rotwein
Lebersauce:
3 Anchovisfilets, 2 scharfe Peperoncini
(frische Chilischoten),
1 Bund glatte Petersilie, 1 Zwiebel,
2 Knoblauchzehen, ⅛ l Olivenöl,
50 g Butter, 100 g Geflügelleber,
Salz, Pfeffer, 2 EL Cognac,
1 Zitrone, 2 EL Essig, 2 EL Kapern,
3–4 Cornichons

Das Perlhuhn mit einer Mischung aus im Mörser zerstoßenen Salz, Pfeffer und Rosmarin einreiben, den Rest in seinen Bauch füllen. Die Brustseite mit Speckstreifen abdecken, diese mit Küchenzwirn festbinden. Das Huhn in einen Bräter setzen, mit flüssiger Butter übergießen und bei 170 Grad 90 Minuten braten. Nach etwa 20 Minuten den Rotwein darüberschütten. Ab und zu mit dem Bratenjus beschöpfen, damit das Perlhuhn schön ebenmäßig bräunt und saftig bleibt.
Für die Sauce Anchovisfilets, entkernte Peperoncini, Petersilie, Zwiebel und Knoblauch fein hacken. In einem Gemisch aus Olivenöl und 2 Eßlöffeln Butter andünsten. Die in Würfel geschnittene, geputzte Leber zufügen und nur rasch rundum fest werden lassen, nicht durchbraten. Salzen, großzügig pfeffern. Mit Cognac ablöschen. Im Mixer pürieren, dabei die restliche Butter, Zitronensaft, abgeriebene Zitronenschale, Essig, Kapern, und Cornichons zufügen.
Perlhuhn und Sauce auf einem Bett von Polenta oder Kartoffelpüree anrichten.

1

BRASATO DI MANZO AI FUNGHI

RINDERSCHMORBRATEN MIT PILZEN

Für acht Personen:
200 g durchwachsener Speck, Salz, Pfeffer, 3–4 Knoblauchzehen, 2 TL Thymianblättchen, 1,5 kg Rinderlende oder falsches Filet, 4 EL Olivenöl, 3 EL Butter, 2 Zwiebeln, 3 Knoblauchzehen, 1 Flasche Rotwein, 4 Selleriestengel, 1 dicke Möhre, ½ Dose geschälte Tomaten mit Saft, 50 g getrocknete Pilze, ca. ½ l Brühe

Den Speck in fingerdicke Streifen schneiden. Mit einer Mischung aus Salz, Pfeffer, gehacktem Knoblauch und Thymian einreiben und eine Stunde (oder sogar länger) marinieren. Das Fleisch damit längs spicken.

In einem Bräter, der das Fleisch gerade eben aufnehmen kann, im heißen Öl-Butter-Gemisch rundum schön anbraten. Erst dann die feingewürfelten Zwiebeln und Knoblauchzehen darum herumstreuen und auch sie anrösten. Mit dem Wein fast bedecken. Im offenen Topf auf dem Herd so lange köcheln, bis der Wein nahezu völlig verdampft ist. Nunmehr das fein gewürfelte Wurzelgemüse, die Tomaten samt Saft und die getrockneten Pilze zufügen. Brühe angießen, das Fleisch wenden. Etwa drei Stunden weiterhin ganz sanft schmurgeln lassen.

Jetzt ist der *Brasato* zwar fertig, aber besser noch schmeckt er am nächsten Tag, nachdem er hat durchziehen können. Außerdem läßt er sich dann leichter in Scheiben schneiden. Der Schmorsud wird durchpassiert und als Sauce zum Braten serviert. Natürlich paßt auch hierzu Polenta.

2

GELATO ALLA VANIGLIA AI FRUTTI DI BOSCO

VANILLEEIS MIT WALDBEEREN

Für sechs Personen:
5 Eigelb, 120 g Zucker, ¼ l Milch, 1 Vanillestange, ¼ l Sahne
Außerdem:
500 g gemischte Waldbeeren, Zucker

Eigelb mit dem Handrührer zu einer dicken Creme schlagen, dabei den Zucker zufügen. So lange rühren, bis der Zucker aufgelöst und die Creme fast weiß geworden ist. Inzwischen die Milch aufkochen. Die Vanillestange darin einweichen, schließlich aufschlitzen, ihr Mark herauskratzen und in die heiße Milch rühren. Zur Eigelbcreme gießen. Die Masse zurück in den Topf schütten und auf mildem Feuer unter ständigem Rühren erhitzen und einmal aufwallen lassen, damit die Eigelb binden, jedoch nicht ins Kochen geraten lassen, weil sie sonst gerinnen und ausflocken. Abkühlen lassen, die flüssige Sahne unterrühren, die Masse in der Eismaschine unter Rühren gefrieren. Wer keine Eismaschine hat, zieht die Sahne steifgeschlagen unter und läßt das Eis im Gefrierfach festwerden.

Das Vanilleeis mit nach Geschmack gezuckerten Waldbeeren in Dessertschalen hübsch anrichten.

1

2

3

4

3

COMPOSTA DI FIGHI

FEIGENKOMPOTT

Ebenso einfach wie langwierig: Die Feigen werden hierfür nämlich 24 Stunden lang auf mildester Hitze in Zuckersirup geköchelt, dabei jedoch immer wieder mit Hilfe zweier Löffel angehoben und umgesetzt, damit sie nicht zusammensinken und ihre Form behalten. »Eine Aufgabe für Klosterbrüder«, grinst Pietro Agnoletti, »die bekanntlich viel Zeit haben . . .«

Für sechs Personen:
1,5 kg grüne Feigen (blaue sehen nicht so schön aus), ca. 1 l Wasser, 400 g Zucker, Schale von 1 Zitrone, 2–3 Lorbeerblätter, 2 Nelken, 1 EL Pfefferkörner

Die Feigen mit ihrem Stiel nach oben in einen möglichst exakt passenden Topf setzen, der sie alle nebeneinander aufnehmen kann. Bis zur Hälfte der Früchte Wasser angießen. Zucker darüberstreuen, Zitronenschalen und Gewürze dazwischen verteilen. Einmal aufkochen, dann auf ganz mildem Feuer (bei Gas unbedingt eine Dämmplatte unterlegen). 24 Stunden sanft ziehen lassen, dabei wie oben beschrieben immer wieder umsetzen und anheben. Im Sud abkühlen lassen. Zu Eis, Cremes und trockenem Kuchen reichen oder einfach pur essen.

4

TORTA DI PERE

BIRNENKUCHEN

Für 1 Springform 26 cm Durchmesser:
1 kg Birnen, 3 EL Maraschino, 3 EL Zucker, 3 EL Butter, Semmelbrösel
Rührteig:
250 g Butter, 4 Eier, 250 g Zucker, 350 g Mehl, 1 TL Backpulver

Die Birnen schälen, vierteln, vom Kerngehäuse befreien, quer in Scheiben schneiden. In einer Schüssel mit Maraschino beträufelt und mit Zucker bestreut marinieren.

Für den Teig die zimmerwarme Butter mit Eiern und Zucker in der Küchenmaschine mindestens 15 Minuten rühren, damit eine luftige, helle Masse entsteht. Rasch das Mehl mit dem Backpulver einarbeiten. Die Birnen in diesen Teig mischen. In eine gebutterte, mit Bröseln ausgestreute Form füllen. Bei 190 Grad etwa 50 bis 60 Minuten backen. Die Oberfläche darf ruhig dunkle Stellen zeigen, sollte nicht zu blond wirken. Der Kuchen ist gar, wenn ein Stäbchen, das man an der dicksten Stelle hineinsticht, sauber bleibt.

Tip: Nach demselben Rezept kann man auch einen wunderbaren Apfelkuchen zubereiten, allerdings sollte man die Apfelscheibchen zuvor in etwas Butter mit Zucker dünsten.

Flüssiges Gold: Torcolato von Maculan

Wir stehen oberhalb des niedlichen Städtchens *Breganze* in den Hügeln der Voralpen und schauen weit in die Poebene hinein. Rundum Reben, Maulbeerbäume, Villen und Bauernhöfe – eine idyllische, bukolische, noch sehr intakt wirkende Landschaft. Die Weine von hier, rote wie weiße, genießen schon seit langem einen guten Ruf. Internationale Berühmtheit erlangte Wein aus Breganze aber erst vor wenigen Jahren, seit nämlich das Geschwisterpaar Franca und Fausto Maculan, mit dem Althergebrachten unzufrieden, eine eigene, höhere Vorstellung von Qualität entwickelte.

»Ein großer Wein entsteht nur aus dem glücklichen Zusammentreffen verschiedener natürlicher Gegebenheiten – und dem Willen des Menschen«, sagt Fausto Maculan leise, besinnlich und fast demütig. Dann aber reckt er sich und weist mit großer Gebärde über das Land: »Wir sind gesegnet mit Bedingungen, wie sie die Natur nur selten bietet! Gegen die kalten Nordwinde geschützt durch die Voralpen; mit langen, heißen und trockenen Sommern; mit teils sonnigen, teils trüben Herbstmonaten, deren Nebel uns die in edelsüßen Weinen begehrte Botrytis bringen; mit einer Mischung der verschiedensten Böden – hier Moränenhügel, dort vulkanischen Ursprungs und dort unten«, er deutet auf die flachen, langgezogenen Hügel vor der Ebene, »eine Unzahl von weißen, in Jahrtausenden vom Fluß *Astico* heruntergetragenen Kieseln, die diese Böden mineralisch und wasserdurchlässig machen.«

Fausto Maculan hat sich in Begeisterung geredet und kommt nun zum zweiten Teil seiner Feststellung, spricht über seine und seiner Schwester Ziele, von ihrem Streben nach Qualität. Es ist ein kompliziertes Zusammenspiel verschiedener Maßnahmen, in zwanzig Jahren gewachsen. Fausto Maculan macht keinen Hehl daraus, daß die französischen Weine

Weinberg »Ferrata«: An rostfreien Drähten finden die niedrig gezogenen Reben Halt, weiße und rote Rosen schmücken die Rebzeilen von Chardonnay und Cabernet

seine Vorbilder sind, obwohl er voll auf deutsche Kellertechnik setzt. Aus Frankreich hat er sich die besten Klone von Chardonnay und Cabernet geholt. Es gibt keine Mineraldüngung, keine Herbizide – zwischen den Rebzeilen grünt es, damit die Wurzeln der Weinstöcke in Konkurrenz mit dem Gras treten und tief nach unten wachsen, um sich sicher zu versorgen. Vor allem in der Pflanzung wurden völlig neue Wege beschritten: Im Abstand von einem Meter stehen die Rebzeilen, die niedrig gezogenen Rebstöcke ebenfalls nur einen Meter auseinander! »Wir pflanzen 10 000 Stöcke pro Hektar – auf alten Rebbergen stehen dagegen nur 2000 bis 3000! Pro Stock lassen wir nur sechs Augen stehen, damit die Trauben genügend Gehalt bekommen. Und wir lesen fünf- bis sechsmal, so daß nur wirklich reife

und gesunde Trauben in die Presse kommen. Das kostet natürlich Geld, und deshalb müssen wir teurer sein.«
Sieben Rebsorten prägen die Weine mit der kontrollierten Ursprungsbezeichnung *Breganze DOC:* die weißen Vespaiolo, Tocai, Pinot Bianco und Pinot Grigio, die roten Merlot, Pinot Nero und Cabernet Sauvignon. Das Angebot von Maculan umfaßt einmal diese DOC-Weine (**D**enominazione di **O**rigine **C**ontrollata), die im Edelstahltank vergoren werden und die bis zum Frühjahr nach der Ernte auf die Flasche kommen. Der Stolz sind aber die Weine, die im *Barrique* reifen, dem neuen, kleinen Faß aus französischer Eiche: die trockenen Weißen *Prato di Canzio* aus Weißburgunder, Chardonnay und Tocai sowie der *Chardonnay;* die roten Cabernet Sauvignons aus den besten Lagen (»Cru«) *Palazzotto, Fratta* und *Ferrata;* schließlich der edelsüße, sauternesähnliche *Torcolato* aus den Rebsorten Tocai, Vespaiolo und Garganega.
Im Oktober, sobald die Trauben voll-

Fausto Maculan: »vignaiolo«, der Winzer

reif sind, werden sie für den Torcolato vorsichtig gelesen und an Schnüren aufgehängt (die kleinen bleiben in Kisten liegen): Jetzt reifen sie bis Februar, trocknen dabei ein und werden immer süßer, aber es konzentrieren sich auch Säure und Mineralien. Endlich werden die Trauben schonend gepreßt und der dicke Saft langsam vergoren, damit sich die Aromen voll entfalten können. Dann reift der Wein ein Jahr in neuen kleinen Eichenfässern, ehe er nach sechs weiteren Monaten Flaschenlager verkauft wird. Man kann ihn jung trinken, um die wundervollen Aromen von Kletzen (gedörrten Birnen) und Aprikosen, Vanille und Honig, Zimt, Muskat und Haselnuß ganz rein zu genießen; oder alt und gereift, dann dunkler, komplexer und fülliger im Geschmack. Ein Wein für den Kamin, zum Dessert oder als Aperitif, zur Gänseleber: flüssiges Gold!

Das Korn, aus dem Risotto wird

Wer im April durch die flache Gegend südlich von Verona fährt, mag sich über die exakt abgezirkelten, spiegelnden Wasserflächen wundern, die sich rechts und links der Straße ausbreiten. Spätestens 14 Tage später, wenn sich die ersten leuchtendgrünen Halme oberhalb des Wasserspiegels zeigen, weiß jeder: Reisfelder. Risotto ist in Venetien wichtiger als Pasta – und hier wird der dafür nötige Reis angebaut. Übrigens: Italien ist der größte Reisproduzent Europas.

Die knöcheltief überfluteten Reisfelder müssen absolut eben sein, damit der Wasserspiegel überall gleich hoch steht; heute macht modernes Lasergerät dies möglich; früher, als noch Augenmaß galt, hatte man damit seine Probleme. Denn mit Hilfe des Wasserspiegels, der je nach Bedarf gehoben und gesenkt werden kann, wird man heute der Unkräuter Herr, die man früher mit Herbiziden vertilgen mußte. Außerdem kann der Reis auf der ebenen Fläche gleichmäßiger reifen – wichtig für guten Ertrag!

Die Reiskörner werden auf den gewässerten Boden gesät, wo sie etwa vier Wochen lang keimen und Wurzeln treiben. Damit diese sich fest in den Boden verankern können, läßt man für einige Tage das Wasser ab; anschließend werden die Felder erneut bis kurz vor der Ernte überflutet. Das ist die große Zeit für Frösche, die in den Gräben leben, Schnecken und Fische fühlen sich hier wohl. Mitte September sind die Getreidehalme gut kniehoch gewachsen, die Körner reif. Damit der Mähdrescher nicht im Schlamm versinkt, müssen die Felder vor der Ernte trockengelegt werden.

In der Provinz Verona haben die Reisbauern ein *Consorzio* gegründet, eine Genossenschaft zum Schutz des *Vialone Nano*, der Reissorte, die hier vorwiegend angebaut wird. Der schwierige und empfindliche *Carnaroli* (ein Reis für Profiköche), den seltenen *Rosa Marquetti* (mit besonders kleinem Korn), aber auch die sonst in Ita-

Fortsetzung auf Seite 176

Reis ist ein Getreide; diese Binsenwahrheit wird spätestens klar, wenn man den Mähdreschern bei der Ernte zusieht. Unten das Trocknungsgebläse

Das Schloß der Grafen Zenobio, nur wenige Kilometer südlich von Verona, wurde Ende des 17. Jahrhunderts erbaut. Zu einer Zeit, als es in Venetien Mode war, auf dem Land ein standesgemäßes Pied-à-terre zu besitzen. Damals wurde auch der Barockgarten angelegt, der seither unverändert ist und dessen aufwendige Pflege sich der heutige Besitzer einen stolzen Batzen kosten läßt. Er wohnt mit seiner Familie nur während der Sommermonate hier: Das Gemäuer läßt sich nicht beheizen. Das dazugehörige landwirtschaftliche Gut mit fast hundert Hektar Reis- und beinahe doppelt soviel Maisfläche wird von Verwalter Carlo Soardo bewirtschaftet, dessen Familie nun schon in zweiter Generation das Gut betreut

Graf Gianpaolo Farina-Cicogna, der heutige Besitzer von Schloß Zenobio, lebt in Vicenza. Er ist Apotheker und Vorsitzender der Apothekerkammer und verfügt über mehrere Landgüter. Ein großes Gut in Tasmanien hat er jedoch verkauft – es war ihm zu abgelegen. Und seine erwachsenen Kinder konnten und wollten es nicht in ihren Lebensplan einbauen. Eine solche Schloßanlage erfordert viel Aufwand und Aufmerksamkeit, auch Opfer; der Unterhalt ist kostspielig, und trotzdem läßt moderner Komfort sich nur schwer, manchmal auch überhaupt nicht erreichen. Nicht nur die Fresken in der Loggia, die man im Rücken des Grafen sieht, verblassen, blättern ab und bröckeln vor sich hin – im Gebäude selbst gibt es ebenfalls eine Menge zu tun

lien häufig angebauten Sorten *Arborio, Razza 77, Lido* und *Roma,* spielen hier keine Rolle. Nach der Ernte wird der Reis durch große Gebläse getrocknet, um den Feuchtigkeitsgehalt von etwa 22 Prozent um die Hälfte zu reduzieren, und schließlich in die Reismühle transportiert.

Die sicher älteste und schönste Reismühle der gesamten Region ist die *Antica Riseria Ferron* in Isola della Scala, südlich von Verona. Sie wurde bereits 1650 gegründet, ist seit etwa hundert Jahren im Besitz der Familie Ferron und hat sich seither kaum verändert. Immer noch treibt jener kleine, glasklare Bach das gewaltige Mühlrad an, dessen Quelle auch die Reisfelder bewässert. Auf zweierlei Methoden wird hier der Reis seines Spelzenmantels entkleidet: in mächtig ratternden Maschinen aus den 30er Jahren, die etwa 60 Zentner am Tag schaffen. Und die beste Qualität, der *Semifino vialone Nano,* ein Reis mit mittelgroßem Korn, auf die uralte, besonders schonende Weise, die ihm weitgehend das sogenannte *Silberhäutchen* läßt, jenen wertvollen Film, der das Reiskorn umschließt, in dem die meisten Vitamine und Mineralstoffe stecken. Die Anlage dafür ist ebenso gewaltig wie eindrucksvoll: Der ungeschälte Reis wird in genau bemessener Portion in Mörser aus rotem Veroneser Marmor gefüllt; zwei Meter hohe Holzbalken werden durch ein kompliziertes Räderwerk in gleichmäßigem Rhythmus auf- und abbewegt, sie stampfen mit ihrer abgerundeten Eisenspitze die Reiskörner behutsam und energisch zugleich, so daß sie sich allein durch das Herumwirbeln aneinander abschleifen und polieren. 90 Kilogramm Reis werden auf diese Weise täglich produziert; die Reiskörner werden gesiebt, um gebrochene Körner und Polierstaub zu entfernen, schließlich von Hand in Tüten verpackt – eine Manufaktur im wahrsten Sinne des Wortes.

Vater Lionello hat inzwischen den Betrieb seinen beiden Söhnen Gabriele und Maurizio überantwortet. Aber er kann's nicht lassen und arbeitet immer noch mit. Gabriele ist ein umtriebiger PR-Mann, der in aller Welt Vorträge hält und die verschiedensten Risotti, natürlich stets aus dem geliebten *Vialone Nano,* vorführt. Maurizio kümmert sich um die Beratung der Bauern, die exklusiv für ihn nach seinen Qualitätsmaßgaben Reis anbauen.

Beim Blick in die »Antica Riseria Ferron« wähnt man sich im Handwerksmuseum. Aber man hört sofort: Sie arbeitet!

Vater Lionello (links) ist immer noch die Seele der Mühle. Sein Sohn Gabriele ist für das Marketing verantwortlich

In Mörserschalen aus rotem Veroneser Marmor wird der Reis nach alter Tradition durch Stampfen »poliert«

Der geschälte, polierte Reis wird schließlich in einem Sieb von den zu feinem Staub zerkleinerten Spelzen befreit

Der nach dem alten Mörserverfahren behutsam polierte Reis ist niemals blendendweiß, sondern wirkt fleckig, fast grau

Übrig bleibt der Polierstaub, der puderfein zermahlen ist. Er enthält wertvolle Stoffe und wird an Tiere verfüttert

1

RISOTTO ALLE MELE

APFELRISOTTO

Für vier Personen:
2 EL Olivenöl, 1 Zwiebel,
2 Tassen Reis,
4 Tassen Gemüsebrühe,
2 säuerliche Äpfel, 50 g Butter
Salz, Pfeffer, 1 Schmelzkäsescheibe

Im heißen Öl die in Ringe gehobelte Zwiebel anrösten, herausheben und wegwerfen – nur ihr Geschmack ist erwünscht. Den Reis zufügen, unter Rühren andünsten und alle Körnchen mit Öl tränken. Die kochendheiße Brühe angießen. Den Reis auf nunmehr leisestem Feuer zugedeckt 20 Minuten ausquellen lassen.
Die Äpfel schälen, entkernen, in Scheibchen schneiden. In zwei Eßlöffeln Butter andünsten, salzen und pfeffern. Sobald der Reis gar ist, die Äpfel mitsamt der restlichen Butter und der Käsescheibe unterrühren. Mit Salz und Pfeffer abschmecken.

2

RISOTTO AL BASILICO

BASILIKUMRISOTTO

Für vier Personen:
1 Zwiebel, 2 Knoblauchzehen,
2 EL Olivenöl, 2 Tassen Reis,
4 Tassen Gemüsebrühe, Salz, Pfeffer,
1 Bund Basilikum, 2 EL Butter,
1 EL geriebener Parmesan

Feingehackte Zwiebel und Knoblauch im heißen Öl andünsten, nur ganz zart bräunen, den Reis zufügen und mitdünsten. Mit Brühe ablöschen, salzen und pfeffern. Zugedeckt ausquellen lassen. Zum Schluß feingeschnittenes Basilikum, Butter und Parmesan unterrühren. Fünf Minuten ruhen lassen, bevor serviert wird.

3

RISOTTO ALLA ZUCCA

KÜRBISRISOTTO

Für vier Personen:
1 Zwiebel, 2 Knoblauchzehen,
4 EL Olivenöl, 500 g Kürbisfleisch,
1/8 l Rotwein, 2 Tassen Reis,
ca. 3 Tassen Brühe, Salz, Pfeffer,
1 EL Butter, 1 EL Parmesan,
1 EL gehackte Petersilie

Feingehackte Zwiebel und Knoblauch in zwei Eßlöffeln Öl andünsten. Das gewürfelte Kürbisfleisch zufügen, mit Rotwein ablöschen. Zugedeckt etwa 40 Minuten köcheln, bis der Kürbis zu Püree zerkocht ist.
Im restlichen Öl den Reis andünsten, die Brühe und die Hälfte des Kürbispürees zufügen. Salzen und pfeffern. Zugedeckt ausquellen lassen. Schließlich das restliche Püree, Butter, Parmesan und Petersilie unterrühren.

1

2

3

4

RISOTTO ALL'ISOLANA

RISOTTO NACH ISOLANA-ART

Für vier Personen:
150 g Schweinefilet, 150 g Kalbsfilet, 3 EL Olivenöl, 2 EL Butter, 1 Rosmarinzweig, Salz, Pfeffer, 2 Tassen Reis, 4 Tassen Brühe, Zimt

Das Fleisch in gut zentimetergroße Würfel schneiden. In einem Gemisch aus je einem Löffel Öl und Butter rundum kroß anbraten, dabei den Rosmarinzweig zufügen und mit Salz und Pfeffer würzen. Herausheben und beiseite stellen.
Im selben Topf, im restlichen Öl den Reis andünsten, mit Brühe ablöschen, zugedeckt garen. Erst dann das Fleisch mitsamt dem inzwischen ausgetretenen Saft und der restlichen Butter unterrühren. Mit einem Hauch Zimt abschmecken.

5

RISOTTO KO SAMUI

EXOTISCHER RISOTTO

Für vier Personen:
2 Zwiebeln, 4 Knoblauchzehen, 4 EL Olivenöl, 2 Tassen Reis, 4 Tassen Brühe, 250 g Hähnchenbrust, je ½ rote, gelbe und grüne Paprikaschote, 1 EL Currypulver, Salz, Pfeffer, ⅛ l Weißwein, 1 EL Butter

Zwiebeln und Knoblauch fein hacken, die Hälfte davon in 2 Löffeln Öl andünsten. Den Reis zufügen und mit der kochendheißen Brühe ablöschen. Zugedeckt gar quellen lassen.
Inzwischen das Hähnchenfleisch zentimetergroß würfeln, im restlichen Öl scharf anbraten. Die ebenfalls in zentimetergroße Stücke geschnittenen Paprika zufügen. Currypulver darüberstreuen, salzen und pfeffern. Mit Wein ablöschen und einige Minuten dünsten. Zum Schluß mit der Butter unter den fertigen Reis mischen.

6

TIRAMISU DI RISO

TIRAMISU AUS REIS

Für vier Personen:
2 Tassen Reis, 4 Tassen Milch, je 1 Stück Zimt- und Vanillestange, 2 Eier, 75 g Zucker, 2 EL Orangenlikör, 250 g Mascarpone, 150 g Löffelbiskuits, Kakaopulver

Reis in einem Topf mit Milch bedekken, Zimt und Vanille zufügen. 20 Minuten leise ausquellen lassen. Gewürzstangen herausfischen, Vanillemark auskratzen und in den Reis rühren. Abkühlen lassen.
Eigelb mit Zucker dick und schaumig schlagen. Mit Orangenlikör parfümieren. Mascarpone und steif geschlagenen Eischnee einrühren, den Reis unterziehen. Diese Masse abwechselnd mit Löffelbiskuits in eine flache Auflaufform schichten. Kalt stellen und durchziehen lassen. Vor dem Servieren dick mit Kakaopulver überpudern.

4

5

6

Veronas perfekte Inszenierung: Römer und

1900 Jahre alt soll das Ortsschild an der römischen *Porta dei Borsari* sein: »*Colonia Augusta Verona*« kann man auf einer Marmortafel entziffern. Das Tor steht unauffällig zwischen Stadthäusern, keineswegs respektheischend eine geschichtliche Gedenkminute fordernd, selbstverständlich, einfach *da:* Verona ist eine unglaublich präsente Stadt, die Verzahnung von Vergangenheit und Gegenwart, von römischer Rationalität und venezianischer Traumverlorenheit, von mittelalterlicher Innigkeit und barocker Lebensfreude, von Geschichte und Legende, von Realität und Illusion, Wahrheit und Dichtung ist allgegenwärtig.

»Das Amphitheater ist also das erste bedeutende Monument der alten Zeit, das ich sehe, und so gut erhalten! Als ich hineintrat, mehr noch aber, als ich oben auf dem Rande umherging, schien es mir seltsam, etwas Großes und doch eigentlich nichts zu sehen. Auch will es leer nicht gesehen sein, sondern ganz voll von Menschen ... wenn man es leer sieht, hat man keinen Maßstab, man weiß nicht, ob es groß oder klein ist.« So wie Goethe zu Beginn seiner italienischen Reise ergeht es uns heute auch. Doch müssen wir, um die Arena gefüllt zu sehen, nur auf *Aida* warten – wenn 22 000 Zuschauer ein »Oktoberfest der Oper« erleben, eine vergnügte Nacht mit Musik und Gesang, Wein und Picknick und dem imposanten Bild von vielen tausend flackernden Fakkeln ...

Die Arena: Oval für Gladiatorenkämpfe

Signorina auf der Piazza dei Signori

Natürlich ist die Arena an der weiten, cafégesäumten, zederngeschmückten *Piazza Bra* nicht seit ihrer Entstehung so erhalten geblieben, wie wir sie heute sehen. Schon in römischer Zeit, als die Germanen die Stadt bedrohten, brach man einen Mauerring zum raschen Bau eines Schutzwalles ab. Das Amphitheater wurde Festung, später erneut Steinbruch, seit der Renaissance jedoch restauriert und gepflegt. Im letzten Krieg fungierten die Gewölbe als Bunker, danach war eine gründliche Renovierung fällig.

Skaliger, Romeo und Julia, Arena und Aida

Als die Arena gebaut wurde, lag sie außerhalb der Stadt, die sich in ein schützendes Knie der Etsch hineinschmiegt, hier *Adige* geheißen. Längs des ungebärdig aus den Alpen herunterströmenden, von elf Brücken überspannten Flusses schattige Promenaden, Bänke laden zum Ruhen ein. Beschaulich der Blick auf die Burg mit ihren herrlichen Zypressen, vor allem am Abend, wenn das warme Licht der untergehenden Sonne das berühmte Rosagold des Veroneser Marmors zum Leuchten bringt.

Zentrum der im regelmäßigen Geviert angelegten Stadt war das römische *Forum,* heute einer der schönsten Marktplätze Italiens, die *Piazza delle Erbe.* Leider haben häßliche Souvenirs, Freizeitkleidung und geschmackloses Fast Food die herrlich duftenden Früchte und Kräuter, das bunte Gemüse und die zwitschernden Vögel zu verdrängen begonnen. Doch es wacht der venezianische Löwe über schwatzende Kaffeehausgäste und eisschleckende Müßiggänger, wieder zurück auf seiner Säule, von der er nach Napoleons Sieg über Venedig für ein paar Jahrzehnte verstoßen war: Verona ist keine nachtragende Stadt!

Verona überstand den Odoaker, der den letzten Kaiser Roms absetzte, Theoderich, der als Dietrich von Bern

Piazza delle Erbe mit Madonna di Verona

Verwaschene Fresken aus glanzvoller Zeit

Via Mazzini: Fußgängerzone im Zentrum

(altdeutsch für Verona) in die Sagenwelt einging. Es erblühte zu einer der schönsten Städte Italiens, trotz der bösen Zeit der Langobarden, trotz der Gewaltherrschaft der merkwürdigen Familie della Scala, in der sich einer den Beinamen *Cangrande,* »großer Hund«, ein anderer *Mastino,* »Kampfhund« zu geben beliebte. Aber diese Skaliger bauten auch das stilbildende, zinnenbekrönte *Castel Vecchio* mit seiner Etschbrücke, nahmen den aus Florenz verjagten Dante auf und setzten sich mit ihren Gräbern, den *Arche Scaligere,* ein kunstvolles Denkmal.

Dann kamen die Venezianer, unter deren Schutz sich Verona natürlich nicht, wie oft zu lesen, freiwillig stellte, sondern weil es dessen Herrschaft gegenüber den Mailänder Visconti als das kleinere Übel betrachtete. Es begann eine neue Blüte, eine neue Zeit der Feste und der Legendenbildung – Shakespeare macht Verona zum Schauplatz einer, nein: »der« Liebesgeschichte: *Romeo und Julia,* deren Leben und Lieben heute eine Attraktion für Millionen von Touristen ist: Haben sie hier gelebt, in diesem Verona? Wer Spuren sucht, findet sie allenthalben – aber sind sie echt? Einer historischen Wahrheit entsprechen Romeo und Julia gewiß nicht. Doch das ist gleichgültig, denn hier sind sie lebendig!

Verona und sein Wein: Am berühmtesten und beliebtesten sind der weiße Soave *und der rote* Valpolicella. *Aber Ruhm kann ruinieren: Lange Jahre wurde fast ausschließlich Quantität erzeugt, jetzt haben die klügeren Winzer wieder die Qualität ins Auge gefaßt – man hat gemerkt, daß sich geringerer Ertrag, bessere Bewirtschaftung und Sorgfalt im Keller in barer Münze auszahlen. Natürlich gibt es weiterhin den anspruchslosen*

Gebrauchswein für die Familientafel und die einfache Gastronomie. Aber einige Häuser, etwa Anselmi *und* Pieropan *in* Soave, *und* Quintarelli, Tedeschi, Masi *und* Le Ragose *im* Valpolicella, *füllen hervorragende Weine auf die Flasche.*
Darüber freut sich vielleicht auch Julia: In Verona bekommen junge Mädchen wie erwachsene Frauen leuchtende Augen, wenn sie das Haus betreten, in dem Julia gelebt haben soll. Und gar manche spielt die vollendete Liebende, sich vor Sehnsucht verzehrend auf dem schönen Balkon … Und dann – das schätzen die Veroneser besonders – kann man sich ruhig ein Andenken an die Liebenden kaufen!
Auf den Bildern rechts der römische Arco dei Gavi, *ein tragender Löwe am Portal von* S. Anastasia *und der marmorne Ziehbrunnen auf der niedlichen* Piazzetta Mazzanti

Luxusküche, die nie ihre Heimat leugnet: »Il Desco« in Verona

Wer sein Restaurant ebenso schlicht wie imperativ *Die Tafel* nennt, setzt damit Maßstäbe für hohe Erwartungen. Mag sein, daß sich mancher für eine gewaltige Tafelei eher einen weniger kühl durchgestylten Raum vorstellt, als Elia Rizzos Restaurant *hinter der Kirche des Heiligen Sebastian*. So lautet übrigens der Name der schmalen Gasse in Veronas Altstadt absolut zutreffend. Das Haus stammt aus dem 15. Jahrhundert, die museumsreifen Kassettendecken im Eingang und im Speiseraum blieben seither unberührt, aber trotzdem leuchten noch die Farben. Der einzige Schmuck an den ochsenblutfarbenen, seidenglatten

Verschnörkelt ist hier nur die Schrift

Stuckwänden, sind Missoni-Tapisserien, natürlich farblich passend abgestimmt; die Tische für höchstens 50 Gäste stehen weit auseinander und sind anspruchsvoll gedeckt.

Fest steht jedenfalls, daß der Gast sich hier getrost großartige, kulinarische Genüsse erwarten kann. In den letzten zehn Jahren hat sich *Il Desco* zur Institution entwickelt. Und wer die Laufbahn des eleganten Restaurants über diese Jahre hinweg beobachten konnte, stellt mit Vergnügen fest, daß sich der jugendliche Patron und Küchenchef Elia Rizzo inzwischen »frei« gekocht hat: Wo er vor Jahren noch mit Einflüssen aus der französischen Küche experimentierte, die ja schließlich als die einzig wahre, wirklich große *Cuisine* gefeiert wurde, kocht er heute immer eindeutiger regional; allerdings mit ganz und gar unitalieni-

scher Präzision und Akkuratesse. Er verwendet am liebsten Produkte aus dem eigenen Land; Schnecken aus Ferrara, Stör aus den *Valli* an der Adria, Hecht oder Renken aus dem Gardasee. Er arbeitet viel mit Gemüse, auch solchen Sorten, die man bislang in feinen Restaurants eher verschmähte, wie Wirsing, Linsen oder Rote Bete; seine Gnocchi, Ravioli oder Risotti sind von seltener Finesse, und die Desserts jede Sünde wert.
Elia Rizzo ist ein Sohn der Stadt. Sein Elternhaus ist die *Vecchia Bottega dei Vini*, eine der urigsten und ehrlichsten Kneipen Veronas; verräuchert, holzgetäfelt, mit Wein vom Faß, mit dem es sich zünftig zechen läßt, und wo man immer eine herzhafte Kleinigkeit zu essen bekommt. Kein Wunder, daß ihm Bodenständiges naheliegt. Die Gäste danken ihm die Tatsache, daß er sich nicht scheut, diese Vorlieben in seine Speisekarte einzubauen, und kommen gerne wieder.

Die Restaurantmannschaft ist eher klein: Elia Rizzo (zweiter von rechts, mit der langen, weißen Schürze) wird in der Küche noch von vier weiteren Köchen unterstützt. Im Saal arbeiten Sommelier Raffaele und zwei Kellner. Sie alle sind ist seit den Anfängen des Desco *zusammen – kürzlich haben sie zehnjähriges Jubiläum gefeiert. Man will es kaum glauben, wenn man den jugendlichen Chef mit seinem jungen Team betrachtet*

1

TORTA DI LUCCIO DI LAGO

QUICHE VOM SEEHECHT

Auf hauchdünnem Blätterteigboden kleine Hechtfiletstücke, großzügig vermischt mit stecknadelkopfgroß gewürfeltem Wurzelgemüse. Darüber ein Guß aus Eiern und Sahne, und so sanft gebacken, daß die Füllung zart und cremig geblieben ist. Dazu eine *peperonata* aus gelben Paprikaschoten, Zwiebeln und Tomaten.

2

RAVIOLI DI PORRI AL SUGO DI FINFERLI

LAUCHRAVIOLI MIT PFIFFERLINGEN

Dreieckige Teigtäschchen aus hauchdünnem, mit viel Eigelb gelb gefärbtem Nudelteig, gefüllt mit einer milden Farce aus Ricotta und feingeschnittenem Lauch. Dazu eine leichte, klare Sauce mit Pfifferlingen, Kalbsjus und gehackter Petersilie.

3

PASTICCIO DI VERDURE

GEMÜSEAUFLAUF

Ein unerhört leichter und delikater Auflauf aus hauchdünnen Nudelblättern, die mit verschiedenen Gemüsen aufeinandergestapelt sind. Jede Schicht wurde mit einer cremigen, käsewürzigen und muskatduftenden Béchamelsauce gebunden. Im Ofen goldbraun überbacken und schließlich als eckiges Tortenstück serviert.

4

GNOCCHI DI PATATE AL FEGATO GRASSO E TARTUFO

KARTOFFELGNOCCHI MIT STOPFLEBER UND TRÜFFEL

Wunderbar zarte Gnocchi, die auf der Zunge zergehen, in einer duftenden Sauce aus Trüffeljus und geschmolzener Gänsestopfleber, in der gehackte schwarze Trüffel das Aroma noch verstärken. Hauchdünn gehobelter Bergkäse obendrüber gibt Würze.

5

LUMACHE IN UMIDO

SCHNECKENRAGOUT

Herrlich fleischige, große Schnecken, die übrigens in der Nähe von Ferrara gezüchtet werden, in einem klaren Schmorsud aus dem konzentriert eingekochten eigenen Saft und viel winzig gewürfeltem, buntfarbenem Wurzelwerk. Die Polenta dazu ist sehr zart und cremig und wurde mit einem rundgezackten Ausstecher geformt.

6

PICCIONE RIPIENO CON DADI DI POLENTA E LENTICCHIE

GEFÜLLTES TÄUBCHEN MIT POLENTA UND LINSEN

Die Füllung aus den eigenen Innereien und Gänseleber; die Sauce aus konzentriertem Fond, Madeira und etwas Butter. Die Polenta wurde in daumennagelgroße Würfel geschnitten und nur rasch in etwas Butter gebräunt. Dazu kleine, braune Linsen.

Olivenöl: der Schatz vom Gardasee

Daß überhaupt am Gardasee Oliven gedeihen können, der ja auf ziemlich nördlicher Breite liegt, ist seinem vor rauhen Winden geschützten, glücklichen Platz zu verdanken. Das Klima rund um den See ist das Jahr über ausgewogen, es ist weder im Sommer zu heiß, noch im Winter zu kalt. Und wie immer, wenn Pflanzen an der Vegetationsgrenze leben, entwickeln auch hier die Oliven ein besonders intensives Aroma: So mild und fruchtig geraten die Früchte sonst nirgendwo. Deshalb gilt auch das Öl vom See als besonders zart, wenig fett und elegant. Damit ist übrigens nicht der objektive Fettgehalt des Öls gemeint, der natürlich immer etwa gleich ist, sondern vielmehr die Wirkung des Öls, das einen um so frischeren und leichteren Eindruck macht, je fruchtiger und aromatischer es schmeckt. Dies ist vor allem dann der Fall, wenn die Oliven von alten Bäumen stammen und wenn sie rechtzeitig, das heißt, lieber etwas zu früh als zu spät geerntet wurden. Daß in diesem Fall die Früchte einzeln gepflückt werden müssen, ist klar. Nur überreife Früchte lassen sich mit Stangen herunterschlagen oder mit Hilfe von Rüttelmaschinen von den Bäumen schütteln.

»Wichtiger sogar noch als Sorte und Boden, ist für die Qualität von Olivenöl der exakte Erntezeitpunkt und das Hand-Pflücken«, beteuert Bruno Comencini, der Ölmüller in Pésina, einem Dorf im Hügelland oberhalb des Gardasees, nicht weit von Garda. »Ebenso wichtig für die Güte«, fährt er fort. »Die Früchte müssen unverzüglich nach der Ernte verarbeitet werden! Bleiben sie länger als zwei Tage liegen, beginnen sie zu fermentieren, was ihren Ölsäuregehalt erhöht.« Und über den Ölsäuregehalt wird die Qualität definiert. Die klare Regelung lautet: 1. Stufe: *olio extra vergine* mit einem Säuregehalt von unter 1 Gramm pro Liter; ausgedrückt wird dies in *Grad*. Die besten Öle weisen übrigens einen Säuregehalt von 0,2 bis allerhöchstens 0,4 Grad auf. Die großen Ölfirmen, die solche Qualitäten nicht anbieten, haben dafür gesorgt, daß auf dem Etikett der Säuregehalt nicht ausgewiesen sein muß. So daß nur sicher sein kann, wer direkt in der Ölmühle einkauft. Überhaupt hat die Industrie bei der EG-Regelung so kräftig Einfluß genommen, daß der Verbraucher es möglichst schwer hat, sich im Dschungel der Bezeichnungen und Namen zurechtzufinden: *soprafino vergine* bedeutet durchaus nicht »superfeines Jungfernöl«, sondern die 2. Qualitätsstufe, ein Öl mit einem Säuregehalt zwischen 1 und 2 Grad. Selbst die 3. Qualität, mit 2 bis 3 Grad klingt noch fein: *fino vergine* und sogar mit 3 bis 4 Grad darf das wohlklingende *vergine* auf dem Etikett stehen. Was darüber hinaus geht, wird in der Ölfabrik raffiniert, das farb-, geschmack- und geruchlose Ergebnis wird anschließend als *Olio di oliva*,

Für den Geschmack des Olivenöls vom Gardasee sind vor allem drei heimische Sorten wichtig: Casalivo *und* Razzo, *die beide grüne Früchte tragen, und* Fort, *dessen sich leicht dunkel färbende Oliven ein besonders mildes, süßes Öl liefern. Dazu mischt man nach persönlichem Gusto noch andere Sorten:* Grignano, *dessen dunkle Früchte ein vorzügliches Öl ergeben, das jedoch allein verarbeitet zu streng schmecken würde; außerdem die vor allem in der Toskana geschätzte Sorte* Frantoio *und* Leccio *aus Apulien. Gepflückt werden die Früchte einzeln mit der Hand, weil nur so gewährleistet ist, daß sie unversehrt bleiben – das ist wichtig für Geschmack und Qualität des Öls. Ein unter den Baum gebreitetes Netz soll herunterfallende Oliven auffangen. Ölmühlenbesitzer* Bruno Comencini *stellt für das Öl, das er unter seinem Namen vermarktet, je nach Jahr seine eigene Mischung zusammen. Sein Öl ist sehr delikat, wirkt überhaupt nicht fett, sondern zart und elegant.*

als *Reines Olivenöl* verkauft. Ein Zusatz von 10 bis 30 Prozent *fino vergine* sorgt für etwas Olivenduft. Außerdem gibt es noch *Olio di oliva e sanso di oliva*, das man aus dem von Olivenkernen durchsetzten Ölkuchen gewinnt. Die EG-Beamten haben kürzlich, niemand weiß warum, den Begriff *nativ* eingeführt, das das Wort *vergine* ablösen soll.

»Wie bitte«, fragt Bruno Comencini zurück, dem dieser Ausdruck völlig fremd ist und der ohnehin auf die Vermarktungspolitik der EG nicht gut zu sprechen ist. »Es ist üblich geworden, 4 bis 5 Jahre altes Öl, aus Griechenland oder Spanien, wo man keine guten Qualitäten produziert und sie deshalb nicht gut verkaufen kann, mit einem Teil jungem Öl vom Gardasee aufzufrischen und dann als ›neues Öl‹ zu verkaufen. Das ist doch Betrug!«, ereifert er sich. »Wahrscheinlich schreiben sie dann ›nativ‹ drauf, und der Verbraucher glaubt, er hat feine Qualität ... Wir vom *Consorzio del Olio di Oliva di Garda* jedenfalls wollen mit solchen Machenschaften nichts zu tun haben!«

Tatsächlich haben Ölmühlen, die auf Qualität achten, keine Vermarktungsschwierigkeiten. Trotz stolzer Preise: Für einen Liter bester Qualität muß man im Schnitt ab Ölmühle 20 Mark rechnen. Wenn man bedenkt, daß ein fleißiger Pflücker am Tag 40 bis 50 kg Oliven ernten kann, 100 kg Oliven 18 bis 20 kg Öl ergeben (1 Liter Öl wiegt etwa, je nach Qualität 880 bis 900 Gramm), so ist das zwar viel Geld im Vergleich zu Soja-, Raps- oder sonst einem Tafelöl, aber in Anbetracht der Kosten, die die Gewinnung erforderlich macht, nicht *teuer*.

Und noch eins: Olivenöl ist für unsere Ernährung überaus wertvoll; natürlich nur, wenn es sich um die erste, kalte Pressung handelt, um *olio di oliva extra vergine*. Es enthält Vitamine, Mineralien, reichlich ungesättigte Fettsäuren, die für Bekömmlichkeit sorgen und den Cholesterinspiegel senken. Wissenschaftliche Langzeitstudien haben bewiesen, daß Olivenöl als einziges Fett in der Ernährung dem Organismus alles liefert, was er braucht. Obendrein ist es vielseitiger als jedes andere Fett, und zum Kochen, Braten, Backen, für Salate, sogar fürs Fritieren ideal geeignet.

Die Oliven sollen nach der Ernte so rasch wie nur irgend möglich verarbeitet werden. Jeder Tag, den sie in Säcke verpackt warten müssen, bedeutet, daß die Früchte zu fermentieren beginnen; das treibt ihren Ölsäuregehalt in die Höhe; und der sollte für ein Öl allerbester Qualität unter 0,4 Grad liegen

Zunächst müssen die Früchte zermahlen werden. Dafür füllt man sie von außen über einen Trichter in die Schütte, durch die sie direkt in den Mahlbehälter rutschen. In der Ölmühle Comencini arbeitet man nicht mehr mit den großen Steinwalzen wie früher, sondern zerkleinert die Früchte in einer Art Mixer

Weil dabei wie mit einem großen Messer auch die Olivensteine zerschlagen werden, macht das höllischen Lärm. Wichtig ist dabei, daß der Olivenbrei nicht erhitzt wird. Nur dann bleiben die Aromastoffe erhalten und darf das Öl kaltgepreßt *heißen. Eine Rührmaschine arbeitet dann die Masse gründlich durch*

Erst nach einer halben Stunde etwa ist der Brei gründlich genug durchgemischt und zu einer homogenen Paste geworden; er wird jetzt mit einer Art Fleischwolf gleichmäßig auf runde Sisalmatten verteilt. Hier sieht man deutlich, daß die Maschine noch einige Schwierigkeiten macht. Sobald sie richtig eingestellt ist ...

... legt sich fast von selbst eine drei Zentimeter hohe Bahn von Olivenpaste auf die Sisalmatte, die zuvor mit reichlich heißem Wasser und Natriumhydroxid, anschließend noch mit einem Hochdruckreinigungsgerät makellos von Ölresten gesäubert wurde. Diese Arbeit wird jedes Jahr einmal, vor der Ernte, getan

Matte für Matte wird mit der Olivenpaste bestrichen und im Preßbehälter übereinandergestapelt. Nach jeder vierten Matte wird eine Metallplatte dazwischengebettet, um den Druck garantiert gleichmäßig zu verteilen. Schließlich wird die fahrbare, mit ausreichend Matten beschickte Preßwanne zur Presse geschoben

Die hydraulische Presse steigert ihren Druck langsam bis auf etwa 400 Tonnen. Was dabei zwischen den Matten herausläuft, ist durchaus noch kein Olivenöl; es sieht sogar ziemlich wenig appetitlich aus: eher wie dünnflüssiges, bräunlich-violettes Maschinenöl. Der Olivensaft wird in der Preßwanne aufgefangen

Ölkuchen, die noch Fett enthalten, werden an die Industrie verkauft, die durch Hitzeverfahren und mit allerlei Lösungsmitteln daraus noch geringwertige Öle gewinnen kann. Absolut trocken ausgepreßte Ölkuchen verfeuert Bruno Comencini im Ofen, der das zum Reinigen benötigte Wasser aufheizt

Golden leuchtend, mit einem grünen Schimmer, fließt schließlich das Olivenöl aus der Zentrifuge, wo es mit 6000 U/Min. vom Fruchtwasser getrennt wurde. Olivenöl ist übrigens um so grüner, je mehr Blätter mitverarbeitet wurden und Chlorophyll abgegeben haben. Jedoch setzt sich die Farbe bald als Trubstoff ab

So sieht Olio extra vergine di frantoio *aus, die feinste und reinste Sorte; es duftet delikat, schmeckt zartbitter und unerhört fruchtig. Manche empfinden es ganz frisch als zu aggressiv. Wie Bruno Comencini, der es erst im Frühjahr mag, wenn sich die Trubstoffe gesetzt haben und der reine Ölgeschmack übrigbleibt*

In die alte Ölmühle zum Essen

Das ursprüngliche Anwesen der Ölmühle *Comencini* ist in Pésina vom neuen Betrieb nur wenige Kilometer entfernt. Seit etwa zwei Jahren hat sich ein junges Ehepaar in dem alten Gemäuer installiert und ein kleines Restaurant eingerichtet. Das Ambiente mag noch ein wenig gesichtslos sein – am schönsten ist es im Sommer auf der Terrasse – dafür ist der Empfang von Patron Simone Simoncelli um so herzlicher und die Küche seiner Frau Giulana erfrischend eindeutig. Sie kocht nämlich mit einer ganz persönlichen, eigenen Handschrift; probiert freche Zusammenstellungen, ungewöhnliche Gewürze und neue Garmethoden. Und zwar ohne den philosophierenden Anspruch vieler gockelhafter Köche, sondern einfach aus Spaß am Experimentieren.
Gelernt hat sie das Kochen bei ihrer

Simone Simoncelli und seine Frau Giulana

Mutter. Und genau das schmeckt man sofort: Hier kocht eine italienische *mamma*! Aber eine junge, mit modernen Ideen. Vor allem für Gemüse. Sellerie, zum Beispiel, hobelt sie als rohe, ganze Knolle auf dem Allesschneider in hauchdünne Scheiben, die sie, in natürlich comencinischem Olivenöl, rasch auf beiden Seiten brät. So knakkig und delikat hat man Selleriegemüse noch nie gegessen! Oder die runden, außen schwarzen, innen weißen Winterrettiche, die ebenfalls auf der Aufschnittmaschine hauchdünn geschnitten, wie ein *Carpaccio* angerichtet und nur mit Salz, Pfeffer sowie aromatischem Olivenöl gewürzt, auf einmal Delikatesse sind.

1

FETTUCCINE AL FRANTOIO

BANDNUDELN NACH ART DES HAUSES

Bandnudeln in zwei Farben: helle Nudeln aus üblichem Nudelteig, der für die dunklen Nudeln mit Kakaopulver eingefärbt wurde. Eine pfiffige Idee von Giulana, die immer auf der Suche nach neuen Kombinationen ist.

Für sechs Personen:
Nudeln:
ca. 400 g Mehl, 4 Eier, ½ TL Salz, 1 gehäufter EL Kakaopulver
Außerdem:
100 g durchwachsener Speck (am besten luftgetrocknet) in Scheiben, ⅛ l Olivenöl, 60 g Pinienkerne, 3–4 Lorbeerblätter, glatte Petersilie, Salz, Pfeffer

Aus Mehl, Eiern und Salz einen glatten Nudelteig kneten. In die Hälfte davon das Kakaopulver einarbeiten. Beide Sorten zu Kugeln geformt, in Folie gepackt eine halbe Stunde ruhen lassen. Dann wie gewohnt dünn ausrollen und zu Bandnudeln schneiden. In reichlich Salzwasser bißfest kochen. Inzwischen den Speck in feine Streifen schneiden, im heißen Öl andünsten, Pinienkerne sowie die Lorbeerblätter, die das Öl parfümieren sollen, zugeben. Vor dem Servieren die gehackte Petersilie sowie einen Schuß Nudelwasser unterrühren. Die heißen Nudeln untermischen, dabei mit Salz und Pfeffer abschmecken.

2
FEGATO DI VITELLO ALLA BRACE

KALBSLEBER VOM ROST

Eine ebenso simple wie köstliche Zubereitungsweise: Dünne Leberscheiben werden auf einem eingeölten Rost über Holzkohlenglut gegrillt; damit sie dabei nicht anbrennen, mariniert man sie zuvor in Olivenöl. Anschließend braucht man sie nur noch mit Salz und Pfeffer nach Gusto zu würzen. Wer mag, träufelt zusätzlich Zitronensaft darüber.

3
PENNE AI PEPERONI E CUMINO

PENNE MIT PAPRIKA UND KÜMMEL

Kümmel ist in Italien eher ungewöhnlich – er paßt jedoch verblüffend gut zu beidem, zum gedünsteten Paprika wie zu den Nudeln.

Für vier Personen:
je 1 gelbe und rote Paprikaschote,
1 weiße Zwiebel, 2 Knoblauchzehen,
4 EL Olivenöl,
1 Tasse geschälte Tomaten ohne Saft,
Salz, Pfeffer, 1 gehäufter TL Kümmel,
glattblättrige Petersilie, 300 g Penne

Paprika entkernen, in Streifen schneiden, zusammen mit feingehackter Zwiebel und Knoblauch im heißen Öl andünsten. Tomaten zufügen, salzen, pfeffern, Kümmel und gehackte Petersilie darüberstreuen. Einige Minuten köcheln. Die knapp gargekochten Penne untermischen.

4
PAILLARD DI VITELLO ALLA BRACE

GEGRILLTE KALBSSCHNITTE

Eine nur halbzentimeterdünne Scheibe aus der Oberschale vom Kalb – dem Stück, aus dem man hierzulande das Wiener Schnitzel schneidet – wird wie die Leberschnitte über Holzkohle auf dem Rost gegart. Zuvor mit Olivenöl eingepinselt, anschließend mit Salz und Pfeffer sowie nach Geschmack mit Zitronensaft gewürzt – so einfach, aber umwerfend gut!

1

2

3

4

WINTER

Deftige Würste, zarter
Glitzernder Schnee.
und

Schinken, bitterer Radicchio.
wärmendes Feuer
melancholischer Carneval

Herzhafte Genüsse: Sopressa und Käse

Ebenmäßige Schönheit: Villa Rotonda

Carneval in Venedig

Winterlicher Gemüsemarkt in Triest

Bollito Misto vom Wagen

Himmel voller Schinken

Rosengleich: Radicchio aus Castelfranco

Fogolar: Kaminfeuer im Gasthaus

Triest: lebendige Geschichte, Mitteleuropa zwischen Balkan und Italien

Triest – es galt als eine der schönsten Städte der Welt: hingebettet in eine weite Bucht, leuchtend in habsburgischem Gelb und venezianischem Rot, die Hänge des weißen Karstgebirges hinaufkriechend, sich selbst zur Freude zwischen blauem Meer und blauem Himmel. Galt, und gilt nicht mehr? Wohl kaum; es änderte sich zwar nicht die Lage, doch die Situation der Stadt: Vom zentralen Hafen der k.u.k. Monarchie, dem pulsierenden Umschlagplatz für Waren nach und aus Österreich-Ungarn, wurde sie durch die Neuordnung nach dem zweiten Weltkrieg zu einer Stadt ohne Hinterland, abgeschnitten von ihren Wurzeln und Handelsverbindungen.

Triest – es ähnelt einer alten Dame, die sich pflegt, sorgfältig frisiert und pudert, dadurch trotzdem nicht das schüttere Haar und die Falten im Gesicht verbergen kann. Aber will Triest das überhaupt? Lebt es nicht glänzend mit seiner Geschichte, seinem immerwährenden und sich doch nie vollziehenden Untergang? Genügt ihm nicht sein zweiter Platz unter den italienischen Häfen, mit Pipeline nach Wien und Ingolstadt? Siegt es nicht alljährlich bei den Umfragen nach der Lebensqualität vor allen anderen italienischen Städten?

Triest – Stadt der alten Menschen. Zwei alte Männer gehen an den Kais der verlassen wirkenden Hafenanlagen spazieren, trotzen eingemummt den eisigen Böen der Bora, des von den Höhen des Karst herunterfallenden Sturms, gehaßt und doch geliebt: »Wunderbar, meinen Hund hätt's fast ins Meer geweht!« sagt einer.

Triest – Stadt der Jugend. Da gibt es die Angepaßten, die Strebsamen, aus Handel, Banken und Versicherungen, merkwürdig korrekt, fast englisch gekleidet, unitalienische Yuppies. Und die Revoluzzer, die Unzufriedenen, Studenten und Arbeiter gleichermaßen, verstärkt durch Zuwanderer aus Slowenien und Kroatien, in Jeans, oft fast verlumpt und dreckig. Ein bedrohlich wirkendes Nebeneinander.

Triest – Stadt der donaumonarchischen Cafés, in denen die Zeit so tröstlich vergeht. Im überladenen *Caffè degli Specchi* an der *Piazza dell'Unità d'Italia* gabeln alte Damen ihre Torte, im neu vergoldeten *Caffè San Marco* in der *Via Battista* läßt sich die Jeunesse dorée in den Spiegeln bewundern, einzelne Schachspieler und Zeitungsleser dazwischen. Jugendstil

Der Canal Grande*: in Triest nur für kleine Boote*

Prachtvolle Fassade des Reichtums: der Lloyd Triestino

Echt wienerisch: das Kaffeehaus als Privatsalon

Der reinste, unverfälschte Jugendstil: Caffè San Marco

in Perfektion, sich tausendfach brechende Linien, Messinglampen mit Mattglasgloben, rosarote Marmorplatten auf Gußeisenfüßen, Thonetstühle. Der Espresso ist sehr, sehr gut – dazu ein Glas Leitungswasser und geschlagene Sahne: Mitteleuropa, nicht Italien!
Triest – eine ambivalente Stadt. Im einen Teil des Zentrums, gleich hinter der prunkenden *Piazza dell'Unità* beginnend, erbärmliche Armut der einfachen Leute, ein alt und müde gewordenes Proletariat in bröckelnden Häusern mit verrammelten Fenstern. Auf der anderen Seite die Umschlagplätze des Geldes, Banken und Verwaltungsgebäude in typisch Wiener Ringstraßenarchitektur, der *Lloyd Triestino*, hervorgegangen aus dem *Österreichischen Lloyd*, nachdem Triest durch den Friedensschluß von St. Germain 1919 italienisch geworden war; dahinter der ererbte Reichtum der alten Familien, prachtvolle Wohnhäuser, elegante Cafés, Läden und Restaurants, großzüge Villen.
Triest – Menschen aus einer anderen Epoche: Auf dem Markt kaufen keine anderen Leute ein als jene, die der deutsch-jüdisch-italienische Dichter aus Triest, Italo Svevo (eigentlich Ettore Schmitz), schon vor hundert Jahren beschrieben hat – Menschen mit Eigenwilligkeiten, Individualisten, die sich dem gleichmacherischen Zugriff unserer Gesellschaft entziehen. Man fühlt sich inmitten einer sehr sorgfältigen Inszenierung, die eine Epoche und Typen beschreibt, die man längst für ausgestorben gehalten hat. Vergangenheit lebt in selbstverständlicher, gleichzeitig grotesker Vollendung.
Triest – Handelsplatz der Illyrer mit den Griechen, von den Römern als *Tergeste* vergrößert. Nach byzantinischer und langobardischer Herrschaft kam es 788 zu Franken, wurde im 13. Jahrhundert venezianisch, ehe es sich 1382 von Venedig lossagte und österreichisch wurde. Die große Zeit

Fortsetzung Seite 202

Der Fischmarkt: *Die große, helle Halle unmittelbar am Hafen stammt aus der Glanzzeit Triests – nur selten noch herrscht hier Hochbetrieb, denn der Fisch ist teuer geworden. Die hiesigen Makrelen kosten fast 15 Mark das Kilo, genau wie Lachs aus Norwegen … Auch auf dem Gemüsemarkt wird tüchtig gefeilscht, vor allem im Winter, wenn es wenig gibt. Man geht dann ohnehin lieber in die Geschäfte der Altstadt, wo hier Italiener, dort Slowenen und Ungarn ihre Ware anbieten*

Radicchio di Treviso

Die Trattoria da Giovanni *in der Via S. Lazzaro ist eine Triester Institution! Hier schneidet Gianni Vesnaver gerade einen köstlichen Schinken auf. Oben:* mùssoli, *recht eigenartig aussehende Muscheln von intensivem Geschmack*

Dondoli *nennt man die* tartufi di mare *in Triest. Man setzt sie einfach in eine Pfanne, salzt sie, legt ein nasses Tuch darüber und stellt sie aufs Feuer. Da der Dampf entweichen kann, ziehen sie kein Wasser, kochen nicht und bleiben zart*

Spezialität des Hauses sind die Bolliti. *Obwohl gemischt, läßt man in Triest das* misti *weg – das versteht sich von selbst:* Salsiccia di Crajno, Wurstel, Cotecchino, *Zunge und Schweinenacken, dazu* Krauti, *Senf und viel Meerrettich*

Ein Stammgast trifft ein – er präsentiert sich erst als der Inhaber der Kneipe. Dann, weil er damit bei uns nicht ankommt, als Verkäufer der riesigen Mortadella, die neben der Tür hängt. Großes Hallo und Applaus der Gäste!

In dem gemütlichen, getäfelten Gewölbe treffen sich die unterschiedlichsten Gäste – vom Bürgermeister bis zum Straßenkehrer. Die Alten trinken Wein, aus großen Ballons in Karaffen gefüllt, die Jungen Bier oder Limonade!

Anwälte, Handwerker und eremitierte Professoren treffen sich zum Schwätzchen: Von morgens um acht bis zehn Uhr abends haben Bruno und Gianni Vesnaver die herrliche, von ihrem Vater Giovanni gegründete Beiz geöffnet ...

Triests begann 1719, als Kaiser Karl VI. es zum Freihafen erklärte – ein wirtschaftlicher Aufschwung ohnegleichen zog zigtausende von Handwerkern, Kaufleuten, Matrosen, Bankiers und Verwaltungsbeamten an. Es kamen alle: Österreicher und Ungarn, Bayern und Schwaben, Friuli und Venezianer, Kroaten, Slowenen, Serben und Dalmatiner, Juden und Christen.
Triest – polyglotte, in jeder Hinsicht ökumenische Handelsmetropole, eine typische Kreation der Donaumonarchie: einerseits ideal, liberal und menschlich, andererseits schon den Keim zwangsläufiger Zerstrittenheit in sich tragend... Eine Blüte auf Zeit? Sie dauerte! Erste Schwierigkeiten brachte zwar der aufkommende Nationalismus im 19. Jahrhundert, doch bis 1914 hatte die Donaumonarchie die Kraft, alles zusammenzuhalten.
Triest – Kaffeehafen Europas, Transatlantikdampfer, Station des Orientexpreß: Tor nach Italien wie zum Balkan, Schnittpunkt der Welten.
Triest – eine italienische Stadt? Niemals! Auch heute noch sagen die Triester: »Wir fahren nach Italien«, wenn sie nach Venedig oder Mailand reisen. Als nach dem ersten Weltkrieg Triest von Österreich an Italien geriet, kehrte keineswegs zufriedene Ruhe ein – ein Großteil der Bevölkerung trauerte der liberalen, doch effektiven Verwaltung nach. Vielleicht deswegen – oder trotzdem? – wurde es zu einer Hochburg des Faschismus, entstand in der Nähe das einzige Konzentrationslager auf italienischem Boden.
Triest – Stadt der Sehnsüchte. Noch immer gedenken viele Triester wehmütig der österreichischen Vergangenheit. Inzwischen aber ist das seit 1954 endgültig italienische Triest die Hauptstadt von Friaul-Julisch Venetien und blickt hoffnungsfroh in die Zukunft, träumt nicht mehr nur, sondern arbeitet wieder daran, die Metropole im Süden Mitteleuropas zu werden.

Die Antica Trattoria Suban *liegt oberhalb der Stadt – mit herrlichem Blick über die Dächer auf Hafen, Meer und Karst. Die großen, stimmungsvollen Räume des traditionsreichen Restaurants von Mario Suban sind beliebt für Familienfeiern, im Sommer kann man auf einer schattigen Terrasse sitzen. Spezialitäten im Winter: gebackener Schinken in Brotteig und die Triester Bohnensuppe, die* Jota, *die, in einem Gestell über einer kleinen Flamme aufgehängt, kochendheiß serviert wird*

1

JOTA

KRAUTSUPPE

Früher das einzige, was die bitterarmen Menschen im Karst, der steinigen Landschaft im Hinterland von Triest, tagaus, tagein zu essen hatten. Damals gehörte ein Stück Speck allenfalls an Feiertagen hinein. Natürlich gibt es, wie für die meisten sogenannten Arme-Leute-Essen, auch für die *jota* unzählige Rezepte. Manchmal gehören Graupen hinein, andernorts kocht man Schweinefleisch mit. Uns hat sie am besten so geschmeckt:

Für sechs Personen:
300 g Wachtelbohnen,
5 Lorbeerblätter,
250 g durchwachsener Bauchspeck am Stück, 2 große Kartoffeln,
500 g Sauerkraut, 2 EL Schmalz,
1 Zwiebel, 5 Knoblauchzehen,
Kümmel, Salz, Pfeffer

Die Bohnen in reichlich Wasser über Nacht einweichen. Am nächsten Tag mit 1,5 l frischem Wasser, drei Lorbeerblättern und dem Speck etwa ein bis eineinhalb Stunden köcheln, bis beides weich ist. Die Kartoffeln, geschält und in Stücke geschnitten, für die letzte halbe Stunde zufügen.

Das Kraut, wenn nötig, wässern. Im heißen Schmalz feingehackte Zwiebel und Knoblauch andünsten, das gut ausgedrückte Kraut zufügen, mit etwas Wasser benetzen. Die restlichen Lorbeerblätter zufügen. Salzen, pfeffern und mit Kümmel würzen. Das Kraut zugedeckt 20 Minuten dünsten. Schließlich Bohnen und Kartoffeln durch eine Gemüsemühle passieren oder im Mixer pürieren, zum Kraut geben und mit Kochsud auf die gewünschte Konsistenz bringen. Einige Minuten durchköcheln. Zum Schluß den kleingewürfelten Speck in die Suppe rühren.

Ristorante »Campiello«: Auf der Suche

Als Dario Macorig seine Frau Marisa heiratete, stand für beide fest, daß sie die Trattoria seiner Eltern weiterführen würden; allerdings mit dem Ziel, aus der einfachen Kneipe an der Landstraße zwischen San Giovanni di Natisone und Cormons ein weithin anerkanntes Restaurant zu machen. Ein ehrgeiziges Projekt!

Die Suche nach dem Kernpunkt guter Gastlichkeit setzte zunächst einmal in Frankreich ein, galt doch die französische Küche als die einzig wahre. Man importierte also Koch, die Weine, die Ideen; man sorgte für behutsame Verschönerungen des Ambiente, man schuftete, war unendlich fleißig und hatte Erfolg. Aber man lernte mit der Zeit, wie unsinnig es ist, eine vermeintlich interessante, weil fremdländische Küche nachzuahmen und dabei häufig mäßige Qualität der langgereisten Zutaten in Kauf nehmen zu müssen, statt mit den kulinarischen Pfunden der eigenen Region zu wuchern. Das nahe Meer liefert doch Fische und Meeresfrüchte in so perfekter Frische, daß man nicht viel mit ihnen herumexperimentieren muß! Gemüse wird in ganz Friaul angebaut, hier wachsen die besten Weißweine Italiens. Dario entwickelte so mit seinen Köchen eine ganz persönliche, gradlinige, regionale Küche, die beste Produkte möglichst natürlich zubereitet.

In dieser Zeit, nach dem großen Erd-

nach dem Wesen des Genusses

beben von 1976, siedelte sich in der bisher bitterarmen, eher bäuerlich orientierten Gegend Industrie an und sorgte für allgemeinen Aufschwung: Es gab Arbeit, der Boden gewann an Wert, Geschäftsleute brachten sichere Umsätze. Dario nahm allen Mut zusammen und baute neu: Sachlich und modern, mit komfortablen Gästezimmern, für die Marisa zuständig ist, das Restaurant mit gerade soviel Luxus und Aufwand, wie nötig ist, um den

Dario Macorig, davor Ehefrau Marisa, zwischen Freunden Sommelier Massimo

Genuß größtmöglich zu machen: feinster Leinendamast, anständig versilbertes Besteck, edle Weingläser, mildes Licht, viel Platz und Großzügigkeit. Massimo aus Neapel, tagsüber Lehrer an der Hotelfachschule von Udine, ist abends ein Sommelier, wie man ihn sich wünscht, weil er die unglaublichen Schätze des Kellers mit Wissen, Charme und Herzlichkeit kredenzt. Und Dario hält als Seele und Motor des Hauses alles in Schwung.

1

INSALATA DI ARINGA

HERINGSSALAT

Am Aschermittwoch, so gehört es sich, ißt man im Friaul Stockfisch oder Hering. Die Heringe werden nicht nur, wie bei uns, eingesalzen, sondern obendrein leicht geräuchert. Das gibt ihnen neben dem Raucharoma auch eine festere Konsistenz.

Für vier Personen:
2 geräucherte Salzheringe (oder Matjes), 2 säuerliche Äpfel, Zitronensaft, 1 Möhre, 1 Fenchelknolle, Salz, Pfeffer, ½ TL Fenchelsamen, Olivenöl

Die Heringe filieren, ebenso wie die Äpfel in akkurate, zentimetergroße Würfel schneiden. Mit Zitronensaft mischen, damit die Apfelwürfel hell bleiben. Möhre und Fenchel putzen, auf dem Gemüsehobel in streichholzfeine Streifen schneiden.
Alles vorsichtig mischen, mit Fenchelsamen, Salz, Pfeffer und ganz wenig Olivenöl anmachen.

2

CARPACCIO DI PESCE SPADA

SCHWERTFISCH-CARPACCIO

Ein präzises Rezept ist hierfür nicht nötig: Hauptsache ist ein Stück makellos frisches Schwertfischfilet, das in dünne Scheiben geschnitten auf einem heißen (!) Teller angerichtet wird, wo diese, großzügig mit würzigem Olivenöl beträufelt, mit grobem Meersalz und Thymianblättchen bestreut, sanft und schonend garen. Eine hinreißende Variation zum unerschöpflichen Thema *Carpaccio*.

3

SGOMBRO AL FORNO

MAKRELE AUS DEM OFEN

Ein Beweis dafür, daß man auch die sogenannten »billigen« Fische in der feinen Küche zubereiten kann.

Für vier Personen:
4 Makrelenfilets, Salz, Pfeffer, 4 reife Fleischtomaten, Basilikum oder Petersilie, Olivenöl, Zitronensaft

Die Makrelenfilets längs einmal halbieren. Jedes Stück vorsichtig salzen und pfeffern. Mit einem Klecks frischem Tomatenpüree füllen: Dafür die gehäuteten, entkernten Tomaten von Hand fein würfeln (durch Mixen werden sie zu schaumig). Mit gehackten Kräutern, Salz, Pfeffer, Olivenöl und Zitronensaft würzen.
Die Makrelenfilets aufrollen, in eine feuerfeste Form setzen, mit etwas Olivenöl beträufeln und im 200 Grad heißen Ofen zehn Minuten garen.

4

SOPA DI BROVADA

SUPPE AUS SAUREN RÜBEN

Die *brovada* ist eine friulanische Spezialität, deren Wohlgeschmack sich nicht jedem erschließt: Weiße Rüben werden in Weintrester mariniert und schließlich, wie Sauerkraut, milchsauer vergoren. *Brovada* kauft man fertig eingelegt, schneidet sie dann in feine Streifen und verwendet sie schließlich wie Sauerkraut: Man kocht daraus Suppe, Eintopf oder Gemüse.
Besonders gut schmeckt zum Beispiel eine Suppe nach dem Rezept für die *jota* von Seite 203, bei dem man das Kraut durch *brovada* ersetzt.

5

SCAMPI AL VAPORE

GEDÄMPFTE SCAMPI

Klar und rein, ohne jeden Schnickschnack – so kann man nur absolut frische Scampi zubereiten. Dario Macorig bekommt sie zweimal pro Woche von einem jugoslawischen Fischer angeliefert, der auf das Konservieren mit Ammoniak verzichtet, wie das die italienischen Kollegen meistens tun, um zu verhindern, daß die empfindlichen Meerestiere oxydieren.
Das »Rezept« ist eigentlich keins: Die Scampi über Dampf zwei Minuten garen, mit ausgelöstem Schwanz auf Tellern anrichten, mit Olivenöl beträufeln, sparsam salzen.
Mit einem zweiten Teller wie er auf der vorhergehenden Seite zu sehen ist, treibt Patron Macorig die Simplizität auf die Spitze: Hier sind die Scampi lediglich längs halbiert, zwei Minuten über Dampf gegart und schließlich ohne jegliche Würze, die tatsächlich in diesem Fall überflüssig ist, angerichtet – perfekter und besser kann man wohl kaum je Scampi essen!

6

ROMBO ALLA GRADISANA

STEINBUTT GRADESER ART

Für vier Personen:
1 Steinbutt, ca. 1,5 kg schwer, 4 EL Olivenöl, 50 g Butter, 1 Zwiebel, 1 EL Mehl, 2 EL Milch, 1/8 l Wasser, 1/8 l Weißwein, Zitronensaft

Den Fisch gründlich waschen (auch innen), in eine passende, feuerfeste Form betten und in den 250 Grad heißen Ofen schieben. Nach 15 Minuten den Ofen ausschalten und folgende Sauce über den Fisch gießen: Öl, flüssige Butter, gehackte Zwiebel, Mehl und Milch unter Rühren aufkochen, zum Schluß Wasser und Wein zufügen. Den Steinbutt in dieser Sauce weitere 20 Minuten in der nunmehr nachlassenden Hitze im Ofen ziehen lassen. Schließlich die Sauce mit Zitronensaft, Salz und Pfeffer abschmekken. Alles in der Form zu Tisch bringen oder quer in Koteletts schneiden und wie auf dem Bild anrichten. Dazu cremigweiche Polenta servieren (Rezept auf Seite 112).

7

CROCCANTINA

HASELNUSS-PARFAIT

Für vier bis sechs Personen:
3 Eier, 150 g Zucker, Salz, Zitronensaft, 2 Blatt Gelatine, 150 g Haselnußkrokant (fertiggekauft oder selbstgemacht), 200 g Sahne

Eigelb mit vier Eßlöffel Zucker im heißen Wasserbad dick und cremig schlagen. Die gut gekühlten Eiweiß zu Schnee schlagen, dabei ebenfalls vier Eßlöffel Zucker hinzurieseln lassen, mit einer Prise Salz und einigen Tropfen Zitronensaft würzen. Unter die Eigelbmasse ziehen. Diese erneut im heißen Wasserbad heiß rühren. Sobald die Masse sich innig verbunden hat, die eingeweichte Gelatine darin auflösen und den Krokant unterrühren. Abkühlen lassen, bevor die mit dem restlichen Zucker steif geschlagene Sahne untergezogen wird. In mit flüssiger Butter ausgepinselte, mit Zucker ausgestreute Förmchen verteilen und kaltstellen. Stürzen, mit Vanille- und Schokoladensauce anrichten.

Weltberühmt: Schinken aus San Daniele

»Gekochter Schinken«, doziert Natalino Dall'Ava mit Verachtung in der Stimme, »ist kein Schinken; das Wort *prosciutto* sagt ja schon, daß es sich um *Getrocknetes* handelt!« Das letzte Wort zaubert ein mildes Lächeln in das grimmige Gesicht. Dall'Ava produziert von den 1,5 Millionen Schinken, die jährlich mit dem San Daniele-Herkunfts- und Gütesiegel ausgezeichnet werden, nicht mehr als 30 000 Stück. Ein eher handwerklicher Betrieb also. Und dennoch: Mehr wurden vor dreißig Jahren in ganz San Daniele, dem mittelalterlichen Ort im friulischen Hügelland am Tagliamento, nicht hergestellt. Stürmische Nachfrage steigerte die Produktion, auch wurden die Methoden modernisiert. Die Schinken hängen nicht mehr in den früher für die Gegend so charakteristischen, hohen Reifehäusern, durch deren Seitenschlitze die würzige, trockene Bergluft zirkulierte. Heute lassen die Produzenten ihre Schinken in klimatisierten Räumen reifen, die besser zu kontrollieren sind. Entscheidender für die Qualität ist ohnehin eher die Dauer der Reifezeit. Für beste Qualität 18 bis 20 Monate, auch mehr; je länger, desto zarter und milder der Schinken.

Ausgangsprodukt sind die Keulen von Schweinen aus dem venetischen Valpadana. »Deutsche Schweine sind mit 100 Kilogramm zu leicht!« sagt Dall'Ava. »Unsere wiegen fast doppelt so viel.« Die Keulen müssen erst einen Tag bei 4 Grad ruhen, bevor sie mit Salz eingerieben werden und 15 Tage lang gelagert, damit es ihnen Wasser entzieht. Die Schinken werden dann gepreßt, wodurch sie ihre typische Gitarrenform erlangen, und danach zum ersten Mal aufgehängt. Zunächst zum Trocknen bei relativ hoher Luftfeuchtigkeit, bei abwechselnd warmen und kühleren Temperaturen; schließlich zum Reifen in eher trockener Luft. Standardqualitäten sind nach 6–8 Monaten ausgereift, je nach Größe der Keulen. Immer wieder muß der Fortgang der Reifung überprüft werden: Dafür sticht man einen zugespitzten Pferdeknochen in das Schinkenfleisch; dem Kenner sagt dann der anhaftende Duft, ob drinnen auch alles in Ordnung ist

Traumhafte Taverne: »Il Mulino«

Konzentriert führt Bruno Spessot das rasiermesserscharfe Messer über den San-Daniele-Schinken. Die Bewegung kommt aus dem Schultergelenk – der Unterarm schwingt mit dem Messer absolut parallel hin und her: Eine fast papierdünne, unglaublich ebenmäßige Scheibe ist entstanden. Mit dem langen Messer, dessen Klinge schmal sein muß, damit die Scheibe nicht von ihr mitgezogen wird, hebt Bruno diese auf ein Tablett aus Styropor, das, bedeckt mit Papier, auf der Waage liegt: Hier wird nach Gewicht berechnet!
Der San Daniele, aber auch der gekochte Schinken, die Mortadella, das krumig-knusprige Brot, die eingelegten Heringe und Paprika sind von allerhöchster Qualität: Besser kann man nicht essen bzw. Brotzeit machen!

Bruno weiß das, ist stolz darauf und sagt: »Ich suche die besten Schinken der verschiedenen Hersteller heraus – aber die müssen schließlich alle verkaufen. . .« Wieviel verkauft er hier? »Genug.« Mehr sagt er nicht – sonst käme das Finanzamt.
Der Wein, der wie Bier aus dem Hahn gezapft wird, kommt von Puiatti (siehe Seite 98). Über hundert Gäste sitzen zusammen oder stehen im Mantel herum – im Winter ist nicht geheizt, im Sommer gibt's dafür einen lauschigen Garten – und trinken ihren *cajut*, ihr Glas Wein zum Feierabend. Scherzen und Lachen, der Laden brummt! Eine Bedienung läuft mit einer Stange Meerrettich herum und reibt ihn über den gekochten Schinken. Bis die Augen tränen! Und weil Carneval ist, bringt Alba Pessot noch was Süßes. . .

1

CROSTOLI E FRITTELLE

FASNACHTSGEBÄCK

Crostoli:
300 g Mehl, 1 Prise Salz,
1 EL Zucker, 50 g Butter, 2 Eier,
2 EL Rum, 2 EL Weißwein,
Butterschmalz zum Backen

Alles zu einem weichen Teig rühren. Über Nacht zugedeckt kalt stellen. Erst dann mit der Nudelmaschine in dünne Streifen auswalzen, davon Ekken und Rauten schneiden und sekundenlang in heißem Fett schwimmend blaßgolden ausbacken. Frisch, noch lauwarm und mit Puderzucker bestäubt, schmecken sie am besten.

Frittelle veneziani:
1 Würfel Hefe, 4 EL lauwarme Milch,
150 g Rosinen, 5 EL Maraschino,
50 g Zucker, ca. 225 g Mehl, 4 Eier,
je 1 EL Orangen- und Zitronenschale,
Butterschmalz, Puderzucker

Die Hefe in der lauwarmen Milch auflösen, etwas Zucker und Mehl zufügen. Bei Zimmertemperatur eine halbe Stunde gehen lassen. Die Rosinen im Maraschino einweichen.
Eigelb mit dem restlichen Zucker dick schlagen, Orangen- und Zitronenschale und schließlich die Hefemischung zufügen. Soviel Mehl einarbeiten, bis ein dicker Brei entsteht. Zum Schluß die Rosinen und die steifgeschlagenen Eiweiß unterziehen. Mit einem Teelöffel Krapfen abstechen und im siedenden Fett ausbacken.

1

Von der Kunst, am offenen Feuer zu grillen: am Fogolar von »Da Toso«

Der offene Kamin in der Mitte des Speisesaals, der *fogolar*, ist das Wahrzeichen friulanischer Gastlichkeit. An ihm wärmt sich, wer aus der winterlichen Kälte hereinkommt, auf ihm wird aber vor allem auch gegrillt!
Giancarlo Toso ist ein Meister seines Faches. So ungefähr um sieben Uhr abends entfacht er ein mächtiges Feuer – der Kamin zieht hervorragend, der umlaufende Vorhang ist nicht einmal leicht geschwärzt. Nach einer halben Stunde schiebt er alles Holz in eine Ecke aus Eisenblech und legt nach, nur die Glut wird unter den Rost gekehrt – dies wiederholt sich den ganzen Abend alle Viertelstunde.
Auf den geölten Rost kommen, je nach den Vorbestellungen der Gäste – man muß unbedingt reservieren! –: Schweinebrust, aufgeklappte Hühner, Koteletts und eine wunderbare Wurst, *musetto*. Nach dem ersten Anrösten wird die Brust gewendet und kräftig

Der fogolar*: Grill für kleinere Portionen und Spieß für große Braten. Ein Glasrahmen schützt die Gäste vor Funkenflug*

gesalzen, dann die zweite Seite gebräunt und ebenfalls gesalzen. Jetzt kommt ein ordentlicher Schuß Weißwein auf die eben gegrillte Seite – er sorgt dafür, daß das Fleisch Aroma bekommt und nicht zu heiß wird, also zart bleibt. Auch Würste, Koteletts und Hühner werden so behandelt.
»Da Toso« in Tricésimo ist eine Trattoria, pflegt die althergebrachte, ländliche Familienküche. Trotzdem ist alles anders als in üblichen Restaurants – hier schmecken auch Gerichte, die man sonst nirgendwo gut bekommt, etwa Kartoffelpüree; und es ißt in bäuerlicher Manier auch der Städter den Salat zum Fleisch, was er sonst nie täte. Vielleicht deshalb trifft sich hier alles, was Rang und Namen hat im Friaul! Und wenn die Leute schon elegant gewandet kommen, dann deckt Alida Toso eben auch fein auf – die Missoni-Tischdecken passen tatsächlich nahtlos ins urige Ambiente...

1

RUCOLA E FAGIOLI

RAUKE MIT BOHNEN

Mit Rosmarin und Lorbeer in Salzwasser gegarte Wachtelbohnen lauwarm auf einem Bett von Raukeblättern anrichten. Mit frischem Olivenöl und Pfeffer würzen.

2

MUSETTO FRIULANO

SCHWEINSWURST

Eine deftige Spezialität: Die mit Muskat, Koriander, Piment und Pfeffer kräftig gewürzte Wurst ist in der Konsistenz ganz ähnlich dem *zampone,* dem gefüllten Schweinefuß, der zum *bollito misto* gehört (siehe auch Seite 219). Man serviert den *musetto* in der brovada (Seite 206) erwärmt, in Bohnen- oder Graupensuppe oder, in Scheiben aufgeschnitten, zur heißen Polenta oder Kartoffelpüree.

3

TRIPPA FRIULANA

KUTTELN FRIULANER ART

Für sechs Personen:
1 kg geputzte, vorgekochte Kutteln, 2 Zwiebeln, 2 EL Olivenöl, 2 EL Butter, 1 Dose Tomaten, 1 Rosmarinzweig, 4 Lorbeerblätter, Salz, Pfeffer, Parmesan zum Bestreuen

Die Kutteln verkauft hierzulande der Metzger meist bereits küchenfertig vorgekocht. (Falls nicht: mit Wurzelwerk, Rosmarin, Lorbeer, Salz und Pfefferkörnern zwei bis drei Stunden weichköcheln.)
Die feingehackten Zwiebeln im heißen Öl andünsten, Butter zufügen, ebenso die Tomaten samt Saft sowie die Gewürze. Die Kutteln in Streifen schneiden und im Tomatensugo eine weitere Stunde sanft köcheln lassen. Ohne Deckel, damit sich die Sauce reduziert. Zum Servieren in Suppenteller füllen und mit frisch geriebenem Parmesan bestreuen.

4

CONIGLIO IN UMIDO

GESCHMORTES KANINCHEN

Für sechs Personen:
1 küchenfertiges Kaninchen, 1,5 kg, 3 EL Olivenöl, 2 EL Butter, Salz, Pfeffer, 4 Zwiebeln, 1 kg Tomaten, 2 Rosmarinzweige, ca 1/4 l Rotwein

Das Kaninchen in Portionsstücke schneiden. In einem Bräter Öl und Butter erhitzen, die Kaninchenstücke darin langsam rundum golden anbraten, salzen und pfeffern. Die Zwiebeln sehr fein hacken und einige Minuten mitschmoren, dabei immer wieder rühren, damit sie nicht dunkel werden.
Tomaten häuten, entkernen, in Stücke schneiden und zufügen. Rosmarinzweige dazwischenbetten, Wein angießen, salzen. Das Ragout ohne Deckel auf mittlerem Feuer schmoren, bis die Flüssigkeit dick eingekocht ist. Entweder wie hier mit gedünsteten Pilzen und Polenta oder einfach mit frischem Weißbrot servieren.

1

2

3

4

Cortina: Ski, Rodel und Feinschmecken –

Mit den olympischen Spielen 1956 begann für Cortina d'Ampezzo ein neues Zeitalter: Wo zuvor allenfalls einige Sommerfrischler Ruhe suchten, die die blühenden Bergwiesen genossen, den Spitzenklöpplerinnen, Kupferschmieden und Holzschnitzern bei der Arbeit zuschauten, vielleicht Fossilien suchten, es neben wenigen Luxushotels nur bescheidene Privat- und Gästehäuser gab, brach nun der Bauboom aus. Dem kleinen Bergdorf mit der phantastischen Lage, im Norden durch die Bergriesen der Dolomiten geschützt, nach Süden offen, ist das leider nicht gut bekommen. Heute überziehen Hotels, Pensionen und jede Menge Häuser die Berghänge wie ein häßlicher Ausschlag; leider nur selten architektonische Musterstücke. Aber, »das schönste Bauwerk der Welt, das sind die Dolomiten«, sagte ja schon Le Corbusier. Man hebe also den Blick und genieße die imposanten, schroffen Felsmauern, die sich im Nordosten Venetiens wie eine Sperre gegen den Rest der Welt erheben.

Als Wintersportort ist Cortina vor allem bei italienischen Skifahrern beliebt, mit Pisten jeglichen Schwierigkeitsgrads, aber auch Rodelbahnen, Loipen, Spazier- und Wanderwegen für weniger alpin orientierte Sportler. Für die Genießer unter ihnen gibt es »Il Meloncino«. Das kleine Gasthaus oberhalb des Orts mit einem prächtigen Blick über das gesamte Bergrund gehört der Familie *Melon*. Hier haben Vater Franco und Mutter Lina vor dreißig Jahren angefangen; an zwei Tischen gab's Kleinigkeiten zu essen, obwohl Lina nie das Kochen professionell erlernt hat; am Bartresen nahm man seinen Espresso oder ein Glas Wein. Heute ist die obere Gaststube mit einer Zirbeltäfelung aus dem 17. Jahrhundert ausgeschmückt, die Tische sind mit zarter Spitze, versilberten Platztellern und edlen Glä-

sehr gut!

Skipisten, Loipen, Rodelbahnen; die Höhen sind durch Lifte erschlossen. Wer partout nicht sporteln mag, kann sich im Liegestuhl dem Nichtstun und der Sonne hingeben. Im Ristorante »Il Meloncino« dürfen sich dann beide, Sportler und Faulenzer, gütlich tun

sern gedeckt, der Weinkeller ist mit erstklassigen italienischen und französischen Weinen gefüllt. Immer noch kocht Mutter Lina, mittlerweile von Sohn Romeo unterstützt, ihre herrlichen Nudeltaschen und Spaghettigerichte. Eine Dependance am nahegelegen Ghedinasee bietet dieselbe Küche, aber doppelt soviel Platz, außerdem ein paar gemütliche Hotelzimmer in paradiesischer Ruhe.

1

CASUNZIEI ALL'AMPEZZANA

ROTE-BETE-RAVIOLI

Die klassischen Ravioli der Cortiner Berge mit der Füllung aus roter Bete aß man früher mit brauner Butter und Zimtzucker als süßes Hauptgericht. Heute dagegen schmeckt man sie lieber herzhaft ab und serviert sie mit Käse bestreut als Vorspeise.

Für sechs Personen:
»Magerer« Nudelteig:
500 g Mehl, 2 Eier, Wasser, Salz
Füllung:
400 g rote Bete, 100 g Kartoffeln, Salz, 65 g Semmelbrösel, 75 g Butter, Pfeffer, 1 Eiweiß
Außerdem:
100 g Butter, 2–3 EL Mohn, Parmesan

Aus Mehl, einem Ei, einem Eigelb, soviel Wasser, wie nötig, und Salz einen geschmeidigen, sogenannten »mageren« Nudelteig herstellen. Eine halbe Stunde ruhen lassen, bevor man ihn hauchdünn ausrollt, mit einem Glas Kreise aussticht und diese mit folgender Füllung versieht:
Rote Bete und Kartoffeln schälen, in wenig Salzwasser gar kochen. Durch eine Gemüsemühle passieren. Semmelbrösel in Butter anrösten, mit dem Rote Bete-Kartoffelpüree mischen. Mit Salz und Pfeffer abschmecken.
Die Teigkreise zuerst mit Eiweiß einpinseln, je einen Löffel Füllung auf eine Kreishälfte setzen, zum Halbmond zusammendrücken. Die Casunziei in Salzwasser behutsam garen.
Auf Tellern anrichten, mit brauner Butter übergießen, mit Mohn und Parmesan bestreuen.

2

SPAGHETTI CON LA RUCOLA

SPAGHETTI MIT RAUKE

Ganz einfach, aber verblüffend gut: Rohe Tomaten und Rauke verleihen Frische, Chili sorgt für Feuer, und grob gehackte Mandeln geben Biß.

Für vier Personen:
350 g dünne Spaghetti, Salz, 3 Fleischtomaten, 100 g Rauke, 4 EL bestes Olivenöl, Pfeffer, 2–3 EL gehackte Mandeln, 2–4 Knoblauchzehen, 1–2 Chilies

Die Spaghetti in reichlich Salzwasser bißfest kochen. Inzwischen die Tomaten häuten, entkernen und in Würfel schneiden. Die Rauke hacken. Beides mischen, mit zwei Löffeln Öl, Salz und Pfeffer anmachen.
Das restliche Öl erhitzen, Mandeln, gehackten Knoblauch und Chilies darin kurz dünsten, die abgetropften Nudeln darin schwenken. Schließlich neben dem Feuer Tomaten und Rauke untermischen und sofort servieren.

3

FILETTO DI CAPRIOLO IN CROSTA

REHFILET IM BLÄTTERTEIG

Für sechs Personen:
500 g Eßkastanien, Salz, je 6 Pfeffer- und Pimentbeeren, 2 EL Heidelbeermarmelade, 1 kleiner Wirsingkopf, ca. 900 g ausgelöstes Rehrückenfilet, 2–3 EL Butter, 1 Paket Tiefkühl-Blätterteig, 1 Ei

Die Kastanien schälen, in Salzwasser weichkochen, durch ein Sieb passieren. Das Püree mit Pfeffer, fein zerstoßenem Piment und Marmelade würzen. Die Wirsingblätter vom Strunk lösen, in Salzwasser zwei Minuten blanchieren, eiskalt abschrecken. Das sorgfältig parierte, das heißt von Häuten und Sehnen gesäuberte Rehfilet in heißer Butter rundum anbraten, dabei salzen, pfeffern und mit Piment würzen.
Die Teigplatten antauen lassen, aufeinandergestapelt messerrückendünn ausrollen und mit den abgetropften Blättern belegen. Darauf die Kastanienfarce verstreichen. In die Mitte das Rehfilet setzen. Den Teig darüber zusammenschlagen und rundum gut verschließen. Mit der Nahtstelle nach unten auf ein Blech setzen. Das Paket mit verquirltem Ei einpinseln. Im 180 Grad heißen Ofen 20 Minuten backen.
Zum Servieren aufschneiden und mit etwas Bratensaft beträufeln.

4

TORTA DI CAROTE

MÖHRENTORTE

Ganz erstaunt war Mama Lina, als sie hörte, daß diese Torte in der Schweiz und in Süddeutschland bekannt und beliebt ist – sie hat das Rezept für sich selbst entwickelt und wollte es gar nicht herausrücken.

Für eine Springform von 24 cm Durchmesser:
5 Eier, 300 g Zucker, Salz, abgeriebene Zitronenschale, je 1 Messerspitze Piment und Zimt, 300 g gemahlene Mandeln, 300 g Möhren, 4 EL Speisestärke, 1 TL Backpulver, Butter und Brösel für die Form, Puderzucker

Die Eigelb mit 200 g Zucker zu einer hellen, dicken Creme rühren. Mit Salz, Zitronenschale, Piment und Zimt würzen. Die gemahlenen Mandeln, geriebenen Möhren, Speisestärke und Backpulver untermischen. Schließlich die mit dem restlichen Zucker steifgeschlagenen Eiweiß unterziehen.
Diese Masse in eine gebutterte, mit Bröseln ausgestreute Form füllen. Bei 200 Grad etwa eine Stunde backen.
Die ausgekühlte Torte kann man einfach so, mit Puderzucker bestäubt, servieren oder, wie Mutter Lina es tut, mit Mascarponecreme (Seite 22) füllen und ein wenig durchziehen lassen. Sie dekoriert außerdem den Kuchenteller vor dem Servieren mit feinen Karamelfäden und frischen Himbeeren.

Jeder in der Familie Melon hat seine Aufgabe (von links): Tochter Orietta betreut den Service im Haus am See; Mutter Lina wechselt sich in beiden Häusern mit Romeo (zweiter von rechts) in der Küche ab; Vater Franco kümmert sich um alles, am liebsten um den Weinkeller; Schwiegertochter Loredana ist für den Service im kleinen Haus verantwortlich, ihr Mann Aldo ist der Sommelier. Während der Hauptsaison, im Winter, muß man unbedingt reservieren, vor allem, wenn man an schönen Tagen auf der Terrasse sitzen will

Bollito Misto vom Wagen

Eine Spezialität, die man noch in manchen Gasthäusern Venetiens finden kann. Vor allem während der Woche, wenn die Geschäftsleute zum Essen kommen, die nicht viel Zeit für lange Tafeleien haben. Das »Cà de l'Ebreo«, an der Straße zwischen Verona und dem Gardasee, oder das schlichtere, urtümlichere »Ciccarelli«, südlich von Verona, auf dem Weg nach Mantua, mögen dafür Beispiel sein. Das Prinzip ist ebenso einfach wie überzeugend: Unterschiedlichste Fleischsorten werden miteinander in einem gewaltigen Kessel am Morgen aufgesetzt. Mittags sind sie gar, bleiben in ihrer würzigen Brühe warm; bei Bedarf werden die Stücke auf einem Servierwagen zum Gast gefahren, der wählen kann. Dazu gibt's *salsa verde*, eine Kräutersauce, und *kren*, wie hier auf gut österreichisch der Meerrettich heißt. Wer mag, bekommt auch vom mitgekochten Gemüse ab; oder nimmt statt der *bolliti* noch ein Scheibchen der *arrosti*: im Ofen knusprig gebackene, gemischte Braten, die auf einem zweiten Wagen herangerollt werden. Und hinterher schmeckt Obst, frische und getrocknete Früchte, ebenfalls in einer großen Form in kräftigem Rotwein geschmort.

1

2

1

BOLLITO MISTO
CON SALSA VERDE E KREN

GEKOCHTES FLEISCH MIT GRÜNER SAUCE UND MEERRETTICH

Kaum jemand wird im Normalhaushalt über einen ausreichend großen Topf verfügen, in den alle verschiedenen Fleischsorten auf einmal passen, die einen *bollito misto* ausmachen: Rindfleisch, Rinderzunge, Kalbfleisch, Kalbskopf, *zampone* (gefüllter Schweinefuß) und schließlich Suppenhuhn. Ein Teil des Suppengemüses wird übrigens erst gegen Ende der Garzeit unzerteilt hinzugefügt und dann mit Olivenöl beträufelt als Beilage serviert. Die Saucen kann man gut auf Vorrat zubereiten.

Grüne Sauce:
1 Bund glatte Petersilie,
1 Bund Basilikum, 50 g Kapern,
3–4 Gewürzgürkchen (Cornichons),
2 Schalotten, 2–4 Knoblauchzehen,
2 EL Semmelbrösel, Salz, Pfeffer,
2–3 Anchovis

Alle Zutaten im Mixer vermischen.

Meerrettich:
½ Meerrettichstange,
2 EL Zucker, ⅛ l Weißweinessig,
Salz, Pfeffer

Den Meerrettich reiben, mit Essig, Zucker, Salz und Pfeffer würzen.

2

FRUTTA COTTA

GESCHMORTES OBST

Der ideale Nachtisch für eine Party: Sieht wunderbar aus, schmeckt herrlich und macht kaum Mühe.

Für 15 bis 20 Personen:
500 g Backpflaumen, 5 Orangen,
10 Äpfel, 10 Birnen,
150 g Zucker, Rotwein

Die Pflaumen in einen Bräter geben. Darauf dünne Orangenscheiben (mit Schale) verteilen. Die Hälfte des Zuckers darüberstreuen. Äpfel und Birnen dicht an dicht obenauf setzen. Soviel Wein angießen, daß die Früchte fast davon umgeben sind. Den restlichen Zucker darüberstreuen. Im 180 Grad vorgeheizten Ofen etwa eine Stunde schmoren.

Padua und Vicenza, Städte und Hügel

Das kraftvolle Reiterstandbild des *Gattamelata* genannten venezianischen *Condottiere*, von *Donatello* 1447 geschaffen, gehört, zusammen mit den Fresken *Giottos* in der *Scrovegni*-Kapelle, zu den eindrucksvollsten Kunstwerken Paduas. Die 1222 vom Staufer *Friedrich II.* gestiftete Universität galt jahrhundertelang als eine der bedeutendsten Europas. *Galilei* lehrte hier, das erstaunliche Anatomietheater von 1594 ist vollkommen erhalten. Später sagte sich Padua als erste der oberitalienischen Städte von den deutschen Kaisern los, kam 1405 zu Venedig.
Enge Straßen, Laubengänge, Bäche und weite Plätze schaffen ein abwechslungsreiches Stadtbild – das Einkaufen macht hier Spaß. Der Markt auf der *Piazza Erbe* vor dem gewaltigen *Palazzo della Ragione* (Justizpalast) ist für Gourmets ein Eldorado. Danach nimmt man seine Schokolade oder den Kaffee im luxuriösen *Caffè Pedrocchi*, das schon im 19. Jahrhundert von den berühmtesten Künstlern Europas besucht wurde.
Nicht weit von Padua die Kurstadt *Abano Terme*, dahinter die *Euganeischen Hügel*. Sie sind vulkanischen Ursprungs und wirken, zieht man die Nähe der großen Städte in Betracht, unvermutet ländlich. Überall Ausflugslokale, wo man meist für relativ wenig Geld hervorragend ißt.
Auch einen Besuch wert: die kleinen, weitgehend intakten Städte *Monsèlice*, *Este* und *Montagnana*, letztere weiter Richtung Westen und bekannt für einen ausgezeichneten Schinken.
Nördlich davon die lieblich-majestätischen, in großen Linien aufsteigenden Dome der *Monti Berici*, ebenfalls vulkanischen Ursprungs. Herrliche Villen und stattliche Gutshöfe wechseln einander ab, auch hier viel Gastronomie, von eleganten Villenrestaurants mit auserlesener Karte über bürgerliche Ausflugslokale bis zu einfach bewirtschafteten Bauernhöfen.
Kurz vor *Vicenza* dann die berühmte *Villa Rotonda* von *Palladio*, vollendet in ihren Proportionen, im Winter am schönsten zu betrachten. Während der Blütezeit Vicenzas, in der Renaissance, entstanden hier über hundert Paläste – man spricht daher von einem »Venedig mit Straßen«. Durch diese wird man gemütlich bummeln, sich vom *Teatro Olimpico* des *Palladio* mit der einzigartigen Bühne von *Scamozzi* beeindrucken lassen, die *Piazza dei Signori* genießen und anschließend wieder hinausfahren in die Hügel, um zu speisen und zu trinken; zu leben, wie es auch Gott nur in Italien kann...

Monti Berici*: sonntägliche Radsportler, ländliche Idylle,* Villa Rotonda. Colli Euganei*: Parktor der* Villa Barbarigo *und Ausflugsrestaurant.* Padua*: Markt, ein junger Priester und das* Caffè Pedrocchi

Eine Kneipe, wie aus dem Bilderbuch

Daß hinter der kulissenreif verfärbten rosa Fassade mit der Jugendstilaufschrift etwas Besonderes versteckt sein muß, sieht man schon von außen. Die kleine Trattoria »Al Castelletto« könnte denn auch jedem Stylisten Entzückensschreie entlocken, so geschmackssicher ist sie ausgestattet. Das hinreißende Gemälde in altmeisterlicher Manier an der Wand zeigt das Schlößchen, dem das Lokal seinen Namen verdankt; ein Jagdschloß des

Ein Schild, das hält, was es verspricht

Gattamelata, es thront über dem hübschen Anwesen an der Straße nach Follina und ist heute im Besitz der Grafen Arrivabene Brandolino d'Adda. Wirtin Clementina Vezzier, von ih-

Wirtin Clemi hat stilsicheren Geschmack

ren Gästen (die Benettons essen gerne hier, Scarpa war Stammgast) liebevoll Clemi genannt, kocht eine *Mamma*küche, wie man sie sich wünscht: cremige Risotti, wunderbare Pasta, viel Gemüse. Das Fleisch wird auf dem Fogolar gegrillt, dem Kaminfeuer, das im Winter auch wärmt. Im Sommer sitzt man unter weißen Sonnenschirmen auf der Terrasse.

1

2

3

1

ZUPPA DI ORZO E FAGIOLI

GRAUPENSUPPE MIT BOHNEN

Für sechs Personen:
250 g Wachtelbohnen,
100 g Perlgraupen, 1 Möhre,
1 Lauchstange, 2–3 Selleriestengel,
1 Zwiebel, 6 EL Olivenöl,
Salz, Pfeffer, 2 Lorbeerblätter,
⅛ l Milch

Bohnen und Graupen getrennt in reichlich Wasser einweichen. Die Graupen in Salzwasser garen. Für die Bohnen zunächst gehacktes Suppengemüse und Zwiebel in zwei Löffeln Öl andünsten. Die Bohnen zufügen. Mit 2 l Wasser auffüllen. Salzen, pfeffern, Lorbeerblatt zufügen, zugedeckt garkochen. Die Hälfte davon im Mixer pürieren oder durch eine Gemüsemühle passieren. Zusammen mit den Graupen wieder in den Topf rühren. Das restliche Olivenöl und die Milch unterrühren. Wer mag, streut sich beim Essen Parmesan darüber.

2

OSSO BUCO

GESCHMORTE KALBSHAXE

Für sechs Personen:
6 quer durch die Kalbshaxe geschnittene Scheiben, ca. 3 cm dick,
5 EL Olivenöl, Salz, Pfeffer,
2 Zwiebeln, 3–4 Knoblauchzehen,
1 Lauchstange, 1 Möhre,
3 Selleriestengel, 1 Dose Tomaten,
Salz, Pfeffer, Salbeistengel,
ca. ¼ l Rotwein

Die Fleischscheiben im heißen Öl auf beiden Seiten anbraten, dabei salzen und pfeffern. Herausheben, im Bratfett das gewürfelte Gemüse andünsten, dabei ebenfalls salzen und pfeffern. Die Fleischscheiben wieder in den Topf betten, die Tomaten samt Saft zufügen, die Salbeistengel dazwischen legen. Mit Rotwein auffüllen. Zugedeckt auf mildem Feuer eine Stunde schmoren. Zum Schluß die Sauce etwas einkochen lassen. Zum *osso bucco* paßt am besten ein leuchtendgelber Safranrisotto.

4

3

BURRATA CON POLENTA E SOPRESSA

BUTTERFRISCHKÄSE MIT POLENTA UND WURST

Ein wunderbar cremiger, sahniger Frischkäse, zu dem die gebratene Polenta und die derbe Sopressa-Wurst einen interessanten Kontrast bilden. Kaum mehr eine Vorspeise, eher eine vollständige Mahlzeit!

5

6

4

TAGLIATA DI MANZO

OCHSEN-KOTELETT

Sage keiner, ein Stück Fleisch vom Grill sei langweilig! In Italien, wo man die Rinderhälften am Stück abhängt, reift das Fleisch besser als bei uns. Hierzulande verkaufen die Metzger das Fleisch schnell, zerlegen deshalb die Tiere gleich nach dem Schlachten. Die Bratenstücke läßt man dann in Vakuumfolie verpackt reifen. So entwikkeln sie leider nie den kräftigen, würzigen Fleischgeschmack, der ein Steak zum Erlebnis werden läßt.

5

INVOLTINI DI RADICCHIO

RADICCHIO-RÖLLCHEN

Für vier Personen:
4–6 Radicchiostauden (Treviso), Salz, 10–12 Scheiben roher Schinken, 10–12 Scheiben Fontinakäse

Die Radicchiostauden längs halbieren, in Salzwasser 10 Minuten blanchieren. Gut ausdrücken, jeweils in eine Schinkenscheibe, dann in eine Käsescheibe wickeln. In einer feuerfesten Form bei 200 Grad 15 bis 20 Minuten überbakken, bis der Käse geschmolzen ist.

6

TIRA MI SU

SCHICHTSPEISE

In Venetien hat der auch bei uns zum Modedessert avancierte Nachtisch seinen Ursprung: Die Waschfrauen stärkten sich an kalten Wintertagen mit *biscotti*, die sie in den Kaffee stippten und unter einer sahnigen Creme versteckten. Das brachte sie wieder auf die Beine. Deshalb heißt das Dessert auch »Zieh' mich hoch«!

Für sechs Personen:
200 g Löffelbiskuits, 3 Tassen Espresso, 3 Eigelb, 2–3 EL Brandy, 100 g Zucker, 250 g Mascarpone, Kakao zum Bestäuben

Die Biskuits in einer flachen Form verteilen und mit Kaffee tränken. Die Eigelb mit Brandy und Zucker zu einer dicken Creme schlagen, Mascarpone zufügen und über die Löffelbiskuits gießen. Einige Stunden kalt stellen und durchziehen lassen. Vor dem Servieren mit Kakao bestäuben.

Pantheon, Palladio und Canova

Die Wiedergeburt, die *Renaissance* römisch-rationaler Gestaltungsprinzipien als Antwort auf die Gotik, begann bereits in der Mitte des 14. Jahrhunderts. Palladio, 1508 in Padua geboren und 1580 in Vicenza gestorben, ist der letzte große Baumeister der Renaissance, gleichzeitig Wegbereiter des Klassizismus, der seinerseits als Reaktion auf Barock und Rokoko entstand. Italiens größter

Jugendstilvilla in der Sommerfrische von Cisòn di Valmareno – *im Winter entdeckt man sehr viel mehr als im Sommer, wenn fast alles hinter den Blättern von Hecken, Büschen und Bäumen verborgen bleibt*

Künstler des Klassizismus war Antonio Canova aus Possagno bei Asolo. Beide haben sich mit dem Pantheon, dem vollendeten Kuppelbau in Rom, architektonisch auseinandergesetzt: Palladio mit einer Kapelle vor der *Villa Maser* (kleines Bild rechts), Canova, der gefragteste Bildhauer seiner Zeit, mit dem *Tempio* in seinem Geburtsort, ihm selbst zum Glanz.
In Possagno kann man im Geburtshaus Canovas die *Gipsoteca* besichtigen – die Gipsmodelle seiner Werkstatt, nach denen angestellte Bildhauer die berühmten Werke schufen.

AC · TRINO

Die Rose des Winters: Radicchio

In Italien ißt man Radicchio nicht nur, wie bei uns, als Salat, sondern mehr als Gemüse: gekocht, geschmort, gebraten, gebacken und fritiert!
Die Kultur von Radicchio ist aufwendig, daher teuer. Die edelsten Sorten sind der schlanke, keine geschlossenen Köpfe bildende *Radicchio di Treviso* mit fleischigen, weißen Rippen (rechts im Bild) und die großen, lockeren Rosen des *Radicchio di Castelfranco*, dessen rotviolett gesprenkelte Blätter elfenbeinfarben schimmern.
Radicchio ist eine zweijährige Pflanze, wie Chicorée und Endivie aus der Wegwarte gezüchtet. Im April wird er nach den Frösten gesät, nicht zu früh, sonst schießt er aus. Im Mai/Juni muß man die Pflänzchen vereinzeln.
Beim *Treviso* werden Anfang September die Blätter hochgebunden und zusammengeschnürt, damit das Herz bleicht. Ende November, vor den ersten Frösten, gräbt man die Pflanzen aus, säubert die Wurzeln und stellt sie dicht nebeneinander in große, flache Wannen, durch die man Wasser laufen läßt, das nur die Wurzeln, nicht aber die Blätter erreichen darf. Natürlich an frostsicherem Ort und vor Licht geschützt. Ab Dezember kann »geerntet« werden – die zarten Herzen mit den weißen Stengeln werden aus einem riesigen Paket fauler und ledriger Blätter geschält – es gibt viel Abfall. Von der Wurzel läßt man ein Stück daran, man kann sie essen.
Beim *Castelfranco* werden Mitte August alle Blätter abgemäht, man ißt sie als Salat oder Gemüse. Die Wurzeln treiben nun neu aus und bilden schöne Rosen. Auch diese Pflanzen werden vor dem Frost ausgegraben, in große Kästen gesetzt und in einen dunklen Raum mit etwa 15 Grad gestellt; nach zwei Wochen werden die Blätter hell.
Die Saison dauert für beide Varietäten nur von Dezember bis April – anders als für die bei uns übliche, dunkelviolette *Rose von Chioggia*, die ganzjährig angebaut werden kann, von selbst bleicht, daher wenig kostet, aber entsprechend langweilig schmeckt ...

1

BOCCONCINI DI RADICCHIO

RADICCHIO-BÄLLCHEN

Für sechs Personen:
500 g Radicchio (Castelfranco), Salz,
1 altbackenes Brötchen, 3–4 EL Milch,
100 g geriebener Parmesan, 3 Eier,
100 g Semmelbrösel,
1 Bund Petersilie, 1 EL Kapern,
2–3 Cornichons, 1 EL Worcestersauce,
Pfeffer, Muskat,
Mehl zum Wenden, Öl zum Ausbacken

Radicchio 10 Minuten in Salzwasser garen, abschrecken, gut ausdrücken und hacken. Das gewürfelte Brötchen in der Milch einweichen. Mit Radicchio, Käse, Eiern, Bröseln, Petersilie, Kapern und Cornichons im Mixer zu einer Paste mischen. Mit Worcestersauce, Salz, Pfeffer und Muskat abschmecken. Walnußgroße Bällchen daraus formen, in Mehl wenden und in heißem Öl schwimmend ausbacken. Als Aperitif-Häppchen servieren.

2

RISOTTO DI RADICCHIO

RADICCHIO-RISOTTO

Für vier Personen:
100 g Butter, 1 Zwiebel,
6 Radicchiokolben vom Grill (S. 232),
400 g Arborioreis, 1 Glas Weißwein,
ca. 2 l Brühe, 1 kleiner Apfel,
Salz, Pfeffer, 50 g Parmesan

In 50 Gramm Butter die feingehackte Zwiebel andünsten. Den in feine Streifen geschnittenen Radicchio zufügen, schließlich den Reis mitdünsten. Mit Wein ablöschen; sobald dieser verdampft ist, mit Brühe bedecken. Auf mittlerem Feuer leise köcheln, immer wieder Brühe nachgießen, falls der Reis zu trocken zu werden beginnt. Nach etwa 10 Minuten den feingewürfelten Apfel unterrühren. Mit Salz und Pfeffer würzen. 25 Minuten köcheln, bis der Reis gar ist, jedoch noch Biß hat. Die restliche Butter und den geriebenen Käse unterrühren.

1

2

Der Stolz von Armando Zanotto: Antiquitäten, die riesige Weinkarte und viele Schnäpse

Armando, der König des Radicchio

Am Westrand von Conegliano thront auf einer Anhöhe ein stattliches Gebäude – das Restaurant »Tre Panoce« von Armando Zanotto. 1980 hat er das ehemalige Konvent aus dem 17. Jahrhundert gekauft, gründlich umgebaut und aufwendig renoviert, 1982 schließlich das Restaurant mit 80 Plätzen und einer herrlichen Terrasse eröffnet. *Panoce*, so heißen hier die Maiskolben, drei führt er als Wappen: Denn hier wächst überall Mais – für das Grundnahrungsmittel Polenta.

Aber eigentlich müßten in Armandos Wappen drei Radicchio-Rosen blühen – längst ist dieser Salat, dieses Gemüse, seine Spezialität geworden! Begeistert zeigt er einen *Radicchio di Castelfranco*: »Ist das nicht eine Rose? Ist sie nicht Poesie? Schauen Sie: Wie zerbrechliches Porzellan sieht sie aus! Wie gemalt! Wie hingehaucht...« Ganz verliebt blickt er den Salatkopf an. »Und so zart, wie der Castelfranco aussieht, schmeckt er auch! Würzig, etwas bitter, aber gar nicht aufdringlich. Und wenn ich ihn brate, wird er sanft und aromatisch, duftet fast nach Kaffee... Ganz anders der Treviso!« Armando zeigt nun von dieser Sorte zwei wunderschön gewachsene Kolben: »Der ist kräftig und knackig, herrlich bitter, aber auch etwas süß... Ist es nicht bezaubernd, wie sie ihre Blattspitzen nach innen biegen?« Er lächelt sie an wie ein stolzer Vater seine Kinder. »Wenn ich die kurz dünste... Ah! Welch Aroma!«

Damit rauscht er schwungvoll in die Küche, kommt aber unverzüglich zurück und zeigt uns, wie aus der Radicchio-Rosette eine hübsche Verzierung wird: Einfach die Blätter nicht zu dicht über der Wurzel abschneiden und die verbliebenen Stengel auseinanderdrücken.

Armando hat sich so gründlich wie kein anderer mit dem Radicchio beschäftigt – herausgekommen ist ein Buch mit 617 Rezepten für Radicchio von Treviso oder Castelfranco. Damit hat er sich den Ehrennamen *re del radicchio* wahrlich verdient!

1

1

RADICCHIO AI FERRI

RADICCHIO VOM GRILL

Für vier Personen:
4 Radicchiostauden (Treviso), Salz, Pfeffer, ca. 6 EL Olivenöl

Die Radicchiostauden längs halbieren, die Wurzel schälen, jedoch dranlassen. Die Hälften mit Wasser tränken, salzen, pfeffern und mit Olivenöl benetzen. Etwa 15 Minuten durchziehen lassen, bevor sie auf dem heißen Grill auf beiden Seiten schön knusprig gegrillt werden. Man kann sie auch in einer feuerfesten Form im 200 Grad heißen Ofen etwa 20 bis 30 Minuten schmoren. Als Beilage servieren.

2

2

INVOLTINI AL PROSCIUTTO

SCHINKENRÖLLCHEN

Für vier Personen:
12 dünne Scheiben luftgetrockneter Schinken, 12 dünne Scheiben Käse, 100 g Quark, 10 grüne Oliven, 1 EL Kapern, Saft einer halben Zitrone, 6 EL Olivenöl, Salz, Pfeffer, 12 Radicchioblätter (Castelfranco)

Auf der Arbeitsfläche die Schinkenscheiben ausbreiten, auf jede eine Käsescheibe betten. Quark, entsteinte Oliven, Kapern, Zitronensaft und Öl im Mixer zu einer Paste mischen, salzen und pfeffern. Die Hälfte davon auf den Käsescheiben verstreichen. Die andere Hälfte in die Radicchioblätter wickeln. Diese Päckchen schließlich in die Schinken-Käse-Scheiben einrollen.

3

3

IMBROGLIO DI RADICCHIO

BUNTER RADICCHIOSALAT

Für vier Personen:
100 g gekochter Schinken, 100 g gegartes Hühnerfleisch, 200 g Radicchio (Treviso), 3–4 EL Zitronensaft, 5 EL Olivenöl, Salz, Pfeffer, Raukeblätter

Schinken, Hühnerfleisch und Radicchio in feine Streifen schneiden. Mit einer Marinade aus Zitronensaft, Öl, Salz und Pfeffer anmachen. Auf einem Bett von Raukeblättern anrichten. Als Vorspeise oder Imbiß servieren.

4

RADICCHIO IN SAOR

EINGELEGTER RADICCHIO

Die vegetarische Variante zum venezianischen Lieblingsgericht *sarde in saor*, eingelegte Sardinen, die man ganz genauso zubereitet.

Für vier Personen:
6 Radicchiostauden vom Grill (siehe Rezept links), 4 Zwiebeln, ⅛ l Olivenöl, 2 EL Pinienkerne, 2 EL Rosinen, 1 Glas Rotweinessig, Salz, Pfeffer

Die gegrillten Radicchiohälften nebeneinander in eine flache Form setzen. Die Zwiebeln in Halbringe hobeln, in etwas Olivenöl so weich dünsten, daß sie noch Biß haben, aber nicht bräunen. Pinienkerne und Rosinen zufügen. Mit Essig ablöschen, salzen und pfeffern. Diese Marinade über den Radicchio verteilen. Etwa zwei Tage im Kühlschrank marinieren.

5

PASTICCIO DI RADICCHIO

CREPES-AUFLAUF

Für vier bis sechs Personen:
Pfannkuchen nach Rezept Seite 122, 500 g Radicchio (Treviso), Salz, 50 g durchwachsener Speck, 50 g Butter, 1 Zwiebel, 2 Stengel Sellerie, 100 g Hackfleisch, 1 Dose Tomaten, 2 Lorbeerblätter, Salz, Pfeffer, 1 Bund Petersilie, 1 Rosmarinzweig, ca. ¼ l Rotwein, 100 g geriebener Parmesan, ca. ½ l Béchamelsauce (Seite 164)

Die Pfannkuchen nach Vorschrift zubereiten. Für den Sugo den Radicchio zunächst 10 Minuten in Salzwasser garen. Gut ausdrücken und in Streifen schneiden. Speck fein würfeln, in der heißen Butter auslassen. Die feingehackte Zwiebel und Sellerie darin andünsten. Hackfleisch zufügen und krümelig braten. Tomaten samt Saft, Lorbeer, Salz, Pfeffer, gehackter Petersilie und Rosmarin zufügen. Mit Wein auffüllen, eine halbe Stunde köcheln. Erst dann den Radicchio einrühren.
Pfannkuchen, Hackfleischsauce und Béchamelsauce abwechselnd in eine gebutterte feuerfeste Form schichten. Jeweils mit Käse bestreuen. Oberste Schicht Béchamel. Im 200 Grad heißen Ofen etwa 30 Minuten backen, bis der Auflauf brodelt und goldgelb ist.

Zwischen Melancholie und Lebensfreude: Venedig im Winter

Wenn feuchte, kalte Nebel Venedigs frohe Farben schlucken, entstehen neue Reize. Die Stadt scheint unwirklich, wie in Auflösung begriffen. Die Kais menschenleer, die Vaporetti pflügen umsonst die bleiernen Kanäle, und die sonst so grellen Schreie der Möwen hallen dumpf. Wie erstarrt die Piazza San Marco, die Tauben frieren anderswo. Venedig hält Winterschlaf. Der Massentourismus schätzt solch ein unwirtliches Venedig nicht – nur die Individualisten, die unerschrockenen, sensibleren Liebhaber genießen diese Stimmung, in der Venedig gewiß nicht weniger sich selbst zelebriert als in sommerlichem Sonnenschein. Der Venedig-Fan Hemingway, der stets im Hotel Gritti wohnte und bei seinem Freund Arrigo Cipriani in Harry's Bar speiste, beschreibt das kalte, graue Venedig in seinem Roman »Über den Fluß und in die Wälder« minutiös – und läßt es für den müden, vom Tod gezeichneten Obersten Cantwell zum Sinnbild seiner Liebe zur blutjungen Contessa Renata werden.

Wenn eisiger Ostwind Regen- oder Schneeschauer über die Plätze und durch die Gassen fegt, erwachte in den Palästen einst erst das Leben! Schließlich hatten die Wintermonate den höchsten gesellschaftlichen Rang; im Sommer suchten die Reichen das frische Klima des Festlands. Der Winter war die Zeit der Feste und des Carnevals ... Venedig tanzte und tafelte in den prächtigen Sälen der Palazzi, verkleidete sich mit Witz, intrigierte im sanften Schein der Kerzen, spielte seine ureigene Komödie unter den funkelnden Muranoleuchtern ...

Heute genießen die Venezianer die Zeit vielleicht prosaischer, aber deswegen nicht weniger freudig. Haben sie im Sommer die Cafés am Markusplatz den Deutschen überlassen, sich nicht mit Amerikanern um einen Tisch in Harry's Bar gerauft und vor der kompakten Gruppe von Japanern in ihrer kleinen Trattoria Reißaus genommen, so trauen sie sich jetzt wieder hervor: Sie schmausen in ihren Lieblingsosterien, vielleicht die berühmte Leber auf venezianische Art, *fegato alla veneziana*, in Butter gebraten mit reichlich Zwiebeln. Sie zeigen sich wieder mittags mit ihren Geliebten und abends mit ihren Ehefrauen in Harry's Bar, bestellen sich die geniale Creation von Arrigo Cipriani, ein *Carpaccio* – das roh in hauchdünne Scheiben geschnittene Rindfleisch, das von hier aus seinen beispiellosen Siegeszug um die Welt angetreten hat. Und vielleicht trinken sie ausnahmsweise sogar den viel zu teuren Espresso im Florian, lassen aber das dazu servierte, nach Chlor stinkende Leitungswasser angewidert stehen.

Einige Restaurants haben geschlossen, aber Hotelzimmer sind ohne weiteres zu haben, selbst in den sonst fast immer ausgebuchten, weil so angenehmen Häusern. Da kann man es dann genießen, sich nach langen Museumsbesuchen, einsamen Spaziergängen und aufregendem Stöbern in Andenkenshops und Geschenkeläden, Glasbläsereien oder Antiquitätengeschäften wieder zu erholen und aufzuwärmen, ehe man in die früh hereingedämmerte Nacht aufbricht, um an einem freundlichen Ort zu tafeln ...

Links: Hinter goldenen Gittern und der viel zu engen Schwingtür Harry's Bar, *eine gastronomische Institution Venedigs – Oberkellner Josef präsentiert Ciprianis berühmten* Bellini, *Pfirsichsaft, aufgefüllt mit schäumendem Prosecco. Oben: ein Zimmer im* Gritti, *sündhaft teuer, aber wunderschön. Rechts oben: das Hotel vom Canal Grande aus; darunter: die Eingangshalle. Rechts unten:* Marina Barovier, *aus alter venezianischer Familie, die in ihrem Antiquitätenladen die schönsten venezianischen Gläser und Möbel aus dem österreichischen Art Deco verkauft. Hier zeigt sie eine Vase von Venini aus den zwanziger Jahren*

Wo die Intelligenzia gerne ißt

Die Lage der Trattoria »Corte Sconta«, in einem schmalen Gäßchen im *Castello*, einem eher proletarischen Viertel der Lagunenstadt, ist bereits Programm. Die gewerkschaftliche Vergangenheit von Patron Claudio Proietto, der zusammen mit seiner Frau Rita und Schwägerin Lucia den Laden führt, und seine sozialistische Überzeugung sind überall bekannt. Und so ist es denn auch kein Wunder, daß spätestens um elf Uhr vormittags die Nachbarn aus dem Viertel am Tresen stehen, ein Glas und ein *cicchetto*, einen Happen, in der Hand, und laut die Probleme des Tages diskutieren.
Nachmittags um fünf sitzen sie übrigens mit Claudio um den Tisch und spielen Karten. Dazwischen die nerzumhüllten Damen und kaschmirgewandeten Herren der feineren Gesellschaft, und jede Menge Journalisten, Schriftsteller und Filmleute: Das kleine Lokal in der Calle Pestrin ist *in*. Schließlich kann man hier großartig essen und in fröhlicher, unbeschwerter Atmosphäre das Leben genießen. Der Prosecco wird, wie es sich eigentlich gehört, von der Flasche in den Krug gefüllt, wodurch er dank Luftkontakt Duft und Aroma entwickelt. Sets aus gelbem Packpapier ersetzen Tischtücher, das dunkle Holz der Bistromöbel schafft Gemütlichkeit.
Claudio ist Autodidakt und kocht daher frei von formalistischen Regeln, wie eine gute Hausfrau, dem Angebot entlang, das er bei seinem täglichen Einkauf vorgefunden hat. Der Fischfan bringt nur absolut frische Ware auf den Tisch, die er so rein und natürlich wie nur möglich zubereitet.
Auch der Name des Lokals hat Bezug: Den »versteckten Hof« gibt's wirklich! Im Sommer werden die Türen zum Innenhof geöffnet, und man sitzt bis in die späte Nacht hinein unter dem dichten Blätterdach eines riesigen, hundert Jahre alten Weinstocks, dem man leider die Früchte kappen muß, bevor sie reif sind, um die Tauben nicht herbeizulocken, die doch lieber auf San Marco bleiben sollen …

1

BURRO DI GRANSEOLA

MEERSPINNEN-BUTTER

150 g ausgelöstes Meerspinnenfleisch (gekocht), 150 g Butter, einige Tropfen Cognac, Salz, Pfeffer, Zitronensaft

Krebsfleisch mit Butter zu einer homogenen Paste mixen, dabei mit Cognac, Salz, Pfeffer und Zitronensaft abschmecken.
Die Paste schmeckt übrigens nicht nur gut auf Crostini zum Aperitif, sondern läßt sich auch als Basis für eine Nudelsauce verwenden, zum Beispiel mit feingeschnittenem Radicchio!

Feingekleidete Mittagsgäste und der Maurer von nebenan beim Aperitif

2

SARDE IN SAOR

EINGELEGTE SARDINEN

Ein ganz wichtiges Gericht in der Küche Venetiens. Das Rezept entspricht genau dem von Seite 233 mit Radicchio. In diesem Fall werden jedoch die sorgfältig geputzten, möglichst sogar von Kopf und Innereien gesäuberten Fischchen zunächst in Mehl gewendet, dann in reichlich Olivenöl rasch auf beiden Seiten gebraten, schließlich sorgsam auf Küchenpapier abgetrocknet und erst dann mit dem Essigsud, gedünsteten Zwiebeln, Pinien und Rosinen bedeckt. Schmecken nach ein, zwei Tagen als Vorspeise.

2

1

INSALATA DI GRANSEOLA

MEERSPINNEN-SALAT

Meerspinnen (italienisch grancevola, venezianisch granseola) sind die Lieblingsmeeresfrüchte der Venezianer. Ihr Fleisch schmeckt auch tatsächlich besonders würzig. Die Krustentiere werden einfach in kochendem Salzwasser einige Minuten gegart, dann läßt man sie im Sud abkühlen. Das Fleisch pult man aus den Beinen und dem Panzer heraus und macht es für einen Salat auf die ebenso bewährte wie simple Weise an: mit Olivenöl und Zitronensaft beträufeln, salzen, pfeffern, vielleicht noch etwas gehackte Petersilie darüberstreuen – fertig ist ein Hochgenuß!

2

CAPESANTE E CAPELUNGHE

JAKOBS- UND SCHWERTMUSCHELN

Beide Muschelsorten werden zunächst in mehrmals gewechseltem Wasser gründlich durchgespült, um allen in ihnen enthaltenen Sand zu entfernen, schließlich auf den heißen Grillrost gelegt, wo sie sich alsbald öffnen. In einer bereitstehenden Schüssel mit Wasser spült man möglicherweise immer noch vorhandenen Sand aus, bevor die Muscheln mit Olivenöl, Salz, Pfeffer und etwas gehackter Petersilie gewürzt und auf einer Platte angerichtet werden. Sofort servieren; denn warm schmecken sie am allerbesten.

3

ANTIPASTI DI PESCE

FISCH-VORSPEISENTELLER

Auf einer Platte sind verschiedene Meeresfrüchte angerichtet (von links unten im Uhrzeigersinn): *polipetto* (Oktopus), *lumache di mare* (Meeresschnecken), *gamberetti* (Krabben), *canoce* (Heuschreckenkrebse), *uove di sepie* (Tintenfischeier) – alles wurde lediglich in Salzwasser einige Minuten gegart und schließlich *im* Sud (das ist wichtig) abgekühlt. Vor dem Servieren werden die einzelnen Meeresfrüchte nur noch mit Olivenöl, Zitrone und Petersilie angemacht. Die *sardone livornese,* kleine Sardellen (vorn rechts auf der Platte), sind in frischem Tomatensugo mariniert.

1

2

3

4

GIMELLI CON ACCIUGHE

DOPPELNUDELN MIT SARDELLEN

Für vier Personen:
Hackfleischsauce:
25 g getrocknete Steinpilze, 1 Zwiebel, 2–3 Knoblauchzehen, 3 EL Olivenöl, 100 g Schweinehack, 1 Möhre, 1 EL Tomatenmark, 1 Glas Rotwein, 1 Tasse geschälte Tomaten, 1 Rosmarinzweig, einige Salbeiblätter, Salz, Pfeffer, Petersilie
Außerdem:
200 g frische Sardellen, Zitrone, 250 g gimelli oder penne

Die getrockneten Pilze mit etwas kochendem Wasser überbrühen und einweichen. Fein hacken und mit ebenfalls feingehackter Zwiebel und Knoblauch im heißen Öl andünsten. Das Hackfleisch und die geriebene Möhre zufügen. Scharf anbraten, schließlich Tomatenmark unterrühren, mit Rotwein ablöschen, Tomaten und Kräuter zufügen. Salzen und pfeffern, eine halbe Stunde leise köcheln.
Dann erst die feingehackte Petersilie und die sorgfältig geputzten, von Gräten und Kopf gesäuberten Sardellen unterrühren. Mit Zitronensaft großzügig würzen. Inzwischen die Nudeln in reichlich Salzwasser bißfest kochen. Abgießen und unter die Sauce mischen. Alles miteinander einige Minuten schmurgeln lassen.

5

FETTUCCINE VERDE CON SUGO DI CAPESANTE

GRÜNE BANDNUDELN MIT JAKOBSMUSCHELN

Für vier Personen:
1 Zwiebel, 1 Knoblauchzehe, 2 EL Petersilie, 3–4 EL Olivenöl, 100 g ausgelöste Garnelen, 250 g Jakobsmuscheln mit Corail, Salz, Pfeffer, ca. ⅛ l Fischfond, 150 g frische Tomatenwürfel, 250 g grüne Bandnudeln

Gehackte Zwiebel, Knoblauch und Petersilie in zwei Löffeln Öl andünsten, Garnelen und Jakobsmuscheln zufügen und drei Minuten unter Rühren garen. Salzen, pfeffern, mit etwas Fischfond ablöschen. Die Tomatenwürfel zufügen.
Die unterdessen *al dente*, also bißfest gekochten Nudeln in diesem Sugo noch zwei Minuten mitdünsten, etwas frisches Olivenöl darüberträufeln und servieren.

6

DOLCE DI CARNEVALE CON ZABAIONE

CARNEVAL-GEBÄCK MIT ZABAIONE

Hier eine ganze Auswahl, z. B. *frittelle veneziani* (Rezept Seite 210), *zaeti* aus Maismehl mit Rosinen, kringelförmige *buranelli*, die aus *Burano* stammen, *ossi di morto*, weil sie wie hohles Gebein klingen, *brutti ma buoni*, Gebäck, das zwar »häßlich, aber gut« ist, und schließlich *coco*, Kokosmakronen. Dazu gibt's nach Wahl ein Gläschen *passito*, natursüßen Wein, oder einen warmen *zabaione:*

Für vier Personen:
4 Eigelb, 4 EL Zucker, ¼ l Marsala

Eigelb im heißen Wasserbad zu einer hellen Creme schlagen, dabei zunächst den Zucker hinzurieseln lassen, dann nach und nach den Wein zufügen. So lange rühren, bis die Creme heiß und dick geworden ist.

4

5

6

»Da Fiore«: Hier sind die Venezianer am liebsten unter sich

Die Venezianer haben darunter zu leiden, daß sie an einem Ort leben, der gnadenlos zur Besichtigung freigegeben ist. Der zu kaum einer Jahreszeit je abreißende Touristenstrom bringt nicht nur überhöhte Preise mit sich, ewig überfüllte Vaporetti und überlaufene Gassen, sondern hat, was noch viel schlimmer ist, schon vor Jahren zu einem beklagenswerten Niedergang der Restaurantkultur geführt. »Die venezianischen Kollegen«, bestätigt Maurizio Martin, der sympathische Patron der »Osteria da Fiore«, eines wunderbaren, kleinen Restaurants im Quartier San Polo, »haben es sich in der Tat lange Zeit sehr einfach gemacht. Die Touristen haben eben alles hingenommen und selbst den größten Mist geschluckt«. Aber man kann es schließlich niemandem übelnehmen, der, enttäuscht, sich jeden Aufwand spart, weil er feststellt, daß seine Mühe ohnehin vergeblich ist und niemand seine Arbeit zu schätzen weiß. Doch es gibt sie in Venedig durchaus, noch immer oder vielleicht auch wieder, die Oasen der Gastlichkeit, Restaurants, in denen man vergnüglich essen kann. Venezianische Freunde hatten uns hierher geschickt, die unsere Klagen über die mittelmäßigen Restaurants der Stadt nicht mehr hören mochten. Schon beim Eintreten war uns klar, hier sind wir richtig! Höchstens 40 Gäste haben in dem angenehm bescheiden und unaufdringlich eingerichteten Lokal Platz. Teller mit frisch aufgeschnittenen Zitronenhälften auf jedem Tisch verraten dem Gast sofort: Hier wird hauptsächlich Fisch serviert. Der Ober bringt als erstes einen eisgefüllten Kübel mit dem Prosecco-Krug und Brot. Eine Speisekarte gibt es nicht. Maurizio trägt vor, was seine Frau Mara heute vorbereitet hat. Und dann folgt ein Fest: Der Vorspeisensalat aus *seppioline* und verschiedenen Blättern ist in wohlausgewogener Balance zwischen Öl und Essig angemacht; die Muscheln sind exakt so lange gegrillt, daß ihr Fleisch gar, aber noch zart und saftig ist; der Tintenfischrisotto ist von phantastischer Konsistenz und einer unglaublichen Farbe, von hellem Grau, wie bester Caviar; der Barsch ist durch und durch saftig und dank der mitgeschmorten Gemüse herrlich würzig. Und die Amarettocreme zum Schluß ist, mit ihrem Gegensatz von weichem Schmelz und knusprigem Biß, mit sanfter Mandelbitterkeit und süßem Mandelduft, einfach ein Gedicht! Eine Spezialität von Mara, die dem Tiramisu den Rang ablaufen und sich – da sind wir sicher – bestimmt bald in die erlesene Liste der berühmten Dessertklassiker einreihen wird!

CAPELUNGHE ALLA GRIGLIA

SCHWERTMUSCHELN VOM GRILL

Für zwei Personen:
400 g lebende Schwertmuscheln, Olivenöl, Salz, Petersilie, Zitronensaft

Die sorgfältig gereinigten, mehrmals in kaltem Wasser durchgespülten und entsandeten Muscheln nebeneinander auf den heißen Grill legen. Sobald sie sich geöffnet haben, überprüfen und, wenn nötig, nochmals ausspülen. Schließlich auf einem Teller anrichten, das Muschelfleisch mit Olivenöl beträufeln, mit Salz, feingehackter Petersilie und Zitronensaft würzen.

Mara und Maurizio haben die ehemalige Weinhandlung in der Calle del Scaleter vor zehn Jahren übernommen und zunächst als Probierstube geführt. Zum Glas Wein vom Faß boten sie cicchetti, *kleine Häppchen an, die man im Stehen aß. Ein bißchen bedauert Maurizio, daß diese Weinstuben, von denen es früher so viele in Venedig gab, fast alle verschwunden sind: »Die Leute wollen heute nicht mehr den Abend im Stehen verbringen«. Hinzu kommt: »Die*

jungen Leute können sich Venedig nicht mehr leisten. Sie ziehen aufs Festland. Venedig ist am Abend leer. Nur noch 60 000 Einwohner zählt die Stadt, meist alte Leute, die lieber vor dem Fernseher sitzen als in einer osteria *herumstehen.« Deshalb waren beide froh, als sie den an die Weinstube grenzenden Raum hinzuerwerben konnten. Daß jetzt ein gemütliches, feines Restaurant daraus geworden ist, kann man von außen nicht ohne weiteres gleich erkennen*

1

2

1
BACCALA MANTECATO
STOCKFISCHPÜREE

Hier scheiden sich die Geschmäcker: Zunehmend wird dieses Püree mit geschmacksneutralem Öl statt mit würzigem Olivenöl zubereitet. Es gilt als zu »aggressiv«; dabei macht sein Aroma den typischen Geschmack ja aus!

Für vier Personen:
500 g Stockfisch, ½ TL Bicarbonat (Soda), ¼ l Milch, ¼ l Wasser, ½ kleine Knoblauchzehe, Salz, ca. 200 g Öl, Pfeffer

Den Stockfisch gründlich einweichen und von allen Gräten säubern. Mit dem Soda mit Milch und Wasser bedeckt langsam zum Kochen bringen, einmal aufwallen lassen und im Sud etwas abkühlen. Schließlich im Mixer mit etwas Kochsud, Knoblauch und Öl zu einer schaumigen Paste mixen. Mit Salz und Pfeffer abschmecken. Mit geröstetem Brot oder Polenta servieren.

2
RISOTTO NERO
SCHWARZER RISOTTO

Das war der beste Risotto, den wir in ganz Venetien gegessen haben: Cremig sanft, und dennoch mit dem erwünschten Biß; würzig und frisch nach Meer duftend und mit einem Hauch Zitronenschale abgeschmeckt.

Für vier Personen:
1 Schalotte, 1 Knoblauchzehe, 100 g Butter, 200 g geputzter Tintenfisch (Sepia) mit Tinte, 300 g Reis (Vialone Nano oder Rosa Marchetti), ½ l Weißwein, ca. 1,2 l Gemüsebrühe, 50 g Parmesan, abgeriebene Zitronenschale

Feingehackte Schalotte und Knoblauch in zwei Löffeln Butter andünsten. Den Tintenfisch in winzig kleine Würfel schneiden und mitdünsten. Den Reis zufügen, erst wenn er gut von Butter durchtränkt ist, die Tinte unterrühren und mit Wein ablöschen. Salzen und pfeffern. Wenn die Flüssigkeit fast verkocht ist, nach und nach die Brühe angießen. Sobald der Reis angenehmen Biß hat, Käse und restliche Butter unterrühren. Zum Schluß etwas Zitronenschale darüberreiben.

3

4

3

BRANZINO IN CARTOCCIO

SEEBARSCH IN FOLIE

<u>*Für zwei Personen:*</u>
1 mittelgroßer Seebarsch von ca. 500 g,
Salz, Pfeffer, 1 Thymianstrauß,
3–4 EL Olivenöl, 1 Glas Weißwein
<u>*Gemüse:*</u>
250 g Kartoffeln, 2 Artischocken,
2 Radicchiostauden (Treviso),
4 EL Olivenöl, Salz, Pfeffer

Zunächst die Gemüse vorbereiten: Kartoffeln schälen und grob würfeln. Artischocken bis auf ihr Herz schälen. Radicchio längs halbieren, gründlich mit Wasser tränken, sehr naß in eine feuerfeste Form setzen. Kartoffeln und Artischocken darum herum streuen. Salzen, pfeffern, mit Olivenöl beträufeln. Für etwa eine Stunde in den 200 Grad heißen Ofen schieben.
Den Fisch gut auswaschen, innen und außen salzen und pfeffern, den Thymianstrauß in die Bauchhöhle stecken. Den Fisch in ein ausreichend großes Stück Folie packen, das Gemüse darum herum setzen, Öl und Weißwein angießen. Das gut verschlossene Folienpaket für 20 Minuten in den auf 200 Grad vorgeheizten Ofen schieben. Das Paket erst bei Tisch öffnen!

4

L'AMARETTO

AMARETTO-CREME

Eine Variante zum altbekannten Tiramisu, die sicher Furore machen wird: Die bittersüßen Mandelmakronen schmecken einfach interessanter als die sonst üblichen Löffelbiskuits.

<u>*Für vier Personen:*</u>
3 Eigelb, 3–4 EL Zucker,
4 EL Amaretto (Mandellikör),
250 g Mascarpone, 150 g Amaretti
(Mandelmakronen)

Eigelb mit Zucker zu einer hellen, dicken Creme schlagen. Erst wenn der Zucker aufgelöst ist, also nicht mehr knirscht, den Amaretto einarbeiten. Schließlich den Mascarpone unterschlagen. Die schaumige Creme abwechselnd mit Mandelmakronen in eine Schüssel schichten. Obenauf als Verzierung einige Makronen. Mindestens zwei Stunden durchziehen lassen, bevor serviert wird.

Der Mythos vom Carneval in Venedig

Das aufregende Fest Casanovas frivoler Verführungskünste: mit heimlichen Flirts, rauschhaften Vergnügungen, dem sanftem Spiel der Seelen; mit den vermummten Gestalten, die verstohlen durch nächtliche Gassen huschen, von schwarzen Umhängen umweht, die weiße Maske vor dem Gesicht, die den häßlichen Pestausschlag verdecken soll; Damen in kostbaren Gewändern, die durch ein wie von Geisterhand sich öffnendes Tor verschwinden, nicht ohne durch die Sehschlitze ihrer goldenen Larven einen lockenden Blick zu schicken; von fern erklingt ein zierliches Menuett; hinter hell erleuchteten Fenstern wird gefeiert; aber der Fremde muß draußen bleiben. Der wahre venezianische Carneval findet, so heißt es, hinter dikken Palazzomauern statt. Was heutzutage, vom Fremdenverkehrsverband angekurbelt, während der Woche vor Aschermittwoch in Venedig abläuft, hat, so sagen die Kenner, überhaupt nichts damit zu tun.

Das mag ja sein. Und dennoch kann man sich dem Reiz dieses Treibens nicht entziehen: die majestätische Gestalt im schwarzen Samtumhang, aus dem nur pinkfarbene Handschuhe und ihre silberne Larve leuchten; die Maskengruppe, deren prächtige Kostüme genau aufeinander abgestimmt sind; der venezianische Edelmann, dessen perlenbesticktes Gewand nicht aus dem Kostümverleih, sondern aus dem Schrank seiner Vorfahren stammt; sie alle wirken in der vom milden Abendlicht besonnten Piazza San Marco, oder wenn sie im Caffè Florian Parade sitzen, einerseits unwirklich wie aus einer anderen Welt, andererseits jedoch in dieser wahrhaften Kulisse verblüffend konkret und selbstverständlich. Sie spielen die Wiederkehr einer gloriosen Vergangenheit, wenn auch nur für einen kurzen Augenblick; nutzen die seltene Möglichkeit, Spiel und Wirklichkeit zu verbinden. Ein venezianischer Spiegel genügt sich eben selbst, braucht gar keinen, der sich in ihm spiegelt . . .

RESTAURANTS, HOTELS & GASTHÄUSER

Agriturismo da Paolo Turra, Lonedo di Vicenza, tra le Ville Palladiane, Tel: 0445/861047

Albergo Roma, Piazza 20. Settembre 14, 33028 Tolmezzo, Tel: 0433/2081

Albergo San Vigilio, Punta San Vigilio, 37016 Garda, Tel: 045/7256688

Caffè Longobardo, Piazza Paolo Diacono 2, 33043 Cividale del Friuli, Tel: 0432/730160

Hotel Villa Cipriani, Via Canova 298, 31011 Asolo, Tel: 0423/55444

Hostaria da Franz, Fond. S. Isepo 754, Venedig-Castello, Tel: 041/5227505

Hostaria Mulin Vecio, Via Gorizia 2, 34072 Gradisca d'Isonzo, Tel: 0481/99783

Osteria Al Castelletto, Via Castelletto 15, 31051 Pedeguardo di Follina, Tel: 0438/842484

Ristorante Al Frantoio, 37010 Pesina di Caprino Veronese, Tel: 045/7242270

Ristorante Antica Locanda Mincio, 37067 Valleggio sul-Mincio, Fraz. Borghetto s. M., Tel: 045/7950059

Ristorante Antica Trattoria Boschetti, Piazza Mazzini 10, 33019 Tricésimo, Tel: 0432/851230

Ristorante Antica Trattoria Suban, Via Comici 2, 34128 Triest, Tel: 040/54368

Ristorante Campiello, Via Nazionale 40, 33048 San Giovanni di Natisone, Tel: 0432/757910

Ristorante Corte Sconta, Calle del Pestrin 3886, Venedig-Castello, Tel: 041/5227024

Ristorante Da Gigetto, Via Alcide de Gasperi 4, 31050 Miane, Tel: 0438/893126

Ristorante De l'Ebreo, Via Bresciana 48/B, 37139 Verona, Tel: 045/8510240

Ristorante Il Desco, Via dietro S. Sebastiano 7, 37121 Verona, Tel: 045/595358

Ristorante Meloncino, Gillardon, 32043 Cortina d'Ampezzo, Tel: 0436/861043

Ristorante Osteria da Fiore, Calle del Scaleter 2202, San Polo, 30125 Venedig, Tel: 041/721308

Ristorante Tre Panoce, Via Vecchio Trevigiana 50, 31015 Conegliano, Tel: 0438/60071

Tavernetta All'Androne, Calle Porta Piceda, 4, 34073 Grado, Tel: 0431/80950

Trattoria Agnoletti, Giavera del Montello (Treviso), Tel: 0422/776009

Trattoria Alle Beccherie, Piazza Ancillotto 10, 31100 Treviso, Tel: 0422/540871

Trattoria Aurora, Via Ebene 71, 36012 Asiago, Tel: 0424/62469

Trattoria Ciccarelli, Via Mantovana 171, 37062 Verona/Madonna di Dossobuona, Tel: 045/953986

Trattoria Da Cice al Sottoportego, Sottoportego Povolato 3, Malamocco, Venedig-Lido, Tel: 041/770114

Trattoria Da Giovanni, Via S. Lazzaro 14b, 34100 Triest

Trattoria Dall'Armi, 31010 Castelli di Monfumo, Tel: 0423/560010

Trattoria Da Toni, 33030 Gradiscutta di Varmo, Tel: 0432/778003

Trattoria Da Toso, Via Pozzuolo 16, 33019 Leonacco-Tricésimo, Tel: 0432/851241

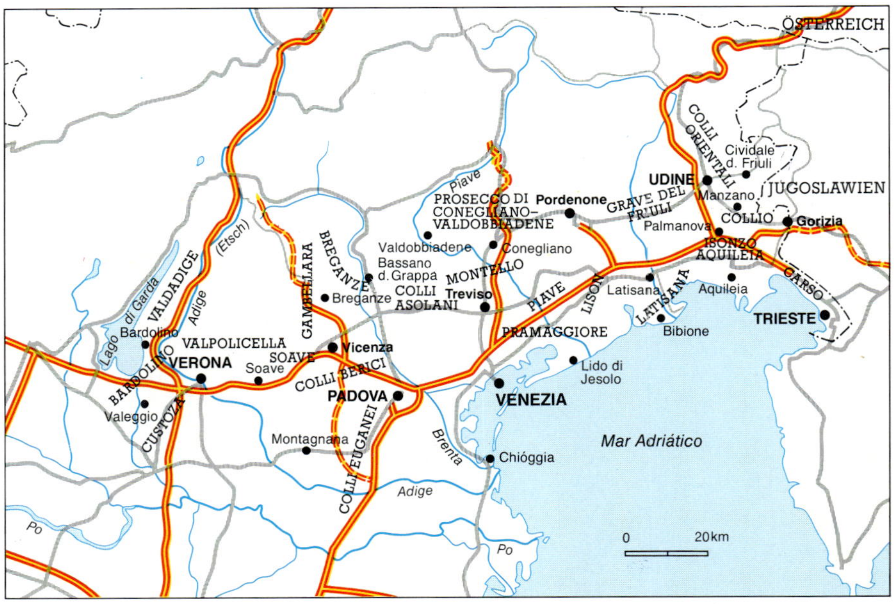

DIE WEINANBAUGEBIETE IN VENETIEN UND FRIAUL

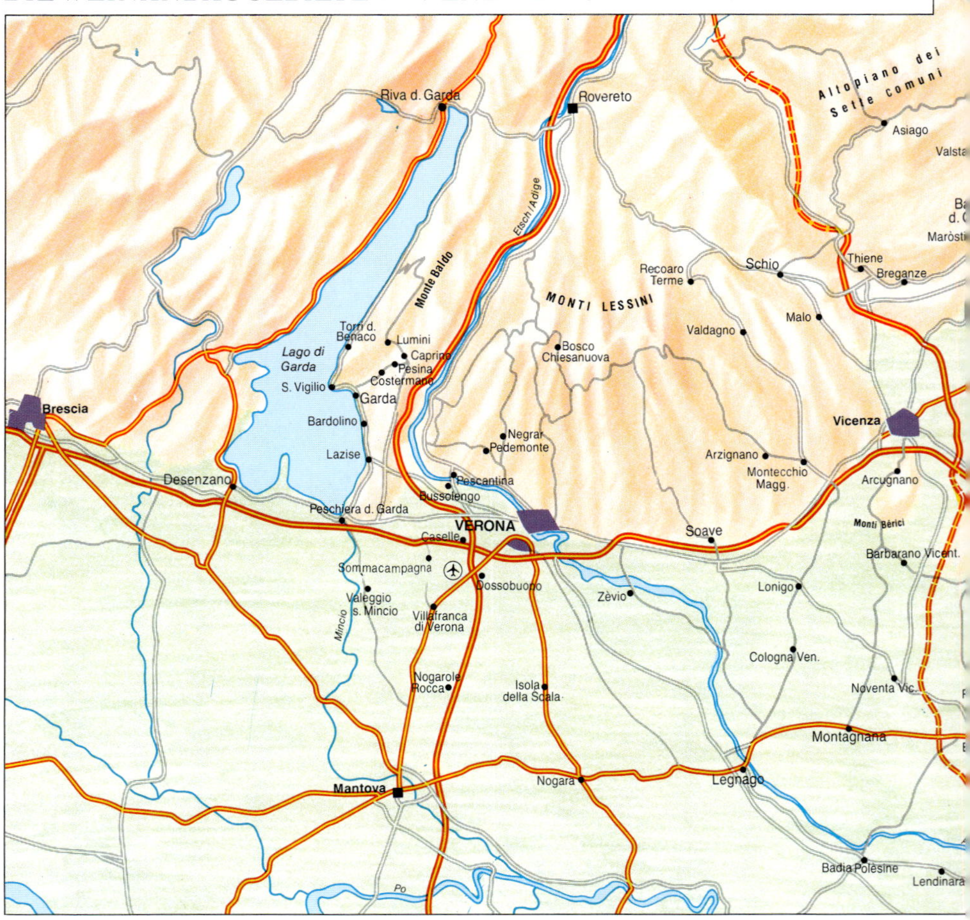

WEINGÜTER, PRODUZENTEN & GESCHÄFTE

Azienda Agricola Francesco Gravner, Via Lenzuolo Bianco 9, 34170 Oslavia, Tel: 0481/30882

Marina Barovier, Gläser und Art Deco, San Marco, Calle Delle Botteghe 3127, 20100 Venedig, Tel: 041/5236748

Cantina Canevel, Via Cal Piandre 25 31049 Valdobbiadene, Tel: 0423/975940

Cantina Cà Salina Spumanti, 31049 S. Stefano di Valdobbiadene, Tel: 0423/975296

Cantine Puiatti und Enofriula, 34070 Capriva del Friuli, Tel: 0481/80158

Consorzio per la Tutela del Vino Prosecco, Sgr. Tomasi, Via Roma 7, 31050 Solighetto, Tel: 0438/83028

Destillerie Nonino, 33050 Percoto, Tel: 0432/676332

Fattoria Dell'Oca Bianca, Via Cesare Battisti 8, 33040 Chiopris-Viscone, Tel: 0432/991085

Filiputti, Patrizia und Walter, Abbazia di Rosazzo, 33044 Manzano, Tel: 0432/759429

Frantoio Comencini, Via Giare 1, 37010 Pesina di Caprino Veronese, Tel: 045/7200319

Prosciuttificio DOK, Via del Lago 7, 33038 San Daniele del Friuli, Tel: 0432/957335

Prosciuttificio Petrisc, 33020 Sauris di Sopra, Tel: 0433/86035

Vignaroli Maculan, Via Castelletto 3, 36042 Breganze, Tel: 0445/873733

Riseria Ferron, 37063 Isola della Scala, Tel: 045/7301022

REZEPTE

RICETTE

Stichwortverzeichnis

Bibliographie

BAKOS, Eva: Friaul/Triest/Venetien. »Richtig reisen«. DuMont, Köln 1989[4]

BÖDEFELD, Gerda und HINZ, Berthold: Die Villen im Veneto. DuMont, Köln 1987

BORDON, Frida: Venedig mit Venetien – »rororo anders reisen«. Rowohlt Taschenbuch, Reinbek 1989

Der Italien-BROCKHAUS. Wiesbaden 1983

EDSCHMIDT, Kasimir: Italien – zwischen Alpen und Apennin. W. Kohlhammer, Stuttgart 1955

L'ESPRESSO: La Guida d'Italia 1991

FILIPUTTI, Walter (Hrsg.): La Cucina del Friuli Venezia Giulia. Istituto per l'Enciclopedia del Friuli Venezia Giulia, Plaino 1987

FILIPUTTI, Patrizia e Walter: Ricevere tra i Vigneti. Mondadori, Milano 1990

FOSSATI, Bruna: Venedig selbst entdecken. Regenbogen-Verlag, Zürich 1990

GOETHE, Johann Wolfgang: Italienische Reise. C. H. Beck, München 1981

HB BILDATLAS 27: Venedig und Venetien. Hamburg 1989[3]

HARTMANN, Herbert: Oberitalien/Tessin. Süddeutscher Verlag, München 1985

KERR, Alfred: Erlebtes 2. Argon, Berlin 1989

KIRCHER, Bertram (Hrsg.): Ein Tag im alten Venedig. Knaur, München 1989

MERIAN: VENEDIG. Merian 3/41, Hamburg o. J.

MERTEN, Ruth und Christoph: Friaul Venetien. Quest, Staufen 1987

MICHELIN: Guida Italia. Milano 1991

MICHELIN: Reiseführer Italien. Karlsruhe 1984[5]

PAIAR, Fausto – CAMATTA, Dino: Il Bengodi della Marca Gioiosa. Pierluigi Lubrina, Bergamo 1990

PETRI, Rolf (Hrsg.): Venedig – ein politisches Reisebuch. VSA-Verlag, Hamburg 1986

PRIEWE, Jens und SPANGENBERG, Eberhard (Hrsg.): Weinführer Italien. Edition Priewe, Zabert Sandmann, Steinhagen 1990

ROITER, Fulvio: Asolo, la Perla del Veneto. Premessa di Manlio Brusantin. Vianello Libri, o. J.

LE SOSTE: Guida ai Ristorante. Milano 1988

STEFANI, Gianni: Il Prosecco e il Cartizze. Ghedina & Tassotti, Bassano del Grappa 1988

STEINHARDT, Wolfgang O.: Venedig für Liebhaber. Arcus, Berlin 1988

A Tavola con Dolomieu. Rassegna Gastronomica delle Vallate Bellunesi, Belluna 1988

Venetiens Weine. Institut zur Förderung der Landwirtschaft Venetiens, Venedig 1980

VERONELLI, Luigi: Restaurants in Italien. Kammerer & Unverzagt, Berlin 1990

WAIBLINGER, Franz Peter (Hrsg.): Reise Textbuch Venedig. dtv, München 1988

ZANOTTO, Armando: Il Radicchio in Cucina. Dario de Bastiani, Vittorio Veneto 1987[4]

ZÜRCHER, Richard: Friaul und Istrien. Prestel Verlag, München 1989[2]

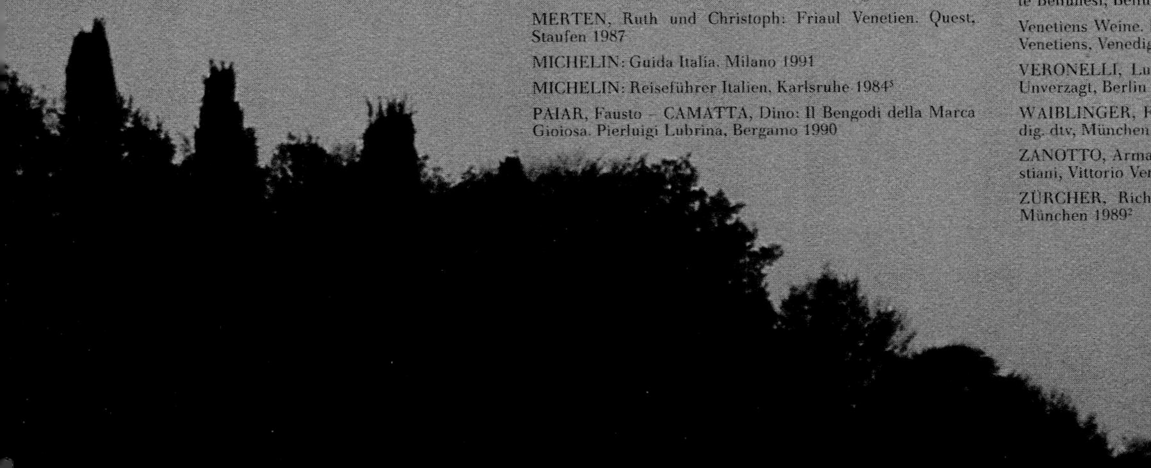